Perder peso

PARA

DUMMIES™

Ramón Sánchez-Ocaña

Obra editada en colaboración con Centro Libros PAPF, S.L.U. – España

Edición publicada mediante acuerdo con Wiley Publishing, Inc.
© ...For Dummies y los logos de Wiley Publishing, Inc. son marcas registradas utilizadas bajo licencia exclusiva de Wiley Publishing, Inc.

© 2011, Ramón Sánchez-Ocaña
© KAP (Jaume Capdevila i Herrero), para las viñetas de humor
© Inés Freire, para las ilustraciones
© Luís Carlos Jiménez del Río para www.123rf.com

© 2011, Centro Libros PAPF, S.L.U.
Grupo Planeta
Avda. Diagonal, 662-664
08034 – Barcelona, España

© 2012, Editorial Planeta Mexicana, S.A. de C.V.
Bajo el sello editorial CEAC M.R.
Avenida Presidente Masarik núm. 111, 2o. piso
Colonia Chapultepec Morales
C.P. 11570 México, D. F.
www.editorialplaneta.com.mx
Primera edición impresa en España: mayo de 2011
ISBN: 978-84-329-2130-8

Primera edición impresa en México: marzo de 2012
ISBN: 978-607-07-1049-0

Impreso en los talleres de Litográfica Ingramex, S.A. de C.V.
Centeno núm. 162, colonia Granjas Esmeralda, México, D.F.
Impreso en México – *Printed in Mexico*

¡La fórmula del éxito!

Tomamos un tema de actualidad y de interés general, añadimos el nombre de un autor reconocido, montones de contenidos útiles y un formato fácil para el lector y a la vez divertido, y ahí tenemos un libro clásico de la serie ...para Dummies.

Millones de lectores satisfechos en todo el mundo coinciden en afirmar que la serie ...para Dummies ha revolucionado la forma de aproximarse al conocimiento mediante libros que ofrecen contenido serio y profundo con un toque de informalidad y en lenguaje sencillo.

Los libros de la serie ...para Dummies están dirigidos a los lectores de todas las edades y niveles del conocimiento interesados en encontrar una manera profesional, directa y a la vez entretenida de aproximarse a la información que necesitan.

www.paradummies.com.mx

¡Entra a formar parte de la comunidad Dummies!

El sitio web de la colección ...para Dummies está pensado para que tengas a mano toda la información que puedas necesitar sobre los libros publicados. También te permite conocer las últimas novedades antes de que se publiquen.

Desde nuestra página web, también, puedes ponerte en contacto con nosotros para resolver las dudas o consultas que te puedan surgir.

Asimismo, en la página web encontrarás muchos contenidos extra, como por ejemplo los audios de los libros de idiomas.

También puedes seguirnos en Facebook (facebook.com/dummies.mx), un espacio donde intercambiar tus impresiones con otros lectores de la colección ... para Dummies.

10 cosas divertidas que puedes hacer en www.paradummies.com.mx y en nuestra página de Facebook:

1. Consultar la lista completa de libros ...para Dummies.
2. Descubrir las novedades que vayan publicándose.
3. Ponerte en contacto con la editorial.
4. Recibir noticias acerca de las novedades editoriales.
5. Trabajar con los contenidos extra, como los audios de los libros de idiomas.
6. Ponerte en contacto con otros lectores para intercambiar opiniones.
7. Comprar otros libros de la colección en línea.
8. ¡Publicar tus propias fotos! en la página de Facebook.
9. Conocer otros libros publicados por Grupo Planeta.
10. Informarte sobre promociones, presentaciones de libros, etc.

El autor

Ramón Sánchez-Ocaña Serrano (Oviedo, 1942) es periodista y está especializado en temas sanitarios.

Estudió Filosofía y Letras en Oviedo antes de cursar la carrera de Periodismo en Madrid. Fue jefe del área de Sociedad y Cultura del diario *El País* y profesor del máster de Periodismo El País-Universidad Autónoma, y está en posesión de los más reconocidos galardones periodísticos. Entre muchos otros, ha obtenido el Premio Javier Bueno de la Asociación de la Prensa de Madrid, otorgado por una trayectoria sobresaliente en la información especializada y "por ser un referente indudable del periodismo español en la información sanitaria".

Además del reconocimiento institucional y el de sus colegas, también tienen el de la gente, ya que es uno de los más conocidos divulgadores científicos gracias a sus colaboraciones en prensa escrita, radio y, sobre todo, televisión: en ese medio, su programa "Más vale prevenir" ocupó durante más de diez años los primeros lugares en las preferencias del público.

Por otra parte, ha sido nombrado miembro del consejo de administración del Instituto Madrileño de Salud por ser un "profesional de reconocido prestigio" junto a personalidades como Federíco Mayor Zaragoza, Juan José López Ibor o Mariano Barbacid. Asimismo, el Ministerio de Sanidad y Consumo le concedió la Encomienda de la Orden Civil de Sanidad "por su larga y brillante carrera en la información sanitaria".

Sus conocimientos pueden encontrarse en multitud de textos. Ha colaborado con el grupo editorial Prensa Ibérica y en revistas especializadas como *Jano*, entre otras. Fue redactor jefe y director de la revista para los profesionales de la medicina *Tribuna Médica*. Actualmente colabora en distintos medios de comunicación. Escribe en publicaciones especializadas, como *Mi Pediatra*, y otras generalistas, como la revista *Humanizar*, el suplemento dominical "Ocio, salud y calidad de vida", que incorporan los periódicos de Castilla y León y Castilla-La Mancha del Grupo Promecal, y la sección de salud de la revista *Diez Minutos*. Además, ha publicado más de 20 libros de divulgación, todos en el ámbito de la salud.

Perder peso para Dummies™

Medidas concretas para adelgazar

Si te has propuesto adelgazar, estos consejos deberían rondar por tu cabeza a todas horas.

✔ Haz cuatro o cinco comidas ligeras al día. Es mejor que dos comidas más abundantes, ya que digerir también quema calorías.

✔ No es lo mismo adelgazar que perder peso. Se puede perder peso muy rápido, pero es a base de perder agua; no es algo duradero. Adelgazar exige tiempo; por eso hay que plantearlo a largo plazo. Sé paciente.

✔ No bajes la guardia. "Por un día no pasa nada" es una mala máxima, porque un día puede convertirse en dos, y los kilos también se multiplicarán. Los pequeños excesos se convierten en grandes michelines.

✔ Controla tu peso de manera regular. No es difícil bajar medio kilo cuando hace falta, pero quitarse diez de encima puede ser muy duro.

✔ Evita las grasas. Son la principal fuente de sobrepeso. Ahora ya lo sabes.

✔ Haz ejercicio. No se adelgaza haciendo gimnasia, pero ayuda. Busca algo que vayas a cumplir. No sirve de nada plantearse objetivos demasiado ambiciosos. Mejor media hora caminando a paso rápido todos los días que dos horas de gimnasio de vez en cuando. Y aprovecha las ocasiones; olvídate del ascensor y del coche.

✔ Ajusta la ingestión de calorías a la edad y a la actividad física. A los sesenta y cinco años se necesita un 20 % menos de calorías que a los treinta.

✔ Evita el efecto yoyo. Cuando hayas adoptado hábitos alimentarios que te han hecho perder peso, mantenlos.

✔ Sé constante y paciente. Pésate antes de empezar la dieta y anota los kilos. Después, elige un día de la semana, pésate sólo ese día y en las mismas condiciones.

✔ Hazte amigo del horno, del vapor y del microondas. Acostúmbrate a cocinar sin grasa.

¡El libro sobre perder peso para todos!

Perder peso para Dummies

Lista de nutrientes imprescindibles

Las células no se nutren de alimentos, sino de las moléculas que éstos contienen. No podemos vivir sin:

✔ Agua. Esencial para la supervivencia de todas las formas vivas conocidas. Se aguanta un tiempo sin todo lo demás, pero sin agua la vida dura poco.

✔ Proteínas. Forman los tejidos; son hormonas, enzimas y anticuerpos. Son los ladrillos que construyen el cuerpo. Es habitual ingerir más de las necesarias.

✔ Hidratos de carbono (carbohidratos o glúcidos). Son la principal fuente de combustible. Su energía llega a las células rápidamente, pero si sobran se almacenan y se almacenan y se almacenan... Los azúcares son un tipo particular, con sabor dulce y un contenido energético muy elevado.

✔ Grasas. Desempeñan funciones estructurales, metabólicas, de transporte y, sobre todo, de reserva energética, hasta el punto de tener un tejido para ellas solas, el tejido adiposo, muy útil siempre que no haya demasiado.

✔ Vitaminas. No aportan energía, pero son necesarias para la síntesis de los tejidos y para el correcto funcionamiento de todos los aparatos y sistemas. El cuerpo no las sintetiza ni las almacena, es decir, que no sirve de nada tomar más de las necesarias.

✔ Minerales. Intervienen en todas las funciones vitales, y algunos forman tejidos. Los principales son calcio, hierro, fósforo, sodio, potasio y magnesio.

✔ Fibra. No alimenta. Se puede vivir sin ella, pero su ausencia suele provocar algunas incomodidades y parece ser que, a la larga, problemas intestinales. Como se encuentra en los mismos alimentos que las vitaminas, con una alimentación saludable se ingiere toda la necesaria.

Pasos para perder peso

✔ Decide adelgazar. Sin voluntad no hay nada que hacer.

✔ Reflexiona sobre tus motivos y sobre las ventajas que obtendrás.

✔ Hazte un análisis de sangre y consulta con el médico si tu estado de salud es el idóneo para seguir una dieta.

✔ Decide cuánto quieres adelgazar y asegúrate de que está en los límites de lo saludable.

✔ Olvida las prisas. Perder peso es una carrera de fondo.

✔ Pon en marcha el plan. Apunta lo que vas a hacer.

✔ Ese plan debe incluir ejercicio físico, moderado pero regular.

✔ Aprende a contar calorías. Ten a mano la guía de composición de los alimentos.

✔ Compara los alimentos y establece equivalencias. Si algo no te gusta, sustitúyelo por otra comida que mantenga el cómputo; o si te pasas, compénsalo.

¡El libro sobre perder peso para todos!

Sumario

• •

Parte VI: Qué comer en circunstancias especiales 297

Introducción

- -

A veces parece que no es posible hallar un cierto equilibrio en la forma de alimentarse. Todos los días nos llegan noticias sobre zonas en las que la gente padece desnutrición, una veces de manera intermitente, y otras ya cronificada. Al mismo tiempo, en el Primer Mundo se extienden, hasta alcanzar el rango de pandemia, enfermedades, como la hipertensión y la hipercolesterolemia, derivadas de la obesidad y, en último término, de comer demasiado y mal.

Sin llegar a esos extremos, lo cierto es que la preocupación por el peso es, en nuestra sociedad, un asunto de primer orden, tanto por el interés que genera la salud como por la valoración que se hace de la imagen física. Al margen de la consideración que esa valoración nos merezca, cuando se aplica al propio cuerpo, a su peso y su forma, conduce a comportamientos que pueden ser extraordinariamente beneficiosos o, por el contrario, arriesgados e incluso perjudiciales.

Exceptuando una minoría de casos en los que se producen problemas endocrinos, nada hay más eficaz para tener el peso ideal y lucir un cuerpo sano que comer bien y sólo lo necesario.

Acerca del libro

Este libro no es un manual de instrucciones milagrosas para quedarse como una sílfide y así poder aparecer en las revistas de moda en poco tiempo. Por el contrario, no nos sirven los modelos que socialmente se tienen como ideales. Cada persona tiene el cuerpo que tiene, y lo que debe hallar es su equilibrio y bienestar. Esto sólo es posible si se entiende cómo funciona esta extraordinaria maquinaria de la que disponemos y que, con el paso del tiempo, no lo olvidemos, va cambiando y estropeándose. Precisamente por eso hay que cuidarla y mantenerla en el mejor estado posible, para que, cuando lleguen los problemas, pueda afrontarlos en las mejores condiciones.

¿A quién le interesa este libro?

Voy a ser categórico: este libro interesa a todo el mundo. No sólo a aquellas personas que se están planteando perder unos kilos, ya sea por estética o por salud, sino también a todas aquellas que se sientan a comer cada día; y eso, me parece a mí, nos incluye a todos. Aquí encontrarás, claro está, información detallada sobre cómo hacer una dieta, trucos para que te resulte más llevadera y un sinfín de datos acerca de las calorías que contienen los alimentos que ingerimos normalmente. Sin embargo, sería de una irresponsabilidad considerable ofrecerte toda esta información sin tener presente un principio que debe estar por encima de cualquier intento de perder peso: la salud personal y el bienestar. ¿De qué serviría perder seis kilos si esa pérdida de peso nos acaba provocando una anemia? ¿O un ascenso alarmante de los niveles de ácido úrico? ¿O un déficit de vitaminas? No son posibilidades que suenen nada bien, ¿verdad?

Dada la importancia que tiene nuestra propia salud resulta fundamental que vayamos un poco más allá de lo que suelen ofrecer otros libros que quizá ya hayas hojeado. Por eso te hablaré de las necesidades diarias de cada nutriente, de las mejores formas de tomar cada alimento o incluso de cuál es la mejor forma de conservarlos. En otras palabras, de cuál es la relación que establece nuestro propio cuerpo con la comida, y de cuál es la mejor forma de cuidar esa relación. Como ves, no sólo hablo de estética, sino también de salud y alimentación; algo que, como decía unas líneas más arriba, nos interesa a todos. Gracias a la información que este libro contiene, tú mismo vas a ser capaz de diseñar tu propia dieta y, por añadidura, aprender cuál es el régimen que te conviene, e incluso detectar cuándo te están proponiendo una pauta de alimentación poco saludable.

Es posible, por ejemplo, que ya hayas probado varias dietas con anterioridad. Y también es posible que te hayas cansado pronto de un severo régimen o, casi peor aún, que hayas vuelto a ganar el peso perdido poco tiempo después de dejarlo. ¿Cómo es posible? ¡Si llevaste a cabo un esfuerzo titánico! Lamento informarte de que la respuesta a semejante misterio es bien simple: desconocías los principios básicos de la nutrición y el metabolismo; por qué engordamos y, en consecuencia, por qué perdemos peso. Así, deberías saber, por ejemplo, que cualquier pérdida rápida de peso no es duradera, que no se adelgaza gracias a ningún producto supuestamente milagroso o que, tras dejar atrás unos cuantos kilos, no puedes volver a los hábitos que te llevaron a ganarlos. ¿Cómo podrías haber evitado esos errores que te hicieron fracasar en tu intento de perder peso? Tú mismo tienes ya la respuesta: conociendo tu propio cuerpo y su relación con los alimentos; una información que con mucho placer voy a revelarte a lo largo de las páginas de este libro.

Cómo está organizado este libro

Como entre las personas que desean perder peso se dan diversas situaciones particulares, este libro se ha estructurado en siete partes, y cada una de ellas está formada por varios capítulos. De esta manera, si ya tienes conocimientos de bromatología, podrás saltarte los capítulos que explican la composición de los alimentos y su conservación. O, si ya has probado varias dietas (y no te han funcionado), casi preferirás no volver a saber nada de ellas.

Parte I: Manual de instrucciones: cómo funciona el cuerpo

Para contrarrestar algunos falsos mitos sobre por qué se engorda o se adelgaza, la inevitabilidad del sobrepeso o la predestinación genética, en esta parte empezarás a conocer algunos de los mecanismos de la asimilación de los alimentos y cómo se aprovecha la energía que aportan. Aprenderás diversas maneras de determinar el peso adecuado y la definición de obesidad, así como sus efectos sobre la salud y los factores que la determinan, tanto sociales como psicológicos. Además, entenderás qué es el metabolismo, cómo se mide y por qué acumulamos grasa.

Parte II: El combustible equivocado estropea el motor

Existe una diferencia entre hambre y apetito, es decir, entre la necesidad y el deseo. Además, cuando se habla de alimentación, se manejan algunos conceptos técnicos que vale la pena conocer. Aquí nos adentramos en los entresijos de los alimentos, qué hay en ellos de nutritivo, cuáles son las moléculas básicas que los componen y su contenido energético. También verás claro qué necesitas de lo que comes y en qué cantidades, por qué unos te sacian más que otros y cómo los aprovechas gracias a ese complejo mecanismos que es la digestión. Como el ritmo de vida actual hace que no todo lo que comemos sea fresco, dedicamos un capítulo a hablar de la conservación de los alimentos; para qué productos es adecuado cada tipo de conservación, sus ventajas e inconvenientes, así como consejos prácticos y advertencias que hay que tener en cuenta con cada una de las formas de conservación.

Parte III: Trastornos alimentarios

Probablemente no padeces uno de estos trastornos, pero es mejor conocerlos y estar informado por si aparece alguno de sus síntomas, en ti o en algún conocido, sobre todo en los más jóvenes, ya que constituyen un problema cada vez más extendido. De algunos ya se habla mucho, pero otros son bastante desconocidos. En esta parte también se tratan las adicciones alimentarias, que no son propiamente una enfermedad, pero sí el síntoma de que puede haber un trastorno y el posible principio de una ganancia indeseada de peso. Las alergias tampoco son una patología, pero pueden dar lugar a un problema más grave que hay que prevenir, porque las consecuencias pueden ser nefastas. Finalmente, hay que contemplar la obesidad infantil como un trastorno, que es muy perjudicial para quien lo padece y, además, empieza a ser una enfermedad social.

Parte IV: Dietas milagrosas y otros sistemas para adelgazar rápido

Aquí se trata todo aquello que es mejor evitar; quizá todo aquello que ya has probado y te ha hecho perder tiempo, energía, esperanzas y, probablemente, también dinero. Hablamos de las dietas más populares (que no las más eficaces) y de otros sistemas de adelgazamiento, como fármacos, productos dietéticos, cirugía estética y ejercicio físico. No se trata de condenarlo todo, pero sí de saber tanto las ventajas como los inconvenientes y, sobre todo, los efectos reales sobre la salud.

Parte V: Entonces, ¿existe alguna dieta correcta?

Nadie dijo que fuera fácil, ni que haya una solución única y válida para todas las personas. Así que hay que empezar por identificar cuál es el esfuerzo necesario y convencerse de que vale la pena hacerlo. Hay que prepararse; no sólo físicamente sino, sobre todo, con la mente. Verás cómo reforzar la voluntad y prepararte para la constancia y la paciencia. Además, aprenderás a contar calorías y a poner en marcha el plan que te conviene, para el día a día de las próximas semanas y también a largo plazo.

Parte VI: Qué comer en circunstancias especiales

El plan está hecho y lo sigues con constancia y paciencia, o lo aplicas a personas cuya nutrición depende de ti. Pero en la vida se dan circunstancias especiales. Entre las que más afectan a la nutrición, porque presentan requerimientos especiales, están el embarazo, la subsiguiente lactancia y la vejez. Para acabar, lanzaremos una mirada al futuro, porque pueden cambiar mucho las cosas, pero siempre tendremos que comer; entre otros asuntos de interés están los alimentos biotecnológicos y los transgénicos.

Parte VII: Los decálogos

Recapitular y repasar siempre es útil, máxime cuando hay que tener la información en la cabeza y, siempre a punto, a la hora del desayuno, de la comida, de la merienda y de la cena. En esta parte encontrarás diez bloques prácticos para elaborar tu plan, conseguir perder peso y mejorar tu salud al mismo tiempo.

Iconos utilizados en este libro

Para ayudar a localizar la información de forma más directa y para centrar la atención en algunos aspectos particularmente significativos se utilizan los siguientes iconos.

Este icono llama tu atención hacia puntos especialmente importantes y te da consejos útiles sobre asuntos prácticos; algunos de aplicación inmediata y otros a medio plazo, útiles a la hora de configurar un estilo de vida general que ayude al objetivo final de perder peso.

Este icono avisa de que el párrafo contiene una información esencial que conviene recordar o anotar si no te fías de tu memoria. Quizá no tengas que recordar lo que señala este icono en todo momento, pero tal vez te resulte útil ir apuntando en una libreta esos aspectos o ir poniendo papelitos amarillos por la casa.

Este icono te pone en guardia frente a un asunto que hay que atender, o bien porque si no lo haces puedes caer en un error de nutrición, o bien porque prestar atención es clave para que tu plan de pérdida de peso llegue a buen término.

En el ámbito de la nutrición se usan muchos términos y conceptos precisos: procesos fisiológicos, moléculas, magnitudes físicas, unidades, etc. Este icono te avisa de que la información del párrafo es de ese tipo. Lee con atención, pero no es imprescindible que recuerdes todos esos datos.

Por supuesto, todo el libro lo escribe el autor. Ha recogido datos objetivos, ha recopilado información técnica, opiniones de otras fuentes, experiencias de miles de personas, y, sobre todo, aspectos contrastados científicamente. Este icono te indica que el autor ha elaborado una advertencia o un consejo concretos para redondear un tema.

Y ahora, ¿qué sigue?

Puedes usar este libro de varias maneras. El sumario y el índice son lo bastante detallados como para que puedas buscar los temas concretos que más te interesan, o bien aquellos que necesitas consultar en un momento determinado. Puedes leer una de las partes completamente o sólo algún capítulo. También es posible ir directamente a los capítulos que plantean dietas, aunque es bastante aconsejable leer la información previa. Uno de los factores que condicionan que una persona siga con una dieta o no es que entienda por qué la hace y qué implica cada renuncia, cada limitación y cada transgresión. Así, puedes leer este libro de la forma tradicional, desde el principio hasta el final, al azar o siguiendo tu propio recorrido.

Sea cual sea el sistema o el método que sigas, esperamos que el material te resulte útil y te anime a preparar tu plan para perder peso, si es que lo necesitas, y que te ayude a sacar la dosis necesaria de esfuerzo, constancia y paciencia para que dé sus frutos y, sobre todo, para que se mantengan. Va a depender de ti, pero siempre es mejor que te ayuden; eso es lo que pretende este libro.

Parte I
Manual de instrucciones: cómo funciona el cuerpo

—DEBERÍAS PERDER ESTA LONJA...
—¿PARA ESTAR EN MI PESO IDEAL?
—NO, PARA PODER VER LA BÁSCULA.

En esta parte...

En estos primeros capítulos no intento recomendarte ninguna dieta ni apelo a tu voluntad para que consigas perder unos kilos. De verdad, eso no tiene mucho valor. En cualquier revista encuentras montones de dietas para la "operación bikini". Y además, sabes por experiencia que pasados unos días te olvidas de ellas y comienzas a soñar otra vez con ese pequeño milagro que se llama "adelgazar sin esfuerzo".

Los capítulos de esta primera parte tratan, nada más y nada menos, de todo lo que ocurre con lo que comes, para que logres, sin dificultad alguna, hacer tu propio plan de comidas. Sin imposiciones, pero con la cabeza. Con racionalidad. Vas a hacer un régimen personal y vas a ver cómo la báscula, tantas veces rebelde, esta vez te obedece.

Capítulo 1

El peso ideal

*V*amos a empezar por orden. Lo primero es una reflexión para que veas las cosas tan curiosas que ocurren en torno al problema de la obesidad.

Fíjate: cuando alguien cae enfermo de gripe, por ejemplo, decimos que está enfermo, que está griposo. Pero cuando alguien está enfermo de obesidad, no decimos, por lo general, que está gordo, sino que definimos a esa persona diciendo "es" gorda.

Es curioso, pero es un matiz importante, porque da la impresión de que hemos asumido que se "es" gordo y que a lo más que podemos aspirar es a "estar" delgados con el sufrimiento del régimen y la dieta. Se es, y sólo con la voluntad de luchar contra esa forma de ser se logra una figura que mejora la imagen y la salud. Es decir, no es una circunstancia ocasional, sino una afirmación de permanencia. No está mal como reflexión, para empezar.

¿Te has fijado, además, que en invierno poca gente quiere someterse a un régimen? ¿No son la primavera o el verano y el hecho de querer ponerse determinadas prendas las causas directas de muchas voluntades férreas en el ejercicio de adelgazar?

¿Te has preguntado alguna vez por qué personas cultas y razonables siguen dietas absurdas, cuando no peligrosas? ¿Por qué la gente, para tratar la obesidad, tiende a creer en curas milagrosas y a utilizar recetas caseras, cremas mágicas e inyecciones secretas? ¿Por qué, en definitiva, la mayor parte de la publicidad nos habla de la fina silueta y de la buena imagen en vez de hablarnos de la salud?

Aunque a primera vista parezca lo contrario, todas estas preguntas tienen su respuesta en lo más íntimo de cada uno de nosotros, de nuestro comportamiento, que a veces no es tan racional como nos gusta suponer. Cada uno tiene íntimos deseos que a veces contradicen incluso lo que la razón nos dicta.

Por eso me parecía de interés comenzar con estas dos reflexiones. Una, la de ser gordo. Y la otra, la de por qué se quiere adelgazar. Si deseas adelgazar por una cuestión de salud, lo que además mejorará tu figura, tu voluntad se va a ver reforzada y vas a tener mayor probabilidad de éxito. Si sólo es cuestión de perder unos kilos para lucir mejor el traje de baño, la solución es más fácil porque no se trata de obesidad, sino de unos kilos de más. Y hay soluciones sencillas, como la de no cenar durante unos días o sustituir una comida por una de esas barritas que tienen perfectamente equilibrados los nutrientes.

La obesidad: una enfermedad

Una cosa debe quedar clara desde el comienzo: la obesidad puede ser considerada una auténtica enfermedad que afecta a la mitad de las personas del mundo desarrollado.

Los datos de la Organización Mundial de la Salud son tan escalofriantes como los que nos hablan del hambre. Es la gran paradoja de nuestro mundo: media humanidad pasa hambre porque no tiene qué comer y la otra media pasa hambre porque lucha contra la obesidad. En los países desarrollados, la mitad de las personas mayores de cuarenta años padece problemas de sobrepeso. Y entre las personas de veinticinco a cuarenta años la proporción es similar, si bien un poco menor.

Desde el punto de vista sanitario, la obesidad puede considerarse como una verdadera epidemia. Y por si fuera poco, es un problema que va a más. La obesidad infantil (se trata en el capítulo 11) es ya una cuestión de salud pública. Y no tanto por lo que hoy se constata, sino por la tendencia inequívoca a aumentar.

Pero ¿qué es la obesidad?

Aunque todo el mundo puede tener una idea más o menos clara de qué es, dar una definición útil y objetiva no es tan sencillo. Como todos sabemos, las ideas subjetivas pueden ser válidas sólo en casos concretos. Es evidente que el concepto del peso ideal que puede tener una modelo de alta costura, por ejemplo, difiere notablemente del que tiene un levantador de pesas o un lanzador de martillo.

Infinidad de personas solicitan consejo médico para adelgazar, petición que también procede a veces de gente que está en su peso correcto o incluso por debajo de él. Está claro que todos pretendemos sentirnos bien en nuestra piel y que para ello desarrollamos complicados mecanismos mentales que utilizamos para juzgar nuestro aspecto físico como mejor nos parece. Eso justifica la necesidad de elaborar un criterio científico, puramente objetivo, que sirva para determinar un estado real de obesidad y que sea ajeno a valoraciones personales.

Es importante, además, crear conciencia de lo importante que es ejercer una vigilancia permanente del peso, por una razón que han expuesto claramente los especialistas: el mejor tratamiento de la obesidad es evitarla.

Perder peso no es adelgazar. Esta afirmación suele discutirse mucho, pero cuando hablamos de adelgazar nos referimos a ir eliminando la grasa que nos sobra. Perder peso puede ser muy sencillo: basta un buen rato de sauna para perder un kilo. Pero ese peso se volverá a coger de manera inmediata en cuanto se beba agua. Es el peso que pierde un deportista después de una carrera o de un partido de fútbol. Se recupera de inmediato. Es un adelgazamiento ficticio. Por eso hay que vigilar muy bien los regímenes, pues muchos basan su eficacia inicial precisamente en eso: en la pérdida de agua.

Calcular el peso correcto

Lógicamente, para empezar debes saber cuál es el peso adecuado para ti. Existen varios procedimientos para calcularlo:

- ✔ **Equiparar los kilos que debes pesar con los centímetros de tu talla que sobrepasan el metro.** Es el método más fácil y conocido, y a la vez el más imperfecto. Así pues, una persona que mide 1.80 cm debería pesar, según esta regla, 80 kg. Siempre se añade que, para corregir el error, se deben restar 2, 3 o hasta 5 kg. En cualquier caso, este procedimiento es muy poco preciso. Únicamente puede ser válido como orientación y a falta de otro mejor.

- ✔ **(Talla en cm – 150) × 0.75 + 50 = peso ideal.** Es una fórmula bastante sencilla, aunque al principio puede parecer complicada. Vamos a suponer que tu talla es 1.70 cm. A 170 le restas 150, con lo que tienes 20. Siguiendo la fórmula, multiplicas 20 × 0.75, lo que te da 15. Debes ahora sumar a este número el 50 de la fórmula; así obtienes 65 kg como peso teóricamente ideal.

  Verás que la diferencia con el primer cálculo es considerable, y crece sobre todo cuando la talla es grande. Según la regla más popular, una persona de 1.95 cm de estatura debería pesar 95 kg. Si aplicamos la fórmula nos encontramos con que:

  $$195 - 150 = 45 \times 0.75 + 50 = 83.75 \, kg$$

  La diferencia con el primer sistema de cálculo son 11.25 kilos.

  Una vez establecido el peso ideal, hay que tener en cuenta un factor corrector basado en la constitución de cada individuo. Se admite una variación del 10 % sobre la constitución que se considera normal. Es decir, que ese 10 % es válido desde el punto de vista de la salud. Así, en una persona que deba pesar 70 kg se admite que su peso oscile entre 63 y 77 kg.

- ✔ **Índice de masa corporal.** Es otra fórmula para determinar el peso ideal, que hoy está más en boga que cualquier otra y resulta la más fiable. Se calcula así:

$$\text{Índice de masa corporal} = \frac{\text{peso en kilos}}{\text{talla en metros}^2}$$

Es decir, si pesas 80 kg y tu talla es 1.70 cm, debes dividir 80 por el cuadrado de la talla (1.70 × 1.70). La talla al cuadrado son 2.89. Dividimos 80 por 2.89 = 27.68.

¿Y qué quiere decir ese 27.68? La tabla 1-1 te indica la respuesta: delgadez, un peso normal, sobrepeso (conocido también como obesidad I), obesidad, obsesidad notable u obesidad mórbida.

Con este resultado ya tienes, en principio, una idea de tu masa corporal y, por lo tanto, de las medidas que puedes y debes tomar para perder peso. Y no hace falta, en principio, saber cuántos kilos debes pesar. Los científicos prefieren este índice, que es más correcto que cualquier otro.

Tabla 1-1: Índice de masa corporal

De 16 o menos	Delgadez severa y grave
De 17 a 18.5	Delgadez aceptable
De 18.5 a 20	Delgadez saludable
De 20 a 25.9	Peso normal
De 26 a 29.9	Sobrepeso (obesidad I)
De 30 a 34.9	Obesidad
De 35 a 39.9	Obesidad notable
Más de 40	Obesidad mórbida

Un criterio objetivo

Bueno, pues ya estamos en condiciones de definir la obesidad siguiendo un criterio objetivo, el índice de masa corporal. Así pues, la *obesidad* es un sobrepeso de más del 10 % sobre el peso considerado normal.

Y esta definición incide más en el síntoma —exceso de peso— que en las causas, es decir, en la auténtica naturaleza de la obesidad.

La obesidad como tal es un estado patológico que afecta negativamente a nuestra salud. Puede decirse que es la enfermedad que más años de vida nos roba. Aunque no cause la muerte de forma inmediata, las estadísticas son inapelables, como demuestra la tabla 1-2. Si atribuimos un índice de 100 a la mortalidad total en las personas que tienen un peso correcto, veremos el nivel de la mortalidad para diferentes grados de obesidad.

Tabla 1-2: Tasas de mortalidad según el grado de obesidad

Sobrepeso*	Tasa de mortalidad
Sobrepeso de 10 %	113
Sobrepeso de 20 %	125
Sobrepeso de 30 %	140

* Con relación a un peso normal de 100.

Una mochila permanente

Piensa un momento en esta posibilidad: ¿qué ocurriría si te obligasen a llevar permanentemente una carga de 25 o 30 kg?

Para empezar, significaría un esfuerzo continuo que obligaría a tu corazón a trabajar de forma excesiva. Puedes imaginar perfectamente lo que supone subir una escalera hasta un tercer piso llevando una maleta de 25 kg.

Bien, pues imagina que la llevas continuamente sin poder desembarazarte de ella. Sin poder apoyarla en el descansillo de la escalera. Siempre a cuestas. En eso consiste la patología de la obesidad. Todo tu cuerpo sufre esa sobrecarga: desde el bombeo del corazón hasta los ligamentos de las rodillas.

Sin paliativos: el sobrepeso está en relación directa con el riesgo de muerte.

Efectos de la obesidad

William Campbell, campeón de todos los gordos ingleses, batió la marca de obesidad cuando dio en la báscula un peso de 341 kg. Superaba así el récord establecido por Daniel Lamberts, que lo tenía en 336 kg. Daniel había muerto a los treinta y nueve años de edad, ya viejo, sobre todo si lo comparamos con su sucesor en el trono de la obesidad: William Campbell murió a los veintidós años.

De todos modos, es más perjudicial tener un sobrepeso de 25 kg que acarrear de forma continua una carga de igual peso, porque la obesidad es un estado patológico, mientras que llevar una carga no lo es. Y esta afirmación, que podría haberla firmado Perogrullo, tiene su sentido, pues la obesidad, como enfermedad, implica, además del sobrepeso, una serie de alteraciones internas:

✔ **La tensión arterial se eleva.**

✔ **Hay un claro riesgo coronario.** La acumulación de peso y tejido adiposo obliga a una mayor actividad cardíaca. Las grasas circulantes y las placas de ateroma pueden ir disminuyendo el calibre de los grandes vasos y acabar provocando un infarto de miocardio o un accidente cerebral.

✔ **Los pulmones trabajan mal.** La llamada "falta de fuelle" de los obesos se percibe de forma inmediata.

✔ **Los problemas reumáticos son mucho más frecuentes.** Y no sólo porque el sobrepeso está forzando las articulaciones, lo que ya implica un gran riesgo, sino también porque la obesidad conlleva falta de ejercicio, con lo que esas articulaciones no tienen la protección muscular necesaria.

✔ **El lumbago y los dolores de espalda son también mucho más frecuentes.**

✔ **El riesgo de diabetes en los obesos está médicamente confirmado.**

✔ **El embarazo de la mujer obesa es mucho más peligroso.** Aparte de ser más difícil su recuperación, también el parto es más complicado.

✔ **Las varices y la flebitis son mucho más frecuentes entre los obesos.**

✔ **Cualquier enfermedad, especialmente aquellas que pueden requerir una intervención quirúrgica, se ven agravadas por la obesidad.**

Como puedes ver, la obesidad afecta de forma directa a gran parte de las funciones vitales. Es más grave que el simple hecho de llevar un sobrepeso. Si a todo esto añadimos que los obesos son más propensos a padecer accidentes debidos a la pérdida de agilidad física, no podemos extrañarnos de que haya países, como Estados Unidos, donde las primas de los seguros son mucho más altas para los gordos.

Capítulo 2

Factores que condicionan la obesidad

- -

En este capítulo
- ▶ Factores sociales y psicológicos
- ▶ El consumo de energía
- ▶ Una definición más completa de obesidad
- ▶ La acumulación de grasa

- -

 En la obesidad inciden factores que no tienen una explicación estrictamente orgánica. De hecho, hay toda una serie de pautas de comportamiento que llegan a condicionar la ingestión de los alimentos tanto o más que la misma acción de los centros reguladores del cerebro. A continuación veremos los principales factores sociales y psicológicos que afectan a los hábitos alimentarios.

Factores sociales

Culturalmente se ha identificado obesidad y salud, una asociación que resulta siempre errónea. Y aunque muchas personas ya no creen que estar gordo sea un síntoma de buena salud, los hábitos concretos que conducen a la obesidad permanecen arraigados en nuestra sociedad. He aquí los principales:

✔ **Las madres se preocupan más por un niño delgado que por un niño gordo.**

✔ **Existen nuevos hábitos de comportamiento que favorecen las comidas excesivas.** Los almuerzos de trabajo, por ejemplo, que no son ni almuerzos ni de trabajo, pero en los que el anfitrión debe quedar bien y no puede mostrarse mezquino ni en calidad ni en cantidad, porque en ello se le pueden ir intereses comerciales. No hay almuerzo de trabajo digno de tal nombre que no incluya una opípara comida.

✔ **Seguimos llamando "curva de la felicidad" a lo que es, ni más ni menos, una acumulación bastante prosaica de tejido adiposo: la barriga.** El problema real es que muy pocas veces se come lo que se necesita. Comemos siguiendo ciertos hábitos y no en consonancia con nuestras necesidades reales. El balance entre la ingestión de calorías y el gasto energético muy pocas veces se tiene en cuenta a la hora de sentarse a la mesa.

Factores psicológicos

Sin duda hay factores psicológicos que predisponen y mantienen la obesidad. Muchas veces ésta empieza con una depresión. Y no hacemos más que apuntarlo, porque si hay una afirmación verdadera en estos temas es que casi siempre resulta abusiva cualquier generalización. Sin embargo, sí es posible señalar dos factores psicológicos principales:

✔ **Las perturbaciones del ánimo.** Puede haber personas que adelgacen en estados depresivos. Pero en general puede decirse que las perturbaciones del ánimo llevan a la obesidad, por muchos motivos. Uno de ellos radica en lo que se conoce con el nombre de "gratificaciones orales", que normalmente surgen por un intento de compensación tras un fracaso sentimental o laboral, por preocupaciones o por algo que nos desborda. Todo ello puede llevarnos a un exceso de comida.

✔ **La obesidad parece alimentarse a sí misma.** Este factor no induce a la obesidad, pero puede agravarla. Supongamos que debido a un fracaso sentimental una persona se refugia en la comida como efecto compensador. Esa comida tomada como mecanismo de evasión lleva a una obesidad incipiente, pero precisamente esa ganancia de peso puede deprimir aún más al individuo, que se ve inducido a un círculo vicioso. Engorda. Luego razona e intenta convencerse de que le da igual, que no vale la pena cuidarse. Comienza el círculo. No le sirve la ropa. Se abandona. Y sigue engordando.

Seguro que conoces otros casos. Por ejemplo, piensa en alguien que termina sus estudios y comienza a ejercer una profesión u oficio más bien sedentario. Mientras estudiaba, practicó deporte. Al terminar de estudiar o de prepararse deja de hacer ejercicio físico. Para terminar el cuadro, comienza a ganar algún dinero y compra (porque lo necesita, ¡faltaría más!) un coche. Fácilmente esa persona empezará a engordar. Se establece el círculo que podríamos llamar social: es la edad de casarse, la persona se hace aún más sedentaria, come más, engorda más, y ese sobrepeso hará que cada vez le apetezca menos hacer deporte; cualquier esfuerzo físico le será cada vez más penoso y, por lo tanto, tenderá por pura inercia a volverse cada vez más sedentaria.

La obesidad acaba alimentándose a sí misma. Sólo un esfuerzo de voluntad puede detener la inercia del proceso. Y cuanto antes se haga, más fácil resultará bajar de peso.

Compañero *viene de* cum panis

El doctor Santiago Martínez Fornés, especialista en la obesidad, cuya psicología ha estudiado y descrito con humor en varios libros, sostiene que sólo uno de cada treinta obesos debe su aumento de grasa a problemas endocrinos. Casi siempre son factores psicológicos los que provocan la obesidad. Y son factores que comienzan a influir desde la infancia.

Para el lactante, comer es ser amado. Para el lactante y para muchos obesos. Y ahí está el sustrato psicológico por el que la buena mesa se convierte en el altar donde rendimos culto a la amistad, compartiendo el pan y el vino. La palabra *compañero* procede del latín *cum panis*, que significa "comer y compartir el pan".

El doctor Martínez Fornés afirma que la obesidad es frecuente tras un estado de ansiedad. Y cita como ejemplo concreto la obesidad de las viudas jóvenes: "Sustituyen otras gratificaciones por el placer oral, muy ostensible en las crisis nocturnas de desasosiego, en que se levantan y toman alimentos vorazmente. He conocido viudas que engordan deliberadamente, como si formase parte del luto quemar su belleza física en homenaje al marido desaparecido".

Por supuesto, el efecto de la ansiedad es extensible a las llamadas viudas sin luto, esposas o mujeres abandonadas o casadas con emigrantes que cada vez distancian más sus cartas, por ejemplo. "Parecidas motivaciones psicológicas —continúa Martínez Fornés— actuaban en la obesidad de los canónigos, casi constante hasta hace medio siglo".

Esta situación dificulta un tratamiento adecuado, porque no puede olvidarse que el gordo tiende a celebrar un banquete cuando las cosas le salen bien. ¡Y se consuela comiendo cuando le salen mal!

Hay, en efecto, una psicología de la gordura. El gordo lo es por factores psicológicos en la mayoría de los casos. Las únicas glándulas implicadas en la obesidad... son las salivares.

En cuanto a la herencia de la obesidad, Martínez Fornés dice que su carácter familiar es innegable, pero que nadie ha podido demostrar que se trate de un trastorno metabólico hereditario. Hay delgados en familias de gordos, y cuando un gordo se somete a dieta, adelgaza. De todos modos, el estudio de gemelos univitelinos dio la clave: cuando un hermano gemelo se desarrolla en un hogar distinto, suele comprobarse que si el niño se cría con un ama obesa, crece obeso; y si la madre adoptiva es delgada, el niño crece delgado.

Todo depende —sostiene Martínez Fornés— del entorno familiar. Y especialmente de los valores que se dan a la obesidad y, por ende, de los hábitos que se adquieren. Hay, no puede dudarse, ciertos factores hereditarios, pero no son determinantes. La obesidad parece depender, entonces, de aquellos factores que llamamos *poligénicos* (dependen del efecto acumulativo de muchos genes): hacemos niños obesos desde la cuna, con los hábitos de su primera alimentación. El hijo de una obesa percibe enseguida la sonrisa materna de satisfacción cada vez que el bebé mama hasta rebosar o cuando al final eructa el aire deglutido. Así, el bebé se forja un patrón de comportamiento que concede excesivo valor al placer de la alimentación para garantizarse la sonrisa de la madre.

En cambio, el hijo de una madre delgada percibe los mohínes de cierto asco en su madre cada vez que él se alimenta con voracidad o cuando eructa; y aprende a reprimirse. Crece delgado.

Son curiosas estas reflexiones del doctor Martínez Fornés. Expresiones ante una buena moza de "está para comérsela", o eso de que es nuestra "media naranja" o un "bombón" o "pura canela en rama", no son más que incorporaciones alimentarias de apetencias de otro tipo.

Gordos y delgados

En el fondo, cabría preguntarse si se es de una forma determinada por ser gordo, o si se es gordo por tener un determinado carácter.

En cualquier caso, el gordo dice que engorda con sólo respirar, mientras que el delgado afirma que por mucho que coma, no engorda. Y eso se evidencia porque el comer —tanto para el uno como para el otro— está en relación directa con la sensación de saciedad. Así, al gordo, con apetito casi insaciable, le parecerá que no come casi nada. Y para el delgado, para el que comer es poco menos que un sacrificio, ingerir algo significa hastío, con lo que cree que come en exceso y no engorda.

La pregunta que podría plantearse es si los gordos son psicológicamente así por ser gordos o si su condicionamiento psicológico les lleva a la obesidad. Para el doctor Martínez Fornés no hay duda: son los factores psicológicos los que conducen a la obesidad, aunque hay que reconocer que la obesidad condiciona después la vida del gordo. Y la prueba de ello es que el obeso, aunque adelgace, conserva gran parte

de sus características psicológicas. Por eso, el condicionamiento psicológico del gordo dificulta el tratamiento de su
obesidad. Simplemente porque si se deja llevar por sus impulsos, el gordo, como ya dijimos, celebraría un banquete cada
vez que las cosas le salen bien. Y trataría de consolarse comiendo cuando las cosas le salen mal.

Y se llega a más: el obeso abandona el régimen no por falta de
voluntad o por hambre, sino porque pierde el placer de comer.
Lo tiene tan metido en sí mismo que no le merece la pena dejar
de comer. Y, además, siente en esa disminución de la ingesta de
alimentos una sensación de angustia, de debilidad, que le provoca tal irritabilidad que no es raro que sean los propios familiares
quienes ayuden al obeso a abandonar su régimen.

Se ha comprobado —y sirve para ratificar lo anterior— que
algunos enfermos de obesidad mórbida intervenidos quirúrgicamente para una reducción de estómago no perdían el peso que
deberían. Extrañados, los médicos hicieron un seguimiento de
su dieta. Y comprobaron que los sujetos ingerían de manera
directa lo que más podía engordar: ¡botes de leche condensada!

Unos engordan y otros no

Uno de los trabajos más interesantes del médico e investigador
Francisco Grande Covián, cuya acción principal se centra en el
área de la nutrición y la bioquímica, venía a ratificar que cada
organismo, sin que se sepa por qué, tiene una reacción distinta
frente al balance de energía. En otras palabras, que con la misma
dieta hay quien engorda mucho y quien apenas gana peso. En
su laboratorio, y utilizando soldados voluntarios, Grande comprobó que aumentando la dieta a todos por igual, y haciendo
prácticamente el mismo gasto calórico, hubo quien llegó a ganar
20 kg y quien, en cambio, sólo ganó un par. La única explicación,
decía Grande, está en la distinta *eficacia energética*. Y cada uno
tiene la suya; es decir, cada persona es capaz de utilizar más o
mejor la energía que ingiere. (Hay más información en el capítulo 3, "Tu metabolismo".)

Recapitulación: la raíz del sobrepeso

Si la mayoría de las 1500 calorías de tu dieta diaria provienen de hidratos de carbono complejos y proteínas, y muy pocas de la grasa, tu dieta será efectiva. Esta afirmación, llevada a la práctica, permite concluir que para desayunar es mejor una tostada con mermelada que un producto de bollería. Y que para comer son mejores unos macarrones con salsa de tomate casera que cualquier alimento frito.

Sabemos que no todas las calorías se comportan de igual manera a la hora de engordar. Es verdad que se sigue cumpliendo el principio de la termodinámica, ese de que "la energía ni se crea ni se destruye, únicamente se transforma". Eso es verdad, y desde siempre se viene aplicando a la obesidad. Siempre se ha considerado que el sobrepeso proviene de un desequilibrio entre las calorías que se ingieren y las que se gastan. Pues bien: si esa es una verdad incontrovertible, no es menos cierto que en ese gasto calórico pueden intervenir muchos factores.

Lo que la ciencia viene diciendo desde hace años es que un aumento de la proporción de grasa en la dieta lleva a un aumento de grasa corporal. Sin embargo, si el aumento es de carbohidratos no se provoca sobrepeso. De hecho, en los países desarrollados la gente padece una epidemia de obesidad que va pareja a la reducción en la dieta de hidratos de carbono y el consiguiente aumento proporcional de grasas.

Hay un aspecto importante: la satisfacción del individuo. En última instancia, la sensación de saciedad es el mejor índice de una dieta satisfactoria. Por ejemplo, si una persona consume 400 calorías de proteínas (un buen filete sin grasa), queda más saciada que si esas calorías proceden de grasas o de hidratos de carbono. Los estudios dicen que 600 calorías de carbohidratos lo dejan a uno más satisfecho que 600 calorías de grasa.

En todo caso, la conclusión más interesante de los últimos estudios es que comiendo la misma cantidad de calorías, pero reduciendo las que proceden de la grasa (sólo en el 10 %), podemos adelgazar alrededor de dos kilos cada seis meses. Y sin dieta. Perder peso así, además de cómodo, es duradero.

En toda esta teoría está la raíz del sobrepeso. El nuestro y el del 53.5 % de los españoles. Mucha gente se encuentra ahora con sobrepeso sin haber hecho nada especial. ¿Qué ocurre?

Simplemente, que se ha bajado la guardia en el comer y el beber. No nos damos cuenta de que una pequeña cantidad de calorías un día tras otro se pueden convertir al mes en algo apreciable y, al año, en un par de kilos que nadie sabe de dónde salen. Hay que tenerlo muy en cuenta: limitar las grasas, pero no eliminarlas por completo; entre otras cosas porque muchas vitaminas —todas las liposolubles, por ejemplo— viajan a través de ellas.

¿Y cuánto se puede engordar?

No sé si te lo habrás preguntado alguna vez. Yo, desde luego, sí. Si un individuo que tiende a la obesidad come sin variar sus hábitos, ¿puede engordar sin límite, o llega a un punto máximo en el que no gana más peso?

Le pedimos en su día la respuesta a Grande Covián y, como siempre, acudió a ejemplos ilustrativos. Nos habló de un caso que ha sido muy divulgado. Era un hombre de 320 kg, tratado por el doctor Bortz, de Filadelfia. Pensemos en lo que eso significa: 320 kg es cuatro veces lo que pesa un individuo normal. Lo ingresaron en una clínica y lo sometieron a una dieta de 800 calorías. A los dos años se había quedado en 90 kg. Aquel hombre tenía un 60 % de grasa: ¡había acumulado 150 kg de grasa! Era impensable, en principio, que un individuo normal pudiera acumular tal cantidad. Pero ahí estaba el hecho claro.

Grande conoció muy de cerca el caso porque le pidieron que pesara al hombre en su laboratorio, donde habían diseñado un sistema para medir la grasa corporal basado en el mismo método de Arquímedes; es decir, por densidad. En el agua se calcula el volumen de una persona. Después se pesa en el aire. Conociendo masa y volumen, se calcula la densidad. Así es posible indicar la proporción de grasa, porque esa es precisamente la definición real de obesidad. No es sólo cuestión de peso, porque, como señalaba Grande, las estadísticas clasificaban como obesos a tipos como el boxeador Joe Louis, ya que pesaba más de lo que le correspondía a su talla. Un esqueleto grande y con mucha musculatura da sobrepeso, pero no puede calificarse de obesidad. Por eso decía que había que definir la obesidad como ese exceso, y no sólo como el de peso (aunque casi siempre coinciden).

Grande dedicó tiempo a ese estudio tomando como base la densidad y llegó a dos conclusiones muy interesantes:

- ✔ **Podemos acumular grasa prácticamente sin límite.**

- ✔ **Podemos conocer la cantidad de grasa que tenemos con un modelo.** Tomando como ideal un estudiante de veinticinco años de unos 70 kg de peso, Grande llegó a la conclusión de que el 15.2 % del peso total era grasa. Es decir, una persona bien constituida, de 70 kg de peso, tiene entre 10 y 11 kg de grasa.

Sé que es una pena, pero mejor asumirlo ya: cuando adelgazamos no sólo perdemos grasa, sino también mucha agua y un importante volumen de masa muscular; sin embargo, cuando engordamos, sólo ganamos grasa. ¡Ni rastro de los músculos perdidos durante la última dieta! Con este dato en mente, podemos deducir que si hemos estado cinco veces a dieta, y después hemos vuelto a ganar el peso que teníamos antes, hemos hecho un mal negocio con nuestro cuerpo. Durante esos cinco procesos hemos perdido un buen porcentaje de nuestros músculos, y los hemos reemplazado por tejido adiposo, por grasa.

Capítulo 3

Tu metabolismo

Como sabes, siempre que se habla de la obesidad sale a relucir el metabolismo. Y quizá no tengas una idea muy clara de lo que es. Por eso en este capítulo te explicamos qué es el metabolismo y cómo se estudian sus variaciones.

¿Qué es el metabolismo?

Se entiende por *metabolismo* la serie de procesos que se producen en el organismo para mantener el tono vital, poder desarrollar cualquier actividad física y lograr, en época de crecimiento, la formación de nuevos tejidos.

Si empezamos ahora a hacer flexiones, es lógico que aumente nuestro consumo energético. Aparte del consumo de las flexiones, hay otro que no vemos: el del corazón al latir, el de la digestión, el del cerebro para estar en disposición de pensar, etc. Es el trabajo interno. Y todo está equilibrado.

Imaginemos ahora que no se realiza ningún trabajo externo y que estamos en ayunas, para que no haya uno interno de digestión. En este caso, nuestro gasto de energía es igual al calor que desprendemos, ya que ese calor proviene precisamente de esa energía.

Como el calor desprendido se debe a la digestión de los alimentos por la acción del oxígeno, lo que se mide es el consumo de oxígeno. Se sabe exactamente la cantidad de calor que se libera cuando se consume un litro de oxígeno para oxidar un alimento —ya sea grasa, proteína o hidrato de carbono— fuera del cuerpo. Así, cuando se consume un litro de oxígeno, se produce el mismo calor dentro del cuerpo.

Bueno, pues esa serie de operaciones es lo que se llama "metabolismo". En otras palabras: consumir oxígeno para procesar los alimentos.

En ayunas, tumbados en una camilla y sin hacer esfuerzo, se mide el consumo de oxígeno para saber el calor desprendido y, por lo tanto, determinar el gasto de energía en esas condiciones de base. Este metabolismo se llama _basal_.

Variaciones en el metabolismo

Aunque es muy difícil que varíe la tasa metabólica, de todo lo dicho se desprende fácilmente que si la ingestión de alimentos es igual a la producción interna del calor, más el trabajo interno y externo, el peso permanecerá constante.

Si la ingestión de alimentos es mayor que la suma del calor producido y el trabajo que se realiza, la energía sobrante se almacena en forma de grasa... y se gana peso. Y si la ingestión es menor que el calor y el trabajo para que pueda realizar sus funciones vitales el organismo, éste echa mano de la despensa que tiene e inicia el consumo propio. Entonces se pierde peso.

El metabolismo basal es un dato de enorme interés para conocer el equilibrio que ha de existir en todo el organismo. Antes era una prueba de rigor para toda persona que debía o quería seguir una dieta. Y es lógico, porque el régimen alimentario debe estar adaptado al metabolismo basal. Actualmente es una prueba en desuso porque puede seguirse por otros sistemas la actividad de las hormonas, la función tiroidea y del resto de marcadores metabólicos.

¿Por qué acumulamos grasa?

Cuando hay un exceso en la alimentación o muy poco gasto de energía con una alimentación normal, el organismo establece una serie de reacciones para ahorrar la energía sobrante en forma de grasa.

¿Por qué en forma de grasa?

Simplemente porque está formada por moléculas que almacenan energía de forma muy eficaz y ocupando el menor espacio.

Si pensamos en un muchacho de veinticinco años —el del ejemplo de Grande Covián— con un estado correcto de nutrición, hay que darle unos valores de grasa normales de un 15 %. Sería su cantidad normal de grasa. Si está bien constituido y tiene un peso correcto, podemos situarlo alrededor de los 70 kg. En su cuerpo hay 10.55 kg de grasa. Es decir, más de 10 kg de la mejor reserva energética. Y con una ventaja adicional importantísima: la grasa se puede almacenar sin agua, lo que permite ponerla en la despensa sin ocupar mucho espacio.

Esos 10 kg podrían proporcionar a ese muchacho de veinticinco años alrededor de 100 000 calorías. Pues bien, si quisiéramos guardar esas 100 000 calorías en forma de glucógeno (otra forma de reserva de energía), serían necesarios por lo menos 25 kg. Pero como además hace falta agua en cantidades elevadas para almacenar el glucógeno en el organismo, nos encontraríamos con que para guardar esas 100 000 calorías en forma de glucógeno necesitaríamos 125 kg... Por eso, por cuestiones de economía, nuestro organismo las guarda en forma de grasa.

Metabolismo normal

La mayoría de la gente no tiene problemas de metabolismo. Ni el que está gordo ni el que está delgado, salvo en muy raras ocasiones. La obesidad no es un problema de metabolismo sino un desequilibrio entre lo que se ingiere y la energía que el cuerpo consume. Se calcula que apenas un 5 % de las personas que acuden a la clínica en busca de consejo médico en relación con la obesidad tienen un trastorno hormonal.

Hay que partir de esta base: la obesidad es un problema de equilibrio. O se ingieren alimentos de más, con lo que la balanza se desnivela, o se gasta muy poco debido a que se lleva una vida sedentaria y no se hace ejercicio. Los problemas de obesidad se deben simplemente a una desproporción entre las calorías ingeridas y las gastadas.

Por otra parte, no hay una disposición especial hacia determinados alimentos. Si medimos los alimentos por su capacidad calórica o energética, reduciremos a números el concepto y será más fácil comprender que nuestro cuerpo, es decir, nuestras células, no comen ni acelgas, ni pescado, ni cordero... Les basta saber cuántas moléculas básicas tienen esos alimentos, o mejor, el número de calorías. Y según sea su valor calórico, así se comportarán en cuanto al peso.

Sin embargo, está muy difundida la creencia de que se está gordo porque se tiene un metabolismo "lento". Y eso, como estamos viendo, no es del todo exacto.

Otra afirmación que se suele hacer en torno al metabolismo, y que deja perplejos a los especialistas, es la siguiente: "Doctor, vengo a que me cambie el metabolismo". O bien: "Juanita adelgazó. Le cambió el metabolismo y no ha vuelto a engordar".

El metabolismo de una persona puede aumentar o disminuir ligeramente en determinadas y muy especiales circunstancias; pero no se puede cambiar a voluntad en casi ningún caso. Cuando uno se somete a dieta reduce el metabolismo. Sin embargo, es un fenómeno pasajero, y la idea de cambiar el metabolismo es totalmente falsa.

La oxidación de los alimentos

La oxidación de los alimentos ocupa un lugar importante a la hora de hacer el balance energético y, por lo tanto, a la hora de ganar o de perder peso.

Es verdad que siempre se habla de los procesos metabólicos de las grasas, los hidratos de carbono y las proteínas, como si estos principios pudieran separarse fácilmente. Hoy parece aceptarse que los tres elementos se unen en un punto común, ya que los tres son capaces de producir grasas. Parece que una sustancia reactiva (el ácido pirúvico) enlaza de tal forma el metabolismo de estos tres principios que resulta difícil establecer diferencias fundamentales entre ellos.

Como ya vimos, el organismo "quema" los alimentos para obtener energía. Esa combustión se realiza a través de la oxidación, que se produce gracias al oxígeno que respiramos. Supongamos que el metabolismo es todo el proceso de combustión. Si el combustible son hidratos de carbono y grasa, al final de la hoguera aparecerá anhídrido carbónico y agua. Si el combustible son proteínas, aparecerá, además, nitrógeno. Por eso se llegó a la conclusión de que la respiración podía ser un índice muy claro del metabolismo.

Hay además otro factor interesante: toda combustión produce calor; de ahí surgió el concepto de caloría. (Puedes leer el apartado "El concepto de caloría" en el capítulo 4.)

Tenemos, pues, tres baremos para saber cómo se produce esa combustión: la producción de calor, el oxígeno respirado y el anhídrido carbónico expulsado. Estos tres factores, correctamente medidos, nos pueden dar una idea exacta del proceso de conversión de los alimentos en energía. Así se llegó a la conclusión de que un litro de oxígeno para oxidar hidratos de carbono produce 5074 calorías. El proceso inverso es igualmente ilustrativo: para obtener 5074 calorías de la combustión de hidratos de carbono hace falta un litro de oxígeno.

Las cifras del metabolismo

Si alguna vez te hicieron la prueba del metabolismo, o si conoces a alguien que se haya sometido a ella, sabrás que al final te dan una cifra que para el profano es bastante inexplicable. No se suele saber lo que significa. La explicación, simplificando al máximo, es sencilla: se toma como normal para un hombre de veinte a cuarenta años un metabolismo basal de 39.5 calorías por metro cuadrado y hora. Si la prueba realizada a un sujeto da como resultado 49.5 calorías, se expresa la diferencia en un porcentaje. Es decir, el sujeto tendría como resultado más del 25 %. Debe añadirse que se considera normal una variación del 15 %, tanto por exceso como por defecto.

¿Hemos cambiado?

Es muy posible que nuestra civilización haya cambiado más deprisa que nosotros mismos. No comemos los tubérculos que comían nuestros antepasados, y nos bastarían, como a ellos, los azúcares de la fruta o de la remolacha sin tener que acudir al azucarero. Las harinas refinadas, el alcohol destilado, los helados, los bombones y la mantequilla son alimentos que podríamos calificar de *artificiales*.

Por otra parte, nuestro sistema de vida nos ahorra muchos esfuerzos en todos los sentidos. Tenemos coches y ascensores y no necesitamos en la mayoría de los casos cultivar la tierra. Todo el esfuerzo que hacemos para conseguir los alimentos se cifra en acercarnos a la tienda correspondiente y tomarlos del estante.

Es indudable que avanzamos hacia un mayor sedentarismo y a tener un mayor aporte calórico en la dieta propiciado en gran medida por el aumento de los azúcares simples y las grasas. La doctora Susana Monereo, miembro de la Sociedad Española para el Estudio de la Obesidad, ha abogado por hacer más hincapié en las campañas de prevención de la obesidad "desde las primeras etapas de la educación infantil", y por la necesidad de afrontar la obesidad individualmente "mediante el replanteamiento de los hábitos de vida".

Los pequeños cambios en la actividad cotidiana que se han ido introduciendo en el modo de vida actual, como el ordenador o la televisión, han hecho que el gasto calórico corriente y habitual se haya reducido mucho. "Si a eso le sumamos que el ocio ha pasado de ser un ocio activo a ser un ocio pasivo y sedentario (cine, etc.), y que además es un ocio que en muchas ocasiones lleva asociado el consumo de alimentos, es sencillo entender por qué es tan difícil adelgazar y tan fácil engordar".

En los últimos veinte años el ejercicio dentro de la población ha ido disminuyendo de una forma alarmante. De este modo, señala Monereo, "el gasto energético ha bajado de tal manera que una persona gasta hoy 500 o 600 calorías menos que hace cincuenta o sesenta años, llevando el mismo tipo de vida que se puede llevar hoy".

Han cambiado nuestra forma de alimentarnos y nuestro sistema de vida. Pero nosotros, como animales, no hemos tenido tiempo aún de adaptarnos. Y como seres vivos, tenemos mecanismos muy potentes para defender el almacenaje de energía, pero muy pocos —y muy poco eficaces— para desprendernos de la energía que hemos almacenado en exceso.

Parte II
El combustible equivocado estropea el motor

CREO QUE NO LLEVAMOS UNA DIETA LO SUFICIENTEMENTE VARIADA. ¿NO PODRÍAS PESCAR UN PLATO DE LENTEJAS?

En esta parte...

¿Qué comes, en realidad? ¿Sirve de algo comprar mayonesa baja en calorías si al final te acabas comiendo medio tarro para merendar? Nuestro cuerpo no entiende de productos *light* ni de etiquetas llamativas. Descompone lo que le damos de comer, hace sus cuentas y distribuye los nutrientes en función de sus necesidades. Si le sobra esa mayonesa, por muy *light* que sea, va a acabar apoltronada en las curvas de tu lonja.

Por eso es importante que sepas cuáles son tus necesidades nutritivas diarias, de qué se compone cada alimento y qué es lo que nos acaba aportando, más allá de lo que diga la publicidad o la creencia popular. Se trata de que tú seas capaz de comprender —y decidir— qué necesita tu cuerpo en cada momento y qué es lo que le sobra; ese es el objetivo de las páginas que tienes a continuación.

Capítulo 4

Somos lo que comemos

• •

En este capítulo

▶ Los alimentos como combustible

▶ Diferencia entre hambre y apetito

▶ Aporte calórico de los alimentos

• •

La función más elemental y a la vez más trascendental del hombre es alimentarse. Un pueblo es culto cuando sabe lo que come, por qué lo come, cómo y para qué. Y sin embargo, la ciencia de la nutrición es algo moderno: la química no se acercó al tema de la alimentación hasta después de la Revolución francesa. Eso quiere decir que durante siglos y siglos el hombre se alimentó sólo porque tenía hambre y comió lo que encontró alrededor. Luego se demostró que, en efecto, el hombre come lo que la naturaleza le da y llega a convertir en tradicional aquello que abunda en su entorno.

Debemos ser conscientes de que la alimentación es uno de los pilares sobre los que descansa la buena salud. Para bien y para mal, la alimentación nos constituye, podríamos decir. Somos un poco lo que comemos. Y todos los días la ciencia nos demuestra que hay algunos alimentos de los que no debemos abusar y otros cuya ingestión siempre será conveniente.

Aunque te suene extraño, dos alimentos con un número idéntico de calorías no se comportan igual una vez ingeridos. Puede ser que uno engorde más que el otro. Por eso resulta fundamental entender los principios básicos de la nutrición, para que puedas decidir en cada momento cuál de las opciones que te ofrece tu nevera es la que más te conviene.

Hambre y apetito no son lo mismo

Una de las características del ser humano es la de ser omnívoro, es decir, que puede —y debe— comer de todo. No hay ningún alimento que sea completo por sí mismo, salvo la leche materna, y sólo para una etapa no muy larga de la vida.

A lo largo de la historia, el hombre sólo tenía dos preocupaciones: encontrar qué comer y evitar ser comido. La naturaleza le proporcionaba alimento y escondite. Pero en la actualidad la situación es radicalmente distinta. No se trata de encontrar alimentos, sino de elegir aquellos que mejor nutran nuestro organismo, los que mejor nos proporcionen la energía que necesitamos para subsistir.

Nuestro cuerpo es el primero en llamarnos la atención sobre la necesidad de alimentarnos. Nos avisa de que tiene hambre gracias a una serie de sensores que tiene dispuestos por todo el organismo. Por cierto, antes se creía que el organismo disponía de un nervio en el aparato digestivo encargado de avisar cuándo había que comer. Hoy se sabe que son los sensores que controlan el azúcar de nuestra sangre los que le dicen al cerebro: "¡Eh, que tengo hambre, que tenemos que comer!".

El aviso cerebral surte efecto inmediato, y todo el organismo se dispone y organiza para recibir el alimento. Claro que no tarda mucho en plantearse la pregunta siguiente: ¿para qué tenemos que comer? En principio, para subsistir. Para seguir viviendo.

Los alimentos se convierten así en el combustible que genera la energía suficiente para que la máquina del cuerpo funcione. Pero hay otra función igualmente fundamental. No sólo subsistir, sino también que el individuo se desarrolle. El niño nace y come. Esa alimentación no sólo le proporciona la subsistencia, sino que también hace posible —y principalmente en esa etapa— su desarrollo, su crecimiento. Así, pues, son varias las razones que tenemos para comer. Desarrollarnos y crecer, primero; mantener el organismo y poder desplegar actividad, después. Y por último, y cada vez más, por el placer. Saciada el hambre, es decir, la necesidad, la gastronomía establece la diferencia entre hambre y apetito.

El *hambre* se puede definir como la sensación que produce la necesidad de comer. Y todos estamos de acuerdo en que para saciar el hambre posiblemente harían falta menos alimentos de los que ingerimos. Y es que el ser humano es de los pocos seres en la naturaleza que puede seguir comiendo aun sin hambre. Tiene apetencia —*apetito*— por algunas sustancias que le producen no una sensación de saciedad, sino de placer.

¿Y qué comemos? Porque la definición de *alimento* es muy amplia: es una sustancia animal, vegetal o mineral que nos aporta, al comerla, elementos que necesitamos para la nutrición; es decir, elementos necesarios para crecer, desarrollarnos, reponer tejidos y obtener energía que nos permita emprender la actividad física y mental diaria.

El hombre es como una máquina

Somos como una máquina, como un automóvil. El automóvil, su motor, no necesita más que gasolina, electricidad, aceite y agua. Si le falta la gasolina no se producirá la combustión en los cilindros, por lo que el coche no podrá andar. Si tiene gasolina pero no cuenta con electricidad, no se producirá la chispa que lo encienda, con lo cual estamos como si no hubiera combustible. Si tiene gasolina y electricidad pero le falta aceite, el motor funcionará durante algún tiempo. Pero como no tiene lubricación, los cilindros se recalentarán con el rozamiento y acabará bloqueándose. Y algo parecido le ocurrirá si le falta agua: no habrá refrigeración y el calentamiento excesivo acabará con el motor.

Al ser humano le ocurre lo mismo. Necesita combustible para que su máquina funcione. Pero ese combustible tiene que reunir una serie de condiciones y debe tener además la variedad necesaria. En la variedad está el éxito de una buena nutrición. Lo que ocurre es que durante mucho tiempo se confundió la idea de comer mucho con la de comer bien. Seguramente porque, en época de escasez, comer mucho era símbolo de bienestar social, y, sobre todo, una forma clara de prevenir una posible penuria posterior.

No está de más repetirlo una y otra vez: una buena dieta no es una dieta abundante, sino una dieta variada en sus componentes y rica en sus contenidos.

Si partimos de la base de que un alimento no es más que una sustancia que, ingerida, aporta nutrientes, llegaremos a la conclusión de que, dependiendo del tipo de nutrientes, así será el tipo de alimento.

Básicamente, todos los alimentos están compuestos en su mayor parte por un nutriente especializado. Hay unos que tienen la facultad de construir el cuerpo (proteínas y sales minerales). Otros proporcionan sobre todo la energía para su buen funcionamiento y trabajo (grasas e hidratos de carbono). Y otros son, junto con el agua, imprescindibles para la vida y la asimilación de todo lo demás. Se trata de las vitaminas. Las necesitamos en muy pequeña cantidad.

Necesidades nutritivas individuales

Es difícil identificar con exactitud cuándo se está bien alimentado, aunque hay ciertos rasgos claros. Una dieta sana es la que incluye alimentos sanos en cantidades correctas. Una persona con líneas armoniosas, cuyo peso guarda proporción con su estatura, con una piel sonrosada y elástica, con uñas fuertes y pelo y ojos brillantes, está bien alimentada.

No se puede generalizar acerca de las necesidades nutritivas de cada persona. Si partimos de la base de para qué y por qué nos alimentamos, podremos deducir fácilmente que cada individuo es una máquina distinta, que realiza también un trabajo distinto; por lo tanto, la cantidad de combustible que necesita dependerá de lo que haga.

Cada persona, pues, requiere una nutrición diferente tanto en calidad como en cantidad. Todo depende de su sexo, estatura (un coche de más peso necesita más energía), edad y, sobre todo, trabajo. Es evidente que el gasto energético de un minero es mucho mayor que el de una secretaria. Normalmente, la mujer necesita menos calorías que el varón. Las necesidades medias diaria pueden establecerse en 3200 calorías para el hombre y 2300 para la mujer.

Gran parte de esa energía la gastamos en mover nuestro propio cuerpo. De ahí la importancia que tienen tanto el peso como la estatura. Se acepta, aunque puede discutirse, que las necesidades calóricas van disminuyendo con la edad. Y se calcula que a los sesenta y cinco años deberíamos comer el 20 % menos de calorías que a los treinta.

El concepto de caloría

Una caloría (cal) es la cantidad de calor que hace falta para elevar en un grado la temperatura del agua que está a 14.5 °C. Es decir, el calor necesario para que un gramo de agua pase de 14.5 °C a 15.5 °C. Se tiende actualmente —se está midiendo energía— a expresar ese calor en julios (J), que es la unidad del trabajo realizado al desplazar un kilo a lo largo de un metro y con una aceleración de un metro por segundo.

En cualquier caso, se trata de unidades demasiado pequeñas y, en general, cuando hablamos de caloría solemos referirnos a la kilocaloría, es decir, 1000 cal (se escribe kcal o Caloría

Calorías y kilocalorías

La **kilocaloría** es la medida técnica para medir la energía que aportan los alimentos al cuerpo. La energía que contienen los alimentos antes de entrar en el organismo se expresa en kilojulios (kJ). Una kilocaloría equivale a 4,187 kJ. También puedes encontrarla con la abreviatura Cal, con mayúscula (entonces Cal = Kcal = 1000 cal), pero lo correcto es usar kilocaloría (kcal).

Al hablar de **nutrición** se utilizan las **kilocalorías**, pero muchas veces las encontrarás bajo la abreviatura incorrecta, por lo que debes tener mucho cuidado cuando leas, por ejemplo, que una barra pequeña de chocolate tiene 520 Cal. En realidad se refieren a 520 kcal, que equivalen a 52 000 calorías, una cantidad enorme de calorías para quemar.

con mayúscula). Por eso también es posible encontrar como definición de caloría la energía necesaria para elevar un grado la temperatura de un litro de agua. Una caloría equivale a 4.2 julios.

En estas páginas se calculan las calorías que proporciona cada alimento. Pero debe tenerse en cuenta, para evitar errores, que hay alimentos que aportan calorías de manera inmediata —por ejemplo, 4 cal por 1 g de azúcar— y otros que, sin embargo, son de absorción lenta (4 cal por 1 g de arroz). En otras palabras, eso significa que las calorías del arroz hay que "trabajarlas" y, por lo tanto, en ese proceso también se queman calorías.

Por ejemplo, se calcula que consumimos el 20 % de la energía de los hidratos de carbono, de absorción lenta, en la obtención de las calorías que contienen.

No todas las calorías son iguales

No te extrañe esta afirmación: una dieta baja en grasas y rica en hidratos de carbono complejos (legumbres, pasta, pan y arroz) y simples (azúcar) es beneficiosa para el control y la reducción del peso en personas sanas con algunos kilos de más.

Es la conclusión que se puede extraer del mayor estudio de intervención nutricional realizado hasta el momento en varios países europeos. El estudio, que se llama CARMEN (iniciales de *Carbohydrate Ratio Management in European National Diets*), se ha desarrollado con la colaboración de la Unión Europea y ha demostrado que se puede adelgazar sin tener que recurrir a regímenes restrictivos o dietas drásticas.

El estudio contó con la participación de 400 voluntarios de cinco países europeos. Podían comer lo que quisieran, con la condición de que incrementaran su consumo de hidratos de carbono a expensas de reducir el consumo de grasas. Es decir, que consumiendo las mismas calorías redujeran las procedentes de la grasa y las compensaran con las que vienen de los hidratos de carbono.

Todo esto sin seguir una dieta restrictiva. El objetivo era investigar los efectos de una reducción en la dieta del 10 % de la energía procedente de la grasa, con un incremento simultáneo de ese mismo 10 % de energía procedente de hidratos de carbono simples (azúcar) y complejos (patatas, pan, pasta y arroz) en el peso de los voluntarios. La tabla 4-1 nos recuerda el aporte calórico de los alimentos.

Tabla 4-1: Aporte calórico de los alimentos

	gramos	*calorías*
Hidratos de carbono	1	4
Proteínas	1	4
Grasa	1	9

Al final del estudio —seis meses— el grupo de control (el que no modificó en absoluto su dieta) aumentó un poco de peso. Sin embargo, los otros dos grupos, que simplemente disminuyeron la ingesta de grasa aumentando la de hidratos, perdieron entre uno y dos kilos. Y lo que es importante: la pérdida fue en gran parte de grasa corporal.

Las pérdidas de peso fueron pequeñas pero significativas teniendo en cuenta que no se trataba de una dieta restrictiva, sino que se pretendía demostrar que las personas sanas y sedentarias pueden controlar su peso, e incluso perder algo, cambiando solamente un poco la composición de su dieta. Porque lo que el estudio demostró que la pérdida de peso no se debió a la reducción de las calorías ingeridas.

Un detalle de interés es que la dieta con menos grasa y más hidratos no afectó a ningún indicador sanguíneo de consideración: triglicéridos, colesterol, etc.

A escala práctica, del estudio CARMEN se puede concluir que, para desayunar, por ejemplo, es mejor tomar una tostada con mermelada que un producto de panadería. O que unos macarrones con salsa casera de tomate son mejores que cualquier alimento frito en abundante aceite.

En todo caso, los estudios ratifican que no todas las calorías se comportan de igual manera a la hora de engordar. Es verdad que se sigue cumpliendo el primer principio de la termodinámica, que dice que la energía ni se crea ni se destruye: únicamente se transforma. Pero lo que ahora se sabe es que el aumento de la proporción de grasa en la dieta es lo que lleva al aumento de grasa corporal. Sin embargo, si el aumento es de hidratos de carbono no se produce ese sobrepeso. De hecho, en los países desarrollados, la gente padece una epidemia de obesidad que va pareja a la reducción de hidratos de carbono en la dieta y el aumento proporcional de grasas.

La sensación de saciedad

Otro aspecto importante a la hora de hablar de las calorías es la satisfacción del individuo. En última instancia, el mejor índice de una dieta satisfactoria es la sensación de saciedad. Por ejemplo, si una persona consume 400 cal de proteínas (unos 100 g de carne sin grasa) tiene mayor sensación de saciedad que si proceden de grasas o de hidratos de carbono.

Los estudios indican que 600 cal de hidratos lo dejan a uno más satisfecho que 600 cal de grasa. Para tener la misma sensación de saciedad que proporcionan esos 100 g de carne habría que consumir 800 cal de grasa (unos 90 g de aceite).

Pero hay más detalles. Por ejemplo, el 20 % de la energía que nos proporcionan los hidratos de carbono complejos la gastamos en digerirlos. El trabajo metabólico es, pues, distinto. Si gastamos el 20 % de la energía de los hidratos, las grasas sólo nos exigen para su almacenamiento un 4 % y las proteínas el 34 %. Es decir, las calorías se desvían de distintas maneras.

Por otra parte, tampoco todos los nutrientes se absorben de igual forma. Es verdad que 100 g de proteínas nos proporcionan 400 cal. Pero no se puede olvidar que no somos una máquina de perfecta eficacia: casi el 10 % de las proteínas se pierden, mientras que sólo perdemos el 4 % de grasas.

La conclusión parece clara: no todas las calorías se comportan del mismo modo, o bien porque unas se pierden directamente, o bien porque para asimilarlas se exige un trabajo metabólico distinto. En todo caso, insistimos: comiendo la misma cantidad de calorías, pero reduciendo las que proceden de la grasa (sólo en el 10 %), se puede adelgazar alrededor de dos kilos cada seis meses. Y sin ponerse a régimen. Perder peso así, además de cómodo, es duradero.

Capítulo 5

La base de nuestra nutrición: hidratos de carbono, proteínas y grasas

• •

En este capítulo

▶ Almidones, azúcares y fibras

▶ Proteínas

▶ Grasas y colesterol

▶ Efecto del ejercicio físico sobre el colesterol

• •

Necesitamos los alimentos para nutrir nuestra máquina porque las células no comen ni un bocadillo de jamón ni una ensalada ni fruta. Comamos lo que comamos, ellas esperan hasta que se haya realizado el proceso de la digestión, para luego obtener de los alimentos los principios inmediatos que les sirven como nutrientes.

Sea cual sea el alimento que vas a ingerir, en el proceso digestivo, éste se transforma en tres elementos fundamentales:

✔ **Proteínas.** Son imprescindibles para el crecimiento del organismo.

✔ **Hidratos de carbono (carbohidratos o glúcidos).** Son nuestra principal fuente de combustible.

✔ **Grasas.** Tienen funciones estruturales y metabólicas.

Aparte de esos tres elementos fundamentales, ese alimento también nos aporta:

- ✔ **Vitaminas.** Son imprescindibles para el correcto funcionamiento fisiológico.
- ✔ **Minerales.** Son indispensables para garantizar la vida.
- ✔ **Agua.** Es esencial para la supervivencia de todas las formas vivas conocidas.

Las proteínas, los hidratos de carbono y las grasas son —sea cual sea el alimento y junto con el agua— la base de la nutrición. Todo, en definitiva, se reduce a esos tres elementos.

Tres son, pues, los grupos básicos que nos proporcionan la energía necesaria para la vida. Los hidratos de carbono y las proteínas nos proporcionan aproximadamente cuatro calorías por cada gramo consumido; las grasas son más ricas y nos suministran nueve calorías por cada gramo.

Si analizamos un poco cómo estamos constituidos, nos daremos cuenta de cuál es la necesidad de energía que tiene nuestro cuerpo:

- ✔ **Agua.** Más del 60 %.
- ✔ **Grasas y proteínas.** El 30 % distribuido más o menos a partes iguales.
- ✔ **Minerales.** El 5 %.
- ✔ **Hidratos de carbono.** El 1.5 %.
- ✔ **Vitaminas y oligoelementos.** Constituyen un porcentaje mínimo.

Hay que tener en cuenta que ni los minerales ni las vitaminas ni el agua proporcionan energía, pero sin ellos no sería posible el correcto funcionamiento del organismo.

Composición de los alimentos

Sean del reino animal o vegetal, los alimentos provienen de organismos vivos y, por lo tanto, tienen la misma composición básica que estos, es decir proteínas, hidratos de carbono, sustancias grasas, minerales, agua y vitaminas.

Claro que si atendemos a su contenido, también se pueden clasificar en simples y compuestos. Un *alimento simple* es el que contiene un solo nutriente. (Hay realmente pocos, y siempre se citan como ejemplo el azúcar —sacarosa— y el aceite.) Pero la gran mayoría de los alimentos tiene varios elementos y por eso se llaman *alimentos compuestos*.

También se habla mucho de *alimentos completos*, concepto engañoso ya que parece indicar que nos pueden proporcionar todos los nutrientes necesarios. Y no existe ningún alimento completo. Nunca hubo, ni por el momento habrá, un alimento que pueda considerarse completo, salvo la leche materna, y sólo por unos meses.

La clasificación de los alimentos puede extenderse, aunque no tenga mayor utilidad. Podemos clasificarlos también en animales y vegetales. O en naturales y manufacturados. Por cierto, habría que llamar la atención acerca de las bondades de lo natural. Existe la tendencia a considerar lo natural como lo mejor, hasta el punto de que muchas estrategias publicitarias van por ese camino. Tratan de destacar más lo natural de un alimento que cualquier otra cualidad. Y hay que decir que el hecho de que sea natural no es garantía de nada, ni puede identificarse con saludable. Natural es la *Amanita phaloides*, una seta mortal; natural es el veneno de las serpientes, y naturalísimas son cientos de hierbas y plantas tóxicas. Son absolutamente naturales, y no por eso son buenas: pueden ser mortales.

Hidratos de carbono

Se les llama hidratos de carbono, carbohidratos y también glúcidos.

Quizá si nos quitaran de la dieta los hidratos de carbono no sabríamos qué comer. Porque hoy por hoy son los elementos más frecuentes y abundantes en la alimentación. Tanto, que podría decirse que alrededor del 60 % de lo que ingerimos son carbohidratos. Los más importantes son el almidón, los azúcares y las fibras vegetales.

Cuando los comemos, gracias a la digestión, los transformamos en glucosa, que proporciona la energía necesaria para el funcionamiento del cuerpo. Lo más curioso —y a la vez impresionante— es que todo lo que sobra se almacena. Una parte en forma de grasa (para formar lonjas) y otra en forma de glucógeno, que es energía de reserva. Así, cuando el organismo necesita más energía, la reclama a la despensa del hígado, que extrae entonces ese glucógeno.

Almidón

Es un carbohidrato de estructura mucho más compleja que el azúcar o la fibra. Eso hace que su proceso digestivo sea más lento y, por lo tanto, el aporte energético que facilita sea más gradual que el del azúcar, que es casi instantáneo.

Los cereales y los tubérculos harinosos son los alimentos que más almidón proporcionan. En la vida diaria lo encontramos en las patatas, el arroz y el pan.

Frutas y verduras

Siempre se recomienda la ingestión de frutas y verduras para aumentar la cantidad de fibra en la dieta. Las frutas peladas tienen muy poca fibra. La que más tiene es la frambuesa, ya que cuatro de cada 100 g son de fibra. El higo y el plátano tienen 3 g. La pera y la manzana tienen 2 g. La que menos fibra tiene es la sandía, que no aporta más de medio gramo por cada 100 g de fruta.

En cuanto a verduras, 100 g de escarola nos aportan 2 de fibra; de zanahoria, 3.43.

Azúcar

Es uno de los hidratos más simples. Y precisamente porque es simple, muy soluble y de fácil asimilación, es la energía más rápida para nuestro organismo.

Hay varios tipos de azúcar, aunque todos se caracterizan por su poder de endulzar y porque se disuelven fácilmente. Los más comunes son la *fructosa* (el azúcar de las frutas), la *glucosa* (el azúcar de la uva) y la *sacarosa* (el azúcar más utilizado, procedente de la remolacha o de la caña).

Los especialistas suelen repetir que consumimos mucho más azúcar del necesario (lo mismo ocurre con la sal). Y es un alimento exclusivamente energético, sin más propiedades.

Fibra

La fibra, que es de origen vegetal, forma parte del grupo de los hidratos de carbono complejos.

Con el tiempo, la fibra ha sufrido un proceso muy curioso de valoración por parte de la opinión pública. Durante muchos años tuvo muy mala prensa, y el pan integral se despreció en beneficio del "pan bregado" o del entonces llamado "pan blanco". El que no se asimilara hizo pensar, entonces, que era un elemento inútil, de modo que los alimentos abundantes en fibra se refinaban en señal de progreso social y su consumo descendió notablemente. Pero el valor de la fibra se ha reivindicado hoy por completo.

Se ha comprobado ya que la fibra es absolutamente necesaria en nuestra alimentación, aunque no sea más que para completar el proceso de la digestión. Como no se digiere, ofrece la ventaja de aumentar el volumen de los restos alimenticios, lo que facilita la evacuación. Además, tiene la facultad de absorber agua, con lo que favorece aún en mayor medida ese tránsito intestinal.

La fibra está sobre todo en la cáscara de los cereales, el salvado de trigo, las verduras y las frutas.

Proteínas

Las proteínas son uno de los principales componentes de nuestro cuerpo. Es frecuente referirse a las proteínas como a "los ladrillos del cuerpo", ya que forman los tejidos y proporcionan el soporte físico. Y por si fuera poco, también nos dan energía. Son, como dicen los expertos, las únicas sustancias capaces de cumplir las dos funciones básicas de la alimentación: la función plástica (constructora) y la función energética (calorías).

Su importancia viene dada porque son las únicas sustancias que nos proporcionan nitrógeno, imprescindible tanto para la formación de tejidos como para reparar los ya envejecidos.

Procedencia de las proteínas

La procedencia de las proteínas suele tener interés porque su valor nutritivo difiere según sean de origen animal o vegetal. Ese valor está determinado por su contenido de aminoácidos esenciales. Las proteínas de origen animal tienen todos los aminoácidos y por eso es mayor su valor nutritivo; el aprovechamiento que hace de ellas el organismo es casi total.

Muchas autoridades en dietética sostienen que dos tercios de la ración de proteínas que ingerimos deberían ser de origen animal, o completas. De ahí se deduce que consideran incompletas las de origen vegetal, porque no tienen todos los aminoácidos esenciales. Sin embargo, en una dieta variada no existen problemas porque se produce el llamado *fenómeno de suplantación,* es decir, una proteína rica en un determinado aminoá-

cido se complementa con otra pobre en él, pero abundante en otro.

En la dieta mexicana encontramos complementos en alimentos ricos en determinados aminoácidos. Son platillos que la sabiduría popular, y no la ciencia de los aminoácidos, ha combinado: tortilla con huevos, tortilla con queso o cereales con leche. Todos estos platos proporcionan una selección tan buena de proteínas como la que proporcionan los cereales con legumbres (arroz con frijoles o arroz con chícharos, tortilla con frijoles entre otros).

De hecho, hay sectores de población que rechazan la proteína animal, como los vegetarianos, y no presentan ninguna carencia en su nutrición, al menos superada la edad del crecimiento.

Ellas reponen el nitrógeno que perdemos en el ejercicio de nuestras funciones vitales.

Tienen además muchísimas funciones. Por ejemplo, son las encargadas de nivelar la presión arterial, ya que la regulan; de ellas depende la permeabilidad de los vasos sanguíneos; también regulan la concentración de azúcar, sufren y organizan las reacciones alérgicas, y defienden el organismo, ya que forman los anticuerpos. Las proteínas son de una complejidad enorme, como corresponde a la variedad de funciones que cumplen.

En el proceso de la digestión, la proteína que comemos (ese taco de jamón) va a transformarse en los componentes más preciados por parte del organismo: los *aminoácidos*. Estos son los elementos que forman las proteínas, y se unen unos a otros en auténticas cadenas. Cómo se agrupen en esas cadenas dependerá del tipo de proteína de que se trate, es decir, cada una se agrupa de una determinada forma. De hecho, con 20 aminoácidos distintos, el cuerpo puede fabricar todas las proteínas necesarias para vivir, desde las que regulan procesos metabólicos hasta las que constituyen la arquitectura de los tejidos.

Hay 20 tipos de aminoácidos. Y hay ocho —los llamados *esenciales*— que no puede sintetizar el organismo y, por lo tanto, debemos ingerirlos ya formados mediante la alimentación.

Los ocho aminoácidos esenciales son: fenilalanina, leucina, isoleucina, lisina, metionina, treonina, triptófano y valina. Los otros 12, no esenciales, son: ácido aspártico, ácido glutámico, alanina, arginina, cisteína, cistina, glicina, hidroxiprolina, prolina, serina, tirosina e histidina. La histidina es esencial para los niños, ya que durante cierta etapa no la pueden sintetizar.

Cualquier dieta no carencial, si es variada, contiene proteínas y aminoácidos de sobra. Según los cálculos de base, el ser humano necesita diariamente una media de 29 g de proteínas, si es mujer, y de 37 g, si es varón.

Grasas

Si los hidratos de carbono son "la energía barata" y las proteínas son "los ladrillos del cuerpo", las grasas suponen "la energía concentrada". Aparte de la que se ingiere directamente, el propio organismo acaba convirtiendo en grasa todo exceso de alimentación.

Las *grasas* se definen como productos naturales de origen vegetal o animal, untuosos al tacto y no solubles en el agua. Si a temperatura ambiente aparecen como sólidos, solemos hablar de grasas. Si su presencia es líquida, hablamos de aceites. De todos modos, es una diferenciación léxica: grasas son los dos tipos, se presenten como sólidos o como líquidos.

En su composición siempre intervienen carbono, hidrógeno y oxígeno, y lo que diferencia unas de otras es cómo se distribuyen sus átomos en la cadena química.

Lo que más suele preocupar al profano cuando se habla de salud es que muchas veces se citan cualidades de las grasas que resultan difíciles de comprender. Por ejemplo, cuando se habla de las grasas saturadas e insaturadas se oye, por ejemplo, que para las vías coronarias son nocivas las grasas saturadas. Surge entonces inmediatamente la pregunta: ¿y cuáles son esas grasas? La respuesta es inicialmente sencilla: las de origen animal (exceptuando las del pescado graso); y se llaman grasas saturadas porque cada átomo de carbono se une al máximo número posible de átomos de hidrógeno. Ejemplos de grasas saturadas son la manteca de cerdo, el sebo y la mantequilla; el ejemplo habitual de grasas insaturadas es el aceite de oliva.

Los especialistas en nutrición afirman que entre el 25 y el 30 % de las calorías de la dieta debería provenir de las grasas. Y sin embargo, en la dieta española suele rondar entre el 40 y el 45 % o quizá más. Otro de los problemas de la grasa es que normalmente, cuando queremos adelgazar, tratamos de eliminarla por completo, lo que tampoco es aconsejable, porque no podemos prescindir de ella. Gracias a las grasas viajan por nuestro organismo las vitaminas llamadas *liposolubles* (solubles en la grasa), que son, por ejemplo, A, D, E y K.

Las grasas, por último, dan una consistencia distinta a los alimentos y les otorgan mejor sabor, eso que los especialistas llaman *palatabilidad.* Y hay grasas, como el ácido linoleico, que son absolutamente necesarias. Por eso en los regímenes para adelgazar se limita la grasa pero no se elimina. Aunque los necesitemos en cantidades mínimas, la carencia de determinados ácidos grasos puede plantear problemas serios de salud. Y es que esos ácidos grasos forman parte de distintos compuestos de primera necesidad, desde la membrana de las células hasta buena parte del cerebro, o como parte de las prostaglandinas, inductoras o moderadoras de la acción hormonal.

El más conocido e importante ácido graso es el que citamos arriba: el ácido linoleico. Es considerado esencial porque es además el precursor de otros ácidos grasos. Una ingestión en la dieta de 3-8 g es suficiente para garantizar el aporte correcto. En otras palabras, alrededor del 2% de todas las calorías que ingerimos deberían ser de ácido linoleico. Los aceites vegetales son una buena fuente de este ácido graso.

De las grasas, el organismo extrae los ácidos grasos; de las proteínas, los aminoácidos; y de los hidratos de carbono, los azúcares.

Colesterol

Todos tenemos la idea de que el colesterol es nocivo: una tasa elevada de colesterol es un factor de riesgo. Pese a todo, según las encuestas, tenemos muy poco conocimiento de lo que realmente es. Y menos aún sabemos que hay un colesterol bueno y un colesterol malo.

El *colesterol* puede definirse como una grasa que forma parte de muchos tejidos. Todos nosotros, como es sabido, estamos formados por células, que disponen de una membrana que las protege. Esa membrana está constituida en buena parte por colesterol.

El colesterol, además, interviene en muchos procesos de la vida. Por ejemplo la vitamina D, que sintetiza nuestro organismo gracias al sol, depende del colesterol. Y muchos procesos metabólicos son posibles gracias a él. También muchas hormonas, como las sexuales, pueden ser sintetizadas gracias al colesterol. Por eso, tener colesterol no sólo no es malo, sino que es necesario. Todo el organismo lo produce. El problema es tenerlo elevado. Una tasa excesiva de colesterol en la sangre es un problema; pero colesterol, afortunadamente, tenemos todos.

Quede claro: el colesterol se comporta como una grasa, y gran parte de la grasa llega a nuestro organismo con la alimentación. (Si no tomáramos grasas en la dieta, el organismo las fabricaría partiendo de otros elementos.)

No podemos olvidar que las grasas no se disuelven en el agua. Entonces, ¿cómo puede transportarlas el organismo a través de un medio acuoso como la sangre? Porque si ese transporte no fuese perfecto, habría que imaginar una sangre con grumos y zonas densas y aceitosas. Y en tal caso no sería posible la supervivencia porque de la calidad de esa sangre, de su uniformidad y densidad, depende el correcto funcionamiento cardíaco y de la tensión arterial. Por eso, para viajar en la sangre, el colesterol y otras grasas se unen a las proteínas formando compuestos que se llaman *lipoproteínas*.

Hay unas lipoproteínas más densas que otras, según la cantidad de grasa que transporten. Las hay de muy baja, baja, mediana y alta densidad. Todo depende de que estén formadas por mucha proteína y poca grasa, por proporciones similares, o por mucha grasa y poca proteína. Dos de ellas, finalmente, son las que más nos interesan:

✔ **Lipoproteínas de baja densidad** *(low density lipoproteins,* LDL): Estas lipoproteínas llevan el colesterol a todas las células del organismo. Si abriéramos una, veríamos que casi la mitad de su contenido es colesterol.

Las células tienen unos receptores específicos, como unos ganchos, que atraen a estas lipoproteínas. Es como si las absorbieran. Allí depositan su colesterol. No obstante, cada célula tiene también un sistema para producir su propio colesterol. Así, si a una célula le entra mucho colesterol, ella misma deja de sintetizarlo y sus receptores dejan de tener actividad. Pero si a la célula le llega poco colesterol, entonces ella misma lo fabrica, por un lado, mientras que, por el otro, los receptores aumentan en cantidad y en ejercicio.

En definitiva, las lipoproteínas de baja densidad son las que llevan el colesterol desde el hígado hasta todos los rincones del organismo, a todas las células. Por lo tanto, el colesterol que tienen proviene del que les llega por estas lipoproteínas, sumado al que ellas mismas fabrican. Estas lipoproteínas constituyen el llamado *colesterol malo* si está elevado.

✔ **Lipoproteínas de alta densidad** *(high density lipoproteins,* **HDL):** Estas lipoproteínas se conocen también como la fracción de *colesterol bueno*, porque su misión es precisamente la contraria de la función de las lipoproteínas de baja densidad. Se forman en el hígado y su labor fundamental consiste en acercarse a las células que tienen exceso de colesterol: les quitan el que sobra y lo llevan nuevamente al hígado.

En resumen, pues, podemos decir que el colesterol viaja fundamentalmente en dos tipos de vehículo: uno de baja densidad, que lleva el colesterol desde el hígado a las células; y otro de alta densidad, que quita el colesterol que sobra y lo devuelve al almacén hepático. De aquí se deduce algo importante: si tenemos muchas lipoproteínas de baja densidad, tendremos mucho colesterol en las células. Por el contrario, si tenemos una concentración elevada de lipoproteínas de alta densidad, se evitará el acúmulo de colesterol en el organismo.

Hoy, los científicos tratan de diferenciar una fracción de otra cuando hablan del colesterol bueno y malo, y ya se tiende a medirlo de otra forma. Porque medir el colesterol total podría compararse con medir el tráfico en una autopista: tantos coches por minuto. Este valor puede ser muy útil para constatar la intensidad de la circulación, pero si queremos viajar nosotros, nos interesa más saber en qué sentido circulan los coches. En definitiva, saber qué fracción lleva colesterol a las células y qué fracción lo saca de ellas para devolverlo al hígado.

Cifras del colesterol

La Secretaria de Salud recomienda que los valores de colesterol en la sangre no deben exceder de preferencia los 200 mg/dl y maneja una subclasificación de estos valores: riesgo bajo: <200 mg/dl; riesgo intermedio: 200-239 mg/dl; y riesgo alto >240 mg/dl

También debe tenerse en cuenta que una reducción excesiva del colesterol tampoco es saludable.

Con la edad, la tasa de colesterol va aumentando. Además, hay diferencias por sexo. Antes de la menopausia, la mujer tiene más colesterol bueno y su riesgo cardiovascular es menor. Tras la menopausia el riesgo es similar al del varón.

Algo muy curioso es que todos los niños del mundo nacen con la misma tasa de colesterol y con un equilibrio perfecto entre el bueno y el malo. Pero al poco tiempo empiezan las diferencias. Es un hecho que los niños mexicanos, debido a diversas causas como factores genéticos, sedentarismo, malos hábitos alimenticios, sobrealimentación así como el alto consumo de grasas saturadas, carbohidratos refinados, y alimentos industrializados entre otros, presentan una tasa de colesterol más elevada que los de otras latitudes.

Exceso de colesterol

Debemos ser conscientes de que el colesterol se comporta como una grasa animal que viaja por la sangre. Es decir, la sangre es su medio de transporte. Viaja por las arterias, que deben estar limpias y mantener el calibre correcto para que la sangre llegue en perfectas condiciones a todo el organismo.

Cuando tenemos un exceso de colesterol, éste se empieza a depositar en las paredes internas de las arterias. Poco a poco se va acumulando, formando una placa de ateroma, que va haciéndose cada vez mayor. El problema no es sólo que el vaso reduce su calibre, sino que, además, la placa endurece la arteria (eso es la *arteriosclerosis*) y le quita flexibilidad.

Llegada esa situación, si surge una demanda de oxígeno, es decir, si se plantea la necesidad de bombear más sangre, puede producirse un problema grave. De hecho, el exceso de colesterol se considera uno de los factores de riesgo más claros de accidente cardiovascular.

✔ **Accidente coronario.** Si el depósito de colesterol obstruye parcialmente las arterias que riegan el corazón, el problema puede ser muy serio. O protesta porque no le llega suficiente sangre, y duele, como es el caso de la *angina de pecho,* o queda sin nutrir una parte de corazón, que acaba por necrosarse: es el *infarto.*

✔ **Accidente cerebral vascular (ictus).** Si la placa de ateroma (el colesterol) se deposita en cualquiera de las arterias cerebrales, puede dejar sin riego una parte del cerebro y las consecuencias pueden ser igualmente graves: paralización, trombosis, hemiplejias, etc. Todos los vasos se pueden ver afectados y las consecuencias dependen de qué zonas se queden sin riego, recibiendo menos sangre y durante cuánto tiempo.

Algo debe quedar muy claro: el riesgo de accidente cardiovascular es mayor cuanto mayor es también la cantidad de colesterol en la sangre.

El ejercicio físico, la dieta y el colesterol

El ejercicio físico adquiere mucha importancia en cuanto al colesterol se refiere, no sólo porque estimula los músculos y sirve para quemar calorías, sino porque actúa de forma directa en el metabolismo de las grasas y, especialmente, en el del colesterol. Está demostrado que hacer ejercicio disminuye el riesgo cardiovascular. El mecanismo parece estar relacionado con el hecho de que provoca un aumento de la fracción buena de colesterol, con lo que protege de la acción del colesterol nocivo.

Hasta hace años se creía que el exceso de colesterol estaba asociado a la edad y que su concentración estaba condicionada por determinados factores genéticos individuales, pero luego se llegó a la conclusión de que había factores externos que modificaban la cantidad de colesterol en la sangre. El primero que se estudió en profundidad fue precisamente la dieta. Tras muchos estudios

Cuando el colesterol alto es familiar

Cuatro de cada cien habitantes padece alto colesterol familiar. Y se cree que sólo una tercera parte de las formas más graves de esta hipercolesterolemia están en tratamiento. La mayoría no han sido ni diagnosticados ni, por lo tanto, tratados.

El colesterol alto de origen genético o heredado puede considerarse como la enfermedad genética de mayor incidencia. Y sus graves consecuencias quedan reflejadas en los riesgos de infarto de miocardio, angina de pecho o de otros accidentes cerebrovasculares.

Si se analizaran los niveles de colesterol de los supervivientes de un infarto, comprobaríamos que, por lo menos, la mitad de ellos tienen alguna forma de hipercolesterolemia familiar.

Se trata de una enfermedad hereditaria que causa un incremento de los niveles de colesterol en la sangre. Se presenta de varias formas. La más grave de todas ellas, que afecta a dos de cada 1000 personas, presenta niveles de colesterol 50 % más altos de los valores considerados normales. Es la llamada hipercolesterolemia heterocigota. Si no se trata médicamente, puede decirse que el 75 % de estos pacientes habrán sufrido un accidente vascular antes de los sesenta años de edad (diez años más, si se trata de mujeres). La hipercolesterolemia familiar de tipo heterocigoto sin tratamiento presenta una alta mortalidad. Otra forma es la de tipo combinado. Aparece en la juventud y, por lo tanto, no puede detectarse precozmente. El 1 % de la población general puede presentar esta forma de alto colesterol.

La forma mas frecuente de hipercolesterolemia familiar es la del tipo poligénico, ya que al menos el 3 % de la población la padece. Se caracteriza por elevaciones de colesterol entre el 25 y el 35 % por encima de los valores normales. Aunque es la forma menos grave, su elevada incidencia en la población la convierte en un importante factor de riesgo cardiovascular.

se concluyó que el contenido de colesterol no depende tanto de la cantidad que se ingiera como de la calidad de la grasa. Su cantidad y, sobre todo, el tipo de grasa, es más importante que el propio colesterol.

La grasa animal se debe evitar, pero no la de todos los animales, porque las grasas del pescado azul, por ejemplo, no sólo no son nocivas, sino que aportan ese colesterol bueno que contrarresta los efectos del malo. Lo ideal es, pues, una dieta que incluya pescado —es la base, con el aceite de oliva, de esa beneficiosa dieta mediterránea— y fibra con legumbres, que suprima las grasas animales y que se conjugue con ejercicio físico. La tabla 5-1 presenta la cantidad de colesterol en diversos alimentos.

Tabla 5-1: Contenido de colesterol de algunos alimentos

Alimento	mg de colesterol / 100 g de alimento
Sesos	2000
Yema de huevo	1500
Paté de hígado	420
Huevo	300
Riñones, mollejas	400
Hígado	360
Grasa de la carne	300
Mantequilla	250
Mariscos y crustáceos	250
Ternera	250
Salchichas	90
Crema de queso	90
Pollo	74
Buey	50
Almejas y ostras	50
Queso poco graso	30
Leche entera	10
Yogur	8
Leche descremada	3
Clara de huevo	0
Alimentos de origen vegetal	0
Margarinas (con ácidos grasos poliinsaturados)	0

Más que el colesterol en sí que se ingiere, es la grasa total de la dieta la que influye en la tasa total de colesterol.

Capítulo 6

Otros principios fundamentales: vitaminas, agua y minerales

Ya antes hemos hablado de a las vitaminas, el agua y los minerales, que son fundamentales para garantizar la vida. Ha llegado el momento de detenernos en cada uno de estos elementos fundamentales.

Vitaminas

Cuando ingerimos un alimento cualquiera, ese nutriente debe tomar el autobús del intestino y ser absorbido para llegar a su destino final. Pues bien, podríamos decir que las vitaminas son el billete que permite poder tomar ese autobús.

En el estudio de las vitaminas es curioso notar, aunque no es el único caso en la historia, que su primera observación se produjo cuando se intentaba analizar por qué se producían algunas enfermedades. Y se llegó a la conclusión de que algunos males se producían no por la presencia de una determinada sustancia, sino precisamente por lo contrario, por su carencia. Ya en la antigua Grecia se intuía esto. Aristóteles, dicen, curaba la ceguera. Para ello daba de comer hígado crudo, que ayuda en los casos de déficit de vitamina A (aunque, claro, no la curaba).

De igual manera, citar la palabra *escorbuto* nos lleva inmediatamente a recordar aquella enfermedad que diezmaba a los marineros cuando viajaban hacia la conquista de América. No se sabía por qué se producía, pero ya muchos años antes del descubrimiento de las vitaminas había una orden real que exigía que en todos los barcos de la flota española hubiera una provisión abundante de mostaza, berros, naranjas y limones para curar ese azote de navegantes.

Por supuesto, cuando Hopkins describió las vitaminas en 1906, no se conocía su estructura química. Lo único que se sabía entonces es que algunas vitaminas aparecían asociadas a los componentes grasos de los alimentos, y por eso se las llamó *liposolubles*. Y otras aparecían asociadas a la parte acuosa, y por eso se las llamó vitaminas *hidrosolubles*.

Al principio, según se fueron descubriendo las "aminas de la vida", se les asignaron letras en calidad de nombres. En la actualidad, conocida ya su estructura, se tiende a llamarlas por su composición química: a la vitamina B_1 se le llama *tiamina*, la B_2 se denomina *riboflavina*, etc.

A continuación veremos las principales vitaminas que necesita el ser humano.

Vitamina A (retinol)

Es liposoluble y sensible a la luz, al oxígeno y al calor. Tiene una gran importancia en la visión y en el desarrollo de la piel y las mucosas. En los niños cumple una función importantísima como factor de crecimiento.

La dosis necesaria de vitamina A se estima en unas 5000 unidades diarias, que se pueden obtener fácilmente con la ingestión de una zanahoria, algo de huevo, acelgas, espinacas, escarola, coles e hígado.

Su carencia origina sequedad en las mucosas, problemas de crecimiento y de visión, especialmente nocturna, y atrofia de las glándulas sebáceas.

Vitamina B₁ (tiamina)

Es de acción muy compleja, hidrosoluble y sensible al oxígeno y a los rayos ultravioleta. Si hay carencia de esta vitamina aparecen dolores de cabeza (beriberi). También pueden producirse dolores en el pecho, alteración del ritmo del corazón, falta de apetito y pérdida de peso. La vitamina B1 actúa sobre el aparato digestivo y el sistema nervioso. La dosis necesaria se estima en 1.5 mg diarios.

Esta vitamina se encuentra en el germen de trigo, la levadura de cerveza, los riñones, el jamón, los huevos, los garbanzos y las alubias, entre otros alimentos.

Vitamina B₂ (riboflavina)

No es sensible al calor ni al oxígeno. Es hidrosoluble. Cumple una función muy compleja en la asimilación de azúcares y yodo. Su déficit determina una serie de alteraciones del tejido cutáneo (dermatitis) y fotofobia; en los niños puede originar problemas de crecimiento, y en los adultos puede producir cierta sensibilización alérgica. La dosis necesaria se estima en casi 2 mg diarios.

Los alimentos con mayor concentración de esta vitamina son las vísceras y, especialmente, el hígado y los riñones; también quesos duros, huevos, carne de vaca y leche son buenas reservas.

Vitamina B₃ (niacina)

Se llama también *ácido nicotínico*. Es hidrosoluble y no se altera por el calor, la luz y el oxígeno. Es fundamental para los procesos de oxidación. Cuando hay carencia de esta vitamina sobreviene la pelagra, con la aparición de problemas en la piel, diarreas e incluso alteraciones y problemas mentales. La dosis necesaria se estima en 1 mg/día, que se obtiene con una alimentación equilibrada.

Está concentrada en las vísceras de animales, y se encuentra en buena cantidad en alubias, tocino fresco y merluza.

Vitamina B6 (piroxidal)

Esta vitamina interviene en el metabolismo o digestión de las proteínas y los ácidos grasos. Su carencia produce estados depresivos, debilidad muscular y mareos. El embarazo y el consumo de anticonceptivos orales producen ciertas deficiencias de esta vitamina.

La dosis necesaria de vitamina B6 se estima en 3-4 mg/día, que se obtienen de legumbres, cereales, levadura y germen de trigo.

Vitamina B12 (cianocobalamina)

Interviene en el metabolismo del colesterol y en la transformación de otras vitaminas. Su carencia da lugar a un determinado tipo de anemia (la perniciosa). No se requiere en gran cantidad y una dieta normal asegura la dosis necesaria.

Se encuentra en las levaduras, el hígado, las carnes y los pescados. Los vegetarianos estrictos que están en proceso de crecimiento podrían tener carencia de esta vitamina.

Vitamina C (ácido ascórbico)

Además de ser una vitamina antiinfecciosa, es un elemento imprescindible en la formación de los tejidos vitales. Es hidrosoluble y extremadamente sensible al calor y al oxígeno, por lo que se degrada con la cocción de los alimentos, su corte excesivo y la exposición al aire. Tiene un efecto notable en la formación de anticuerpos. Su carencia retrasa la cicatrización de las heridas y favorece las infecciones.

Se necesitan 50-100 mg/día, que se obtienen con un consumo normal de fruta (naranja, limón, pomelo y fresas) y verduras (pimientos, espinacas, coliflor y col). Está especialmente concentrada en el perejil.

Vitamina D

Es la llamada *vitamina del sol*, porque disponemos de una provitamina que la luz solar transforma en vitamina D. Es liposoluble y resistente al calor y al oxígeno. Tiene una gran importancia en la formación del calcio y el fósforo de los huesos; por esta razón es importante que los niños y ancianos tomen el sol. Su carencia puede producir trastornos óseos y reumatismos. Si el médico la recomienda debe tomarse, pero siguiendo siempre sus instrucciones, ya que el exceso puede originar depósitos indeseados de calcio.

 Se encuentra fundamentalmente en el pescado, los huevos, el aceite de hígado de bacalao y la raíz de la zanahoria.

Vitamina E (tocoferol)

Está de moda en muchos países porque es la llamada *vitamina de la fertilidad*. Su efecto contra la esterilidad se ha experimentado en animales de laboratorio pero aún no se ha comprobado en la especie humana.

Su carencia produce problemas en la implantación del óvulo. Interviene también en el desarrollo del niño antes de nacer. Se necesitan 15-25 mg/día.

 Se obtiene del germen de los cereales, aceites vegetales, maíz y trigo.

Ácido fólico

Ha adquirido enorme importancia en los últimos años, y por eso vamos a dedicarle especial atención.

Se trata de una vitamina del grupo B (concretamente B$_9$), que tiene un importante efecto antianémico y que, sobre todo, protege durante el embarazo de posibles problemas del tubo neural. Diferentes estudios epidemiológicos han demostrado que el acido fólico previene la espina bífida incluso en casos de madres

El ácido fólico

Aún no se conoce con exactitud el mecanismo de acción del ácido fólico, pero sabemos que está relacionado con ciertos genes que intervienen en el metabolismo de la homocisteína, un aminoácido presente en el cuerpo. Si el metabolismo se retarda (por niveles bajos de ácido fólico, por ejemplo), se incrementa la concentración de la homocisteína, un estado que se relaciona con otros problemas que dan lugar a la alteración del desarrollo embrionario, como la espina bífida, cardiopatías congénitas y, posiblemente, otros defectos que aún se están estudiando.

En las áreas donde se han establecido medidas sanitarias para que el ácido fólico llegue a toda la población ha habido un descenso importante de esta malformación. Casi siempre estas medidas consisten en fortificar las harinas, porque es un producto que toda la población consume en mayor o menor cantidad.

Se recomienda que las mujeres en edad reproductiva tomen una pastilla diaria de ácido fólico desde un mes antes de iniciar las relaciones sexuales o de abandonar el método anticonceptivo. De la misma forma, se sugiere que las personas mayores de cincuenta años lo consuman diariamente en dosis bajas.

En las mujeres en edad reproductiva que nunca han tenido un hijo con espina bífida la dosis recomendada es 0.4 mg/día. Las mujeres que ya han tenido un hijo afectado deben tomar 4 mg/día de ácido fólico desde al menos un mes antes de abandonar el método anticonceptivo para buscar un nuevo embarazo.

En las personas mayores de cincuenta años la dosis que se sugiere es 0.4 mg/día, salvo que por otras razones el médico recomiende superarla.

que ya han tenido un hijo afectado (y, por lo tanto, presentan mayor riesgo).

Puede prevenir también otras malformaciones congénitas; de ahí que las mujeres en edad reproductiva deban consumir alimentos ricos en folatos, como hortalizas amargas y frondosas, cítricos, cereales enriquecidos y legumbres. Un vaso grande de zumo de naranja y un tazón de cereales enriquecidos suministran casi la mitad de la dosis diaria recomendada de ácido fólico. Por otro lado, la fortificación de harinas ofrece beneficios no sólo a las mujeres embarazadas sino a toda la población.

Además, el ácido fólico también puede prevenir ciertos tipos de cáncer y algunos accidentes cardiovasculares. Hay pruebas científicas que constatan que, en personas con más de cincuenta años que toman dosis bajas de ácido fólico, disminuye notablemente el riesgo de cáncer de colon y aumenta la prevención de problemas cardíacos.

Otras vitaminas

Deben citarse también otras vitaminas como la vitamina H o biotina, cuya carencia produce seborrea en los niños. Hígado, leche y patatas son buenas fuentes de esta vitamina.

La vitamina K (filoquinona) o antihemorrágica se encuentra en las espinacas y otras hortalizas.

Y la vitamina U, que muchos científicos consideran como de gran utilidad para el estómago. Se encuentra en la col cruda.

Agua

No damos al agua la importancia que realmente tiene, porque muy pocas veces pensamos en ella cuando se citan los elementos que necesitamos ingerir. Estos simples datos nos recuerdan su importancia: antes de nacer, el 90 % de la masa corporal de un feto es agua; cuando nace, baja al 80 %; en los adultos, el agua llega al 70 %, y en la vejez es un poco menos. Vivir es, desde este punto de vista, deshidratarse.

Agua y sociedad

Cada día necesitamos más agua. Cuanto más alto es nuestro nivel de vida, más agua necesitamos. Y no sólo porque nos lavemos más o porque tengamos más sed, sino porque la industria exige cada vez más cantidad. Para tener un litro de petróleo se utilizan 20 l de agua. Para hacer un kilo de papel se necesitan unos 200 l de agua. Un kilo de acero consume 260 l de agua. Y la agricultura también exige agua. Es verdad, sin embargo, que hay zonas muy húmedas en la tierra que se nutren directamente de las lluvias. Hoy se riega aproximadamente el 6 % de la superficie del mundo que se cultiva.

Visto el enorme consumo que exigimos, los expertos afirman que asegurar la reserva de agua va a ser el problema más grave con el que tendremos que enfrentarnos en el futuro.

El agua adquiere una importancia vital porque en ella, dentro del organismo, se realizan todos los procesos bioquímicos que hacen posible eso que llamamos "vivir". Por definición, el agua es inodora, incolora e insípida, y para que sea potable debe estar libre de elementos que puedan dañar el organismo. Es, como todo el mundo sabe, el resultado de la unión de dos moléculas de hidrógeno y una de oxígeno. Es el mejor disolvente que existe en la naturaleza y, según la presión o la temperatura, puede aparecer en estado gaseoso, líquido o sólido.

En el organismo humano el agua se instala en dos espacios:

✔ **Dentro de las células,** donde forman parte de los líquidos vitales.

✔ **Fuera de las células,** ya que circula por el cuerpo para disolver los alimentos y los desechos orgánicos.

El progreso de la salud pública ha estado siempre vinculado en cualquier sociedad a la disponibilidad de agua. El agua es el vehículo de la higiene.

Además, el agua es uno de los componentes básicos de la sangre, de la linfa y de todas las secreciones corporales. Por otra parte, la temperatura del cuerpo se mantiene gracias a la regulación que proporciona el agua.

El agua está presente en todos los procesos vitales: la digestión, la absorción de los nutrientes en el intestino, el metabolismo y la excreción. Se calcula que necesitamos unos ocho litros de líquido para la digestión diaria, ya que el intestino absorbe una gran cantidad. También elimina las sustancias de desecho de la sangre gracias a la orina.

Nuestra necesidad de agua es, pues, constante. Piensa en esto: es posible vivir sin comer hasta dos meses, y ha habido casos en la historia; el cuerpo tiene reservas grasas para nutrirse. Pero sin ingerir nada de agua, la muerte sobreviene en una semana. Se muere diez veces antes de sed que de hambre.

Deshidratación e hiperhidratación

Por el riñón, que es la mejor depuradora que haya podido inventarse, pasa un litro de agua por minuto. El riñón depura, limpia, redistribuye e incluso regula, porque cuando el equilibrio del agua se altera es el riñón el que va a intentar poner orden.

El mayor problema con el que nos podemos encontrar en relación con el agua del organismo es el de la *deshidratación*, que es el proceso que se produce cuando hay una pérdida excesiva. Entonces el riñón segrega dos hormonas para impedir la eliminación de agua.

Sin embargo, con más frecuencia se produce el fenómeno contrario, la *hiperhidratación*, que podemos definir como

el exceso de agua. Un exceso de sodio o cualquier alteración hormonal puede hacer que se acumule agua. Y entonces se forman *edemas*, que consisten en la acumulación de líquido empezando por las partes más bajas del cuerpo, tobillos y piernas. Es una situación bastante frecuente en el embarazo, especialmente en los últimos meses. Hay que tener en cuenta entonces que no sólo hay que disminuir la ingestión de líquidos, sino también la de alimentos que suministren agua.

Los niños pequeños deben beber más agua que los mayores porque tienen más actividad y porque su digestión mejora con una mayor cantidad de líquido.

Consumo necesario

El ser humano necesita diariamente alrededor de tres litros de agua. Para ser más precisos, se calcula que requiere entre 2300 y 3200 ml, dependiendo siempre de la cantidad que se elimine.

En un clima templado, sin fiebre ni sudoración visible, un individuo pierde:

- ✔ **Por la piel,** alrededor de 500 ml.
- ✔ **Por la respiración,** alrededor de 400 ml.
- ✔ **Por las heces,** unos 100 ml.
- ✔ **Por la orina,** aproximadamente 1500 ml.

Algunos consejos con respecto al agua

Las siguientes personas deben beber más agua:

- ✔ Los niños pequeños, porque pierden agua en mayor cantidad que los adultos.
- ✔ Las personas que han realizado un esfuerzo físico, porque la sudoración fuerza la pérdida de líquido.
- ✔ Quienes viven en países calurosos, ya que la transpiración es mayor.
- ✔ Las personas que han vomitado o tienen diarrea, ya que estos factores aumentan el peligro de deshidratación.
- ✔ Quienes siguen un régimen para adelgazar hipocalórico.
- ✔ Los que sufren de cálculos renales, ya que el agua estimula la función del riñón y la salida de piedras.

Las siguientes personas no deben beber tanta agua:

- ✔ Quienes nunca tienen apetito. Es mejor reservar el lugar que ocupa el agua para alimentos más energéticos.
- ✔ Quienes sufren de insuficiencia cardíaca: cuanto menos líquido, mejor.
- ✔ Los edematosos (les sobran líquidos y no conviene aumentarlos).
- ✔ Los ancianos, porque tienen menor actividad metabólica y sudan menos. Necesitan, por lo tanto, beber menos, pero como no tienen sensación de sed, se les olvida.

Total: 2500 ml, cantidad que obtenemos de forma directa gracias al agua que bebemos, o de forma indirecta con alimentos ricos en agua, como las frutas y las verduras. El 90 % de la leche, las frutas y las verduras es, simplemente, agua.

¿Puedes imaginar que tres cuartas partes de un huevo son agua? ¿O que la mitad de un queso es agua? Lo que menos agua tiene son los frutos secos: las almendras, por ejemplo, sólo tienen un 5 %.

Características del agua

Pero no toda el agua vale y necesitamos que tenga determinadas características:

✔ **Pureza.** La pureza química y biológica del agua le confiere su calidad. Es decir, que no tenga en disolución minerales o gérmenes dañinos para la salud de quien la bebe.

✔ **Dureza.** Se habla de dureza cuando el agua contiene sales de calcio y magnesio en cantidad suficiente. La cantidad de carbonato cálcico por litro de agua determina su grado de dureza.

Estas aguas duras no deben emplearse para uso doméstico. Entre otras cosas, las sales del agua forman con el jabón combinaciones que no se disuelven. Tampoco son aconsejables para cocer verduras o legumbres, ya que además de cocer peor pueden añadir un cierto sabor desagradable. Y, por si fuera poco, al contener tantas sales, las aguas duras pueden obstruir tuberías y conductos.

Una cosa que debemos tener muy clara es que el agua no es un nutriente como tal. No tiene calorías, ni es energética; por eso no engorda en ninguna circunstancia. Si bien a muchas personas sometidas a una dieta de adelgazamiento se les aconseja no beber agua durante las comidas, eso no se debe a que el agua engorde, sino que al beberla puede aumentar el apetito por el hecho de que ayuda a tragar el alimento. Hay que señalar que una dieta que reduzca o elimine el agua es incorrecta y, además, peligrosa.

Sólo hay dos elementos realmente imprescindibles para la vida: el oxígeno (si estamos cinco minutos sin él, nos morimos) y el agua (sin ella, apenas podremos subsistir una semana).

El agua en el organismo

De los cinco litros de sangre que tenemos, por lo menos cuatro y medio son agua. Nuestro cerebro tiene un 90 % de agua. En los intestinos tenemos aproximadamente un 85 %. Los riñones, los músculos y otras vísceras tienen por lo menos un 80 %, y entre órganos y órganos, entre víscera y víscera, también hay agua.

La proporción y la relación entre el agua de estos espacios exteriores y el agua de la sangre tiene que ser exacta. Y además, constante, porque si no podrían producirse problemas muy graves de tensión, presión, consistencia y contenido.

¡Cuántas veces habrás ido al grifo a beber un vaso de agua! ¿Sabes lo que ocurre en el organismo con ese líquido? Aquí te explicamos el camino que recorre el agua.

De los dos litros y medio que se beben o se ingieren con frutas y verduras, una gran parte se absorbe en el estómago, donde pasa menos tiempo que los sólidos. Pero se va absorbiendo durante toda la travesía digestiva.

La absorción final se produce en el intestino grueso a partir del agua contenida en las heces. Por eso, si no se absorbe bastante agua, o no da tiempo a que se produzca esa absorción, las heces tienen más líquido, como ocurre cuando se producen diarreas; o si está mucho tiempo en el intestino y la absorción es mayor, las heces son más sólidas, como ocurre cuando hay estreñimiento.

Después, el líquido que se va absorbiendo en el intestino pasa a la sangre y desde allí a todas las células que lo necesiten. La que sobra vuelve a la sangre y acaba en el lugar de eliminación: heces, orina, pulmón y piel.

Minerales

Los minerales más abundantes en la corteza terrestre son precisamente los que más necesitamos: hierro, calcio, sodio y potasio. Pero estos minerales pueden causar problemas tanto por exceso como por defecto. Por ejemplo, en el Punjab, en la India, un exceso de flúor originó tiempo atrás fluorosis en los niños. Y en ciertas zonas de Rusia, Canadá y Gales, un exceso de inhalación de níquel aumentó la incidencia del cáncer de pulmón.

En general, puede decirse que necesitamos un gran número de sales minerales, pero sólo unas pocas plantean algún problema cuando escasean. Lo más destacable, y de lo que debemos ser conscientes, es que prácticamente todas las funciones biológicas de nuestro organismo requieren la presencia de algún mineral: respirar, correr, parpadear, leer..., todo lo que hacemos exige la presencia de sales minerales.

La historia de cómo se llegó a constatar la necesidad de estas sustancias, imprescindibles aunque sea en muy pequeña cantidad, es muy interesante. Todo fue consecuencia de la observación de pacientes alimentados por vía parenteral. Como es natural, se les suministraban alimentos puros en agua destilada por vía intravenosa. Pues bien, se observó que cuando el tratamiento se prolongaba, se producían ciertas alteraciones que desaparecían de inmediato tras la administración de pequeñas cantidades de elementos minerales. Esto dio paso a estudios más amplios, y así se llegó a determinar qué sales minerales son indispensables para nuestro organismo.

Sodio y su cloruro: menos es más

El símbolo del sodio es Na, de *natrium*. Este mineral no suele plantear problemas y casi todas las dietas nos lo proporcionan en exceso, sobre todo la sal de mesa, de la que indudablemente abusamos (lee el apartado "Una llamada de atención: consumimos demasiada sal", del capítulo 10). El aumento de sodio parece estar relacionado con la alta presión sanguínea debido a la tendencia a la acumulación de líquidos.

El sodio es imprescindible para la retención del agua en el organismo y para mantener el tono muscular, mientras que el ion cloruro (cuya fórmula es Cl⁻) es necesario para que algunas enzimas actúen como fermentos digestivos. La disminución de ambos en el organismo produce cansancio muscular, calambres locales, inapetencia y baja tensión.

Potasio: la relación inversa

Su símbolo es K, de *kalium*. Abunda sobre todo en frutas y hortalizas, y nosotros lo tenemos en el plasma celular.

El potasio cumple su principal misión en el sistema nervioso. Actúa además sobre el músculo cardíaco, razón por la que se producen alteraciones en el ritmo del corazón cuando hay carencia de potasio. Por eso es peligrosa una diarrea abundante; con la diarrea se pierden estas sales minerales y su carencia puede afectar seriamente al buen funcionamiento orgánico.

Desde el punto de vista biológico, el potasio es el elemento más abundante en las células vegetales y animales. Los animales lo obtienen a partir de las plantas, que lo extraen del suelo. Y como en el suelo la cantidad de potasio es variable, también las plantas son más o menos ricas en potasio. Hoy, y gracias a los fertilizantes, todos los vegetales tienen una cantidad suficiente de potasio. Aportado por la alimentación, se disuelve en el plasma sanguíneo y de allí pasa a las células, donde se concentra; hay un intercambio continuo de potasio a través de la membrana celular.

El sodio y el potasio son antagónicos en el organismo. Esto significa que mientras el potasio está repartido por el interior de la célula, el sodio está afuera, en los espacios intercelulares. Los dos minerales están en una especie de equilibrio permanente, de manera que si un día nos pasamos en la ingestión de potasio, se produce una eliminación rápida de sodio; es una relación estrecha que nivela los líquidos del cuerpo. Por eso es importante la relación entre sodio y potasio en la dieta. Alimentos con mucho potasio son la levadura de cerveza, té, café, cacao, judías secas, lentejas, pan integral, pasas, etc. Con una dieta variada obtenemos las cantidades necesarias.

Calcio: para los huesos y el sistema nervioso

Su símbolo es Ca. Es una sustancia blanquecina que los huesos y dientes conservan para asegurar el crecimiento y mantener la solidez del esqueleto, que es nuestra arquitectura interna. Puede asegurarse que el 90 % de todo nuestro calcio está formando parte de los huesos y que sólo el 10 % restante está distribuido por los músculos, el cerebro, la sangre, el corazón y el resto de órganos.

Su papel es tan fundamental que, sin él, ni los nervios podrían cumplir correctamente su misión ni el corazón podría latir. Una disminución del calcio en la sangre puede tener consecuencias graves.

Entre las funciones del calcio está frenar la excitabilidad del sistema nervioso y muscular. Esto se logra gracias al calcio contenido en la sangre, cuya cifra es de 1000 mg/l. Para mantener esta cifra vital constante, el organismo tiene sus reservas: si falta, lo toma de las piezas óseas; si sobra, lo devuelve.

Otra función del calcio es el desarrollo del esqueleto, sobre todo el del niño. Cuando falta es por raquitismo o desmineralización. En el adulto, la falta de calcio podría llevar al proceso de osteoporosis, es decir, la pérdida de masa ósea.

Por otra parte, el calcio facilita el paso del impulso nervioso a través de las conexiones neuromusculares, normaliza el sueño, la tensión sanguínea, el equilibrio del hígado y la coagulación de la sangre, entre otras muchas funciones.

La Organización Mundial de la Salud recomienda una ingestión diaria de al menos 300 mg de calcio, que debe aumentar hasta 700-800 mg si se trata de una mujer gestante o un individuo en periodo de crecimiento.

Cifras de la osteoporosis

He aquí algunos datos de la osteoporosis en México. Especialistas del Centro Médico Nacional (CMN) Siglo XXI del Instituto Mexicano del Seguro Social, advierten que si no se toman medidas preventivas desde ahora, en menos de 20 años la incidencia de esta enfermedad podría alcanzar niveles como la diabetes:

✔ En México la osteoporosis afecta por lo menos cinco millones de hombres y mujeres mayores de 50 años de edad.

✔ En nuestro país una de cada 12 mujeres y uno de cada 20 hombres sufrirán ese mal después de los 50 años por lo que serán más vulnerables a fracturas de cadera, columna vertebral, muñecas y piernas.

✔ En 2006 se destinó a nivel nacional más de 97 millones 50 mil dólares para la atención de 22 mil 223 fracturas, sólo por la intervención quirúrgica y la hospitalización.

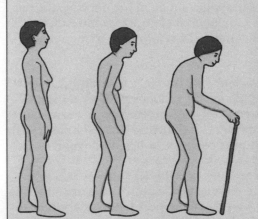

Como es sabido, los alimentos más ricos en calcio son la leche y todos los derivados lácteos. Quien no pueda o no quiera ingerir lácteos tiene a mano las conservas de pescado, que son una fuente importante de calcio (especialmente las que tienen espinas). El pan, la carne, los tomates y las patatas también contienen calcio.

Fósforo: colabora con el calcio

Su símbolo es P (de *phosforo*). Como el calcio, forma parte de la estructura que da consistencia al hueso. Igualmente, su absorción por el intestino está regulada por la vitamina D y determinadas hormonas. Las funciones del fósforo en el organismo son considerables, aunque no son tan específicas como las del calcio, mineral con el que colabora estrechamente.

El equilibrio calcio-fósforo es muy importante. Un exceso de fósforo provoca la formación de fosfato de calcio insoluble y no reabsorbible, que acaba por ser eliminado, lo que produce la disminución del calcio sanguíneo. Una falta de fósforo hace inútil el aporte de calcio, ya que no puede ser asimilado.

La función del fósforo en relación con el hueso es principalmente de sostenimiento, ya que este mineral entra en la constitución del fosfato tricálcico, una sal que sirve incluso de complemento para casos especiales. De hecho, se recomiendan suplementos de este fosfato en periodos en los que hay mayores necesidades, como puede ser en el embarazo y en la lactancia.

Los cartílagos articulares también tienen buena parte de fósforo, y se sospecha que algunos reumatismos crónicos pueden deberse a su carencia. Otra función del fósforo es asegurar la estabilidad de la sangre con otros minerales biológicos, especialmente el calcio. Por otra parte, el equilibrio entre ácidos y bases se realiza gracias a los fosfatos del plasma sanguíneo.

Sabida es la participación del fósforo en el rendimiento intelectual. Alimentos con gran contenido en fósforo son, entre otros, la leche y derivados, cacao, yema de huevo, almendras, judías secas y lentejas.

Magnesio: antagonista del calcio

El magnesio (Mg) tiene una estrecha relación con el calcio, del que es antagónico. Para entendernos: una dieta rica en calcio puede desplazar al magnesio, y viceversa.

Interviene en la estabilización de las moléculas de ácidos nucleicos y en algunos procesos enzimáticos. Parece, además, que muchas reacciones y alteraciones cutáneas se pueden deber a trastornos del metabolismo de este mineral y, al mismo tiempo, de calcio, fósforo y vitaminas A, D y C.

La dosis necesaria de magnesio se calcula en unos 100 mg/día y está ampliamente cubierta con la ingestión de frutas y, sobre todo, verduras frescas, ya que el magnesio es uno de los constituyentes de la clorofila.

Flúor: no hay que excederse

El flúor (F) es necesario para la formación del tejido óseo y el esmalte dentario. La publicidad de pastas de dientes con flúor ha puesto de moda este mineral, que endurece la superficie dental y, por lo tanto, puede ayudar a combatir las caries. De ahí que se haya emprendido en algunos casos la aplicación local de flúor o la fluoración de las aguas como sistema preventivo de caries.

Su exceso puede provocar la aparición de motas en la superficie de las piezas dentales, anquilosamiento de las articulaciones u osificación precoz. Por eso muchos especialistas no consideran oportuna la fluoración general de las aguas.

Yodo: necesitamos más

El yodo (I) es el mineral que utiliza la glándula tiroides para fabricar la tiroxina, u hormona tiroidea. Esta hormona desempeña una función básica en el organismo porque es una de las responsables de la activación metabólica. Si la ingesta de yodo es inferior a la necesaria, crece la glándula tiroides, que está

Tenemos déficit de yodo

Una dieta pobre en pescado, mariscos, algas marinas o carnes rojas y abundante en elementos bociógenos (presentes en algunas verduras) evitan la absorción del yodo y mantienen la existencia de bocio en las zonas lejanas a las costas. Cualquier producto marino bastaría para aportar yodo en cantidad suficiente. Sin embargo, en nuestro país se ha adoptado la Norma Oficial Mexicana NOM 040-SSA1-1993 para prevenir el bocio y otras alteraciones asociadas a la carencia del yodo.

Esta norma dispone que la sal para el consumo humano deberá contener 30 ± 10 mg/kg de ion yodo. Los resultados han sido favorables pero algunos sectores de la población creyeron que el problema del bocio se había erradicado y no es así ya que todavía hay regiones que, por el tipo de dieta, siguen presentando carencias.

El *International Council for the for the Control of Iodine Deficiency Disorders*

(Consejo internacional para el control de los trastornos por deficiencia de yodo) reporta que en México un 8.5 por ciento de la población presenta carencia de yodo aunque investigaciones mexicanas han reportado hasta un 20 por ciento.

Por lo tanto, al no ser suficiente la sal yodada y el consumo en alimentos ricos en este mineral, se recomienda a la población reforzar su dieta con suplementos que aporte yoduro sódico o potásico.

La Norma Oficial Mexicana NOM-038-SSA2-2002 recomienda que una ingesta diaria de yodo deberá estar en el rango de 40 a 200 µg según la edad. El aporte diario requerido es de 0 a < 6 meses 40 µg; de 6 a 12 meses, 50 µg; de 1 a hasta 10 años, 90 a 120 µg; y de 150 µg para los adolescentes; las mujeres embarazadas o en periodo de lactancia requieren un mínimo de 200 µg de yodo y los adultos 150 µg.

situada en la base del cuello, frente a la tráquea, porque para cumplir su función se ve obligada a un esfuerzo continuado y elevado. Es decir, para adaptarse biológicamente a la escasez, la glándula aumenta de tamaño y forma el llamado bocio —o papo de lobo, como lo llaman en muchas zonas rurales españolas—, una hipertrofia glandular en el cuello con apariencia de hinchazón grande y blanda.

En todo el mundo se calcula que padecen bocio endémico unos 200 millones de personas. Si la carencia es acentuada e importante, al cabo de un tiempo aparecen los trastornos

Más yodo para las embarazadas

Debe prescribirse el suplemento de yoduro sódico como una prevención importante durante el embarazo. La mujer por ejemplo, debería por lo menos duplicar la ingesta de este mineral. Y para eso, la mejor recomendación, además del uso de sal yodada, es un suplemento de 150 µg/día al menos.

Por ejemplo, el Ministerio de Sanidad de España ha hecho las siguientes recomendaciones:

✔ Toda la población debe usar sal yodada.

✔ Aumentar el consumo de alimentos ricos en yodo (mariscos, pescados o lácteos).

✔ Informar de la deficiencia de yodo a los profesionales de la salud, los educadores y la población en general.

✔ Utilizar sal yodada en todos los comedores escolares.

✔ Prohibir el uso de antisépticos yodados en madres y recién nacidos.

Según muestran los estudios, más de la mitad de las mujeres embarazadas tienen niveles de yodo por debajo de los deseables. Debemos ser conscientes de que las gestantes, los lactantes y las mujeres en edad fértil forman un grupo de población en grave riesgo de yododeficiencia.

graves del bocio: disminución de la actividad física, retraso intelectual y a veces físico, problemas cardíacos, desorden en otras glándulas endocrinas. Cuando la carencia se prolonga a lo largo de varias generaciones, los bocios voluminosos van acompañados de retrasos mentales y de desarrollo, que provocan el llamado cretinismo endémico.

Una dieta pobre en pescado y abundante en elementos bociógenos (algunas verduras) mantiene la existencia de bocio en las zonas rurales. Cualquier producto marino bastaría para aportar yodo en cantidad suficiente; por eso, otro sistema de prevención es la implantación de sal yodada. La dosis diaria recomendada se estima en 0.1 mg.

Hierro: hay que oxigenar los tejidos

El hierro (Fe) es otro de los minerales básicos. El cuerpo tiene entre tres y cuatro gramos de hierro y las dos terceras partes de esa cantidad están en la sangre. Forma parte de la hemoglobina, el pigmento rojo de la sangre, que tiene a su cargo el transporte del oxígeno. Su deficiencia provoca anemia ferropénica (*an* = sin; *emia* = sangre), es decir, como si palideciera la sangre. En condiciones así hay menos glóbulos rojos que de costumbre y disminuye el aporte de oxígeno; por eso aparece el cansancio característico del anémico.

Este tipo de carencia puede aparecer ya a partir de los seis meses en el niño que se alimenta sólo de leche, porque la leche prácticamente no tiene hierro. Sin embargo, el bebé nace con una pequeña reserva del hierro de la madre, de manera que compensa la pequeñísima cantidad que le proporciona la leche durante esta etapa de su vida. Hay que vigilar la ingestión de hierro también en los primeros años de la vida del niño —especialmente el primero y el segundo—, porque las necesidades de hierro en esta etapa son muy superiores.

También es verdad que el aporte de hierro debe ser mayor en las mujeres que en los varones, ya que ellas tienen mayores pérdidas por la menstruación.

El hierro se absorbe mal en el intestino, pero la carne, las hortalizas y las patatas aportan fácilmente los 10-15 mg/día que se estiman necesarios para mantener los valores normales. Por cierto, las lentejas tienen mucho hierro, pero no lo podemos asimilar porque lo impide el ácido fítico que también contienen. Se adquiere más hierro con el bacalao, el pollo, el tomate y las coles.

Dieta y cáncer

No se puede hacer, desde luego, ninguna afirmación categórica de que tal o cual alimento provoca cáncer. Ni lo contrario; es decir, que no hay un alimento o una dieta que nos libre del cáncer. Sin embargo, hay algunas pruebas que conviene tener presentes.

El doctor Philip James, asesor de la Organización Mundial de la Salud y de la ONU en cuestiones de nutrición, contaba una experiencia muy interesante realizada en su laboratorio. A diversos animales de experimentación se les administraron sustancias de probada acción cancerígena. Pues bien, el número de cánceres fue significativamente menor entre los animales a los que además de la sustancia cancerígena se les proporcionó una dieta abundante en frutas y verduras frescas, con elevado contenido en vitaminas. Según el profesor James, si se da una sustancia cancerígena a animales que tienen una dieta pobre en grasa y abundante fruta y verdura, la probabilidad de desarrollar un tumor es menor.

Los estudios epidemiológicos apoyan la tesis. No hace mucho tiempo, en Atenas, se comprobó que las mujeres con mayor ingesta de verduras frescas tenían una tasa de cáncer ocho veces menor que el promedio. En definitiva, está demostrado que quien lleva una dieta con buena cantidad de crucíferas —col, coliflor, repollo, brécol y coles de Bruselas— tiene menor incidencia de cáncer.

Según los expertos, el número de cánceres podría reducirse en un 35 % si siguiésemos los siguientes consejos (aunque ciertamente no todos los tipos disminuirían de la misma forma):

✔ Consumir zanahoria y otras hortalizas de color amarillo, naranja y verde oscuro (como espinacas y perejil).

✔ Consumir cítricos como el limón y la naranja, que parecen tener un efecto preventivo del cáncer de estómago y esófago.

✔ Consumir fruta, porque el cáncer de esófago es inversamente proporcional a su consumo.

✔ Consumir vitaminas A y C. Se desconoce su mecanismo de acción, aunque pudiera basarse no en una acción directa, sino en que pueden bloquear la degradación de otras sustancias.

✔ Moderar el consumo de proteínas animales.

✔ Incrementar el consumo de fibra.

✔ Limitar la ingestión de grasas animales. El aporte graso no debe superar el 25-30 % del aporte calórico total.

✔ Limitar el consumo de alimentos ahumados.

✔ Limitar el consumo de alimentos muy tostados o curados.

✔ Reducir notablemente el consumo de carnes y pescados tratados con sal, ya que producen nitritos.

✔ Consumir pan elaborado con harina integral.

✔ Evitar alimentos fuertemente condimentados.

✔ Evitar el consumo de comidas o bebidas excesivamente calientes.

✔ Establecer un horario correcto de comidas y procurar hacer las cuatro comidas clásicas (es mejor comer poco, pero frecuente): desayuno, comida, merienda y cena.

✔ Aunque pueda sorprender, una medida de prevención útil es una higiene bucodental adecuada.

Capítulo 7

La conservación de los alimentos

· ·

· ·

*O*tro de los aspectos básicos en nuestra nutrición es la propia disponibilidad de los alimentos. Quizá la estacionalidad de hace años impedía de alguna forma la ingestión equilibrada de todos ellos. Pero el hecho de que hoy podamos obtener, sólo con alargar la mano, todo tipo de alimento y en todo momento, ha cambiado nuestros hábitos de consumo. Y ha sido gracias a la conservación.

Se ha hablado mucho de los sistemas que el ser humano emplea para mantener los alimentos aptos para el consumo. Y sobre todo en relación a la calidad final de los nutrientes. Parece necesario poner un poco de racionalidad en esta cuestión, porque muchas veces se antepone la creencia a la ciencia. Por eso vamos a conocer qué sistemas tenemos hoy para que los alimentos lleguen a nuestro organismo en perfecto estado.

Tal vez te estés preguntando qué tiene que ver la forma de conservar los alimentos con la dieta. La respuesta es bien sencilla: la forma de conservar un alimento puede alterar sus propiedades nutritivas, multiplicando, por ejemplo, las calorías que contiene o reduciendo, por el contrario, su cantidad de vitaminas. Un boquerón fresco, recién pescado y pasado por la plancha, es un regalo para tu sistema cardiovascular. Sin embargo, ese mismo boquerón, salado y convertido en anchoa, ya no va a sentar tan bien a tus arterias. Conocer, por lo tanto, cómo afectan los distintos métodos de conservación a cada alimento te va ayudar a elaborar con mayor propiedad tu dieta personal. ¡No engorda lo mismo un mejillón al vapor que uno en escabeche!

Conservar los alimentos consiste en bloquear la acción de los agentes que pueden alterar el aspecto, el olor y el sabor de los alimentos perecederos. Estos agentes pueden ser ajenos a los alimentos (factores del entorno) o pueden estar en su interior (componentes naturales presentes en ellos).

Existen diversos métodos de conservación que el hombre ha ido perfeccionando a lo largo de los años: salazón, curado, ahumado, escabechado y refrigerado, entre otros. El modo de vida actual favorece la conservación de los alimentos. En la actualidad los conservamos para tener disponibilidad permanente de ellos durante todo el año y para preservar mejor su valor nutritivo.

Principales sistemas de conservación

Los principales sistemas de conservación de alimentos se basan en la aplicación de frío, sales, humo, vinagre, radiación o vapor, entre otros tantos. Todos son muy utilizados y se llevan a cabo bajo normas de seguridad claramente establecidas. En el caso de México, el Código Alimentario Español determina claras normas de conservación.

Congelación

Cuando se congela un alimento, lo que realmente hacemos es congelar el agua que ese alimento contiene. Es decir, cuando metemos en el congelador un trozo de carne, congelamos el agua que esa carne tiene dentro; la convertimos en cristales de hielo.

Así, temporalmente, el alimento queda deshidratado. Éste es el principio de la congelación.

Debe distinguirse bien la refrigeración de la congelación. Ambos sistemas consisten en conservar los alimentos con la aplicación de frío. Pero mientras la *refrigeración* se basa en preservar y dificultar el desarrollo de microorganismos con una temperatura alrededor de 3-5 °C, la *congelación* se basa en almacenar el producto ya congelado —deshidratado— manteniéndolo a una temperatura de –18 °C.

Es fundamental tener en cuenta que el agua de los alimentos no es agua pura, sino una solución de sales, azúcares y proteínas que parecen flotar en ese líquido. Por eso, mientras el agua pura se congela a 0 °C, el punto de congelación de una solución cualquiera siempre está por debajo de cero. En consecuencia, dependiendo de su composición, cada alimento se congela a una determinada temperatura.

La carne, el pescado, las frutas y las verduras más comunes, que contienen mucha agua, tienen su punto de congelación entre 0 °C y –4 °C. Ésa es la temperatura a la que se forman los cristales de hielo. Pero otros alimentos, y especialmente aquellos que tienen poca agua y son muy concentrados, como un plato cocinado o

Algunos trucos al congelar

Ten en cuenta estas sencillas recomendaciones la próxima vez que quieras congelar un producto:

✔ **Envuelve en película transparente o en aluminio todo lo que vayas a congelar.** Así el aire seco del congelador no deshidratará unas zonas más que otras, no se producirán quemaduras en la superficie del alimento ni se volverá rancio. Las verduras y las frutas pueden envolverse en plástico. Los pescados y las carnes se preservan mejor en aluminio.

✔ **Congela la carne siempre limpia y deshuesada.**

✔ **No llenes del todo los envases plásticos que contengan zumos y otros líquidos.** El volumen aumenta en un 10 % por la congelación.

Al comprar congelados...

Si vas a comprar productos congelados, debes elegir un buen establecimiento. Ése será el que reponga a menudo, es decir, el que venda muchos congelados y no mantenga *stocks* durante largo tiempo. Y al comprarlos, ten en cuenta estas recomendaciones:

✔ **Elige el producto cuyo envase o embalaje no presente roturas.** Busca siempre el que no tenga escarcha.

✔ **Deja para el final la compra de los congelados.** Cuando estés en el supermercado, compra primero todo lo demás y, cuando acabes, dirígete a los congeladores.

✔ **Una vez comprados, procura llegar cuando antes a casa.** Así evitarás que se inicie la descongelación del producto.

✔ **Consigue un buen congelador.** Procura comprar un congelador de tres estrellas para conservar los productos que compras congelados. Para congelar tú mismo en casa, en cambio, debes disponer de uno de cuatro estrellas.

un trozo de queso, tienen su punto de congelación alrededor de –10 °C.

Al congelar un alimento debes tener siempre en cuenta:

✔ **El volumen.** Aumenta porque se congela el agua que el alimento contiene y el agua aumenta de volumen al congelarse. De hecho, el agua es el único elemento de la naturaleza que tiene esta propiedad.

Si congelas una botella de agua llena, la botella reventará porque aumenta de volumen. Por lo mismo, si congelas una salsa, una mermelada, unas natillas, una fruta, no debes guardarlas en un recipiente cerrado y lleno hasta el máximo, porque podrían explotar.

✔ **La rapidez.** Es importante que toda congelación se haga rápidamente. Porque si es lenta, se formarán grandes cristales de hielo que podrían dañar la estructura interna del alimento.

Pan y bollos

El pan y los bollos se pueden congelar muy bien. Deben congelarse cuando están muy tiernos y siempre bien envueltos. Si quieres congelar un pan de molde, debes envolver cada rebanada por separado. Luego se descongela a temperatura ambiente durante un par de horas.

El pan también puede descongelarse en el horno, lo que le da textura crujiente de pan recién hecho. Pero esto tiene el inconveniente de que se endurece después con mucha rapidez.

Cuando la congelación es rápida, los cristales que se forman son diminutos, lo que repercute en la calidad posterior. A mayor rapidez de congelación, mejor calidad del producto.

Los frigoríficos caseros tienen ya una buena velocidad de congelación. ¿Y qué se entiende por una buena velocidad? Si cada hora congelan un grosor de producto de 1.25 cm. Es decir, si colocamos un buen chuletón de 5 cm de espesor en el congelador, en contacto con el frío por ambas caras, debería estar completamente tieso en dos horas. Durante la primera hora se congelaría 1.25 por arriba y 1.25 por abajo. Total, 2.5 cm. Una hora más tarde, esos 2.5 cm que aún estaban tiernos en el centro del chuletón ya tendrían que estar perfectamente congelados.

✔ **El valor nutritivo.** Los alimentos congelados tienen grandes ventajas: su precio es estable, se utilizan fácilmente y tienen el mismo valor nutritivo que los alimentos frescos; piensa que un pescado fresco ya ha perdido al cuarto día de la captura parte de su valor nutritivo.

Es verdad que puede haber pérdida de calidad en el pescado congelado, pero esto se debe más a un mal tratamiento de la congelación que al proceso en sí. Hay pescados congelados que adquieren un sabor rancio en algunas partes, quizá porque son zonas de grasa. Pero si la preparación del pescado es correcta y todo el proceso —tanto de congelación como de descongelación— se realiza como debe ser, no hay diferencia apreciable en el sabor. Eso sí, no se puede comparar nunca un pescado fresco de calidad con un pescado congelado de baja calidad.

✔ **El tipo de producto.** En principio, no vale la pena congelar todos aquellos productos que, como los huevos o las patatas, están en el mercado todo el año, independientemente de que su congelación plantee algún problema. Tampoco interesa congelar los productos de fácil conservación, como las manzanas. Y desde luego, tampoco los productos que pierden su textura por el proceso de congelación, como las peras. Una pera congelada nunca vuelve a ser una pera normal.

Si de todos modos insistes en congelar algunos de estos productos, por ejemplo los huevos, debes separar claras

Ventajas sanitarias de la congelación

Además del factor de conservación, la importancia de la congelación estriba en que mantiene los alimentos libres de contaminación. Porque por debajo de 1-10 °C hay una disminución paulatina de los organismos vivos. El frío impide que los microorganismos se desarrollen. No los elimina, sólo detiene su reproducción. Eso quiere decir que si se ha congelado un alimento contaminado, todavía lo estará cuando se descongele. Pero no se habrá permitido la proliferación de bacterias durante el periodo de conservación en frío.

Con las enzimas ocurre un fenómeno interesante. Cuando el organismo está vivo, las enzimas juegan un papel fundamental en su metabolismo porque ayudan con la nutrición y el desarrollo. Pero cuando se corta una planta o se sacrifica un animal, las enzimas asumen el papel opuesto. Tras la muerte del organismo, su actividad consiste precisamente en la autodestrucción.

Pues bien, la congelación impide la actividad de las enzimas, que no actúan, y por eso los alimentos se conservan. Pero recuerda: una vez que el producto se descongela, las enzimas vuelven a su actividad. Un ejemplo del poder sanitario del congelado lo tenemos en la eliminación del anisakis, un parásito del pescado que puede provocar alergias y molestias gastrointestinales. Seguro que habrás oído que los restaurantes que sirven pescado crudo tienen la obligación de congelarlo primero antes de servirlo. Y es que el frío intenso acaba con los peligros de tan indeseable parásito.

y yemas, y guardar cada una en una bolsita. A las yemas debes añadirles un poco de sal o de azúcar.

Los quesos curados se consiguen todo el año y tampoco vale la pena congelarlos, aunque es posible hacerlo, si bien se rompen más que de costumbre al cortarlos nuevamente. Y si quieres congelar nata, debes repartirla en porciones pequeñas y en recipientes herméticamente cerrados.

✔ **Los productos de estación.** Cada época tiene sus productos. En primavera puedes congelar espárragos, espinacas, fresas y cerezas. El verano es la época ideal para congelar frambuesas, albaricoques, melocotones, judías verdes. En otoño puedes congelar carne de cerdo, cordero y caza (recuerda quitar toda la grasa posible para evitar enranciamientos). En invierno es recomendable congelar carne de vacuno, cerdo y pescados. Las aves y los platos preparados pueden congelarse durante todo el año.

Descongelación

Es un proceso tan importante como el de la congelación para no estropear la calidad final del producto. Al llevarlo a cabo, ten en cuenta estas consideraciones:

✔ **Verduras y hortalizas.** No tienen ningún tratamiento especial. Se echan directamente en agua hirviendo y se van separando con un tenedor.

Debes tener en cuenta que cuando se trata de congelados industriales, antes de la congelación es normal que las verduras y hortalizas se hayan sometido a un escaldado, por lo que el tiempo de cocción suele ser menor que en el caso de las verduras frescas.

✔ **Carnes.** La carne tiene un proceso muy sencillo de descongelación. Los trozos pequeños se pueden cocinar directamente, si bien es conveniente un fuego lento y mayor tiempo de cocción. Los trozos grandes —filetes, por ejemplo— se dejan descongelar en un plato a temperatura ambiente. Si no hay prisa, se ponen en la parte baja del frigorífico, mejor sistema y más higiénico, aunque más lento.

✔ **Pescados.** No se debe descongelar nada directamente al grifo, salvo que esté en un envase. En el caso de los pescados, puedes poner el envase al grifo pero nunca el pescado de manera directa, porque el agua se llevaría las sustancias nutritivas.

El pescado pequeño puede cocinarse congelado. El grande, déjalo descongelar en la parte baja del frigorífico.

Refrigeración

Es la conservación de alimentos a una baja temperatura (entre 2 °C y 7 °C), lo que permite mantenerlos en buen estado durante varios días o incluso una semana. El principio de la refrigeración es que esa temperatura disminuye, por un lado, la actividad de los microorganismos, que no suelen reproducirse en esas condiciones. Por otro lado, retarda todos los procesos químicos y enzimáticos.

Hay muchos sistemas de refrigerar, aunque los más usuales son por aire frío, por corriente de agua fría o poniendo hielo picado sobre la superficie (como se hace para el transporte del pescado fresco).

Todos los alimentos perecederos deben conservarse en el frigorífico, ya que éste no altera ni su sabor ni su consistencia ni su valor nutritivo.

La deshidratación

Es uno de los procesos de conservación más antiguos. Durante un tiempo se realizaba la *desecación*, que es la deshidratación que se hace aprovechando las condiciones naturales de algunos lugares o zonas. Así se conservaron los primeros frutos y granos.

La desecación logra que se pierda la humedad necesaria para la vida de los microorganismos, con lo que esos productos dejan de ser perecederos. La *deshidratación*, según nuestro código alimentario, es la extracción de la humedad de los alimentos por calor artificial. Se realiza bajo control, y se considera deshidratado un producto que no contiene más de un 1.5% de humedad (ésta no se puede eliminar totalmente).

Hoy en día la deshidratación no se emplea sólo para conservar los alimentos, sino que, como al eliminar gran cantidad de agua se elimina también gran parte del volumen y el peso, resulta muy útil para el empaquetado y transporte.

La deshidratación suele hacerse con aire seco caliente y bajo muchos controles, ya que se trata de no modificar las características del producto. Físicamente se hace pasar el producto por una corriente de aire caliente y seco, de manera que ese aire vaya absorbiendo la humedad. El problema es que, como muchos alimentos no son homogéneos, las deshidratación tampoco es homogénea y habrá zonas que pierdan el agua antes que otras. Por esa razón los alimentos desecados se arrugan. Si fueran homogéneos, simplemente disminuirían de tamaño. Como además se pierde más agua de la superficie, esa superficie aparece siempre más dura.

Puede decirse que la deshidratación y la posterior reconstitución con agua es un buen sistema de conservación. Pero los alimentos suelen perder calidad en casi todas sus características, sobre todo en valor nutritivo, textura y sabor. Normalmente sufren lo que se llama *pardeamiento*, que no es otra cosa que la aparición de un color parduzco en la superficie de las frutas y verduras.

La pérdida de sabor suele deberse, más que al sabor en sí, a la pérdida de aromas.

En el mercado hay varios alimentos deshidratados. Quizás uno de los más populares sean las setas. También hay tomates y cebolla. Y tiene un gran éxito la sopa juliana.

Liofilización

Es una forma de deshidratación industrial algo más compleja. Se basa en la *sublimación*, es decir, en el paso directo de sólido a gas, sin pasar por líquido. Cuando se somete al vacío, el agua puede evaporarse como hielo, sin llegar a pasar por el estado líquido. Es como si los alimentos al vacío se congelaran y, después, por la acción del calor, esa agua se evaporara sin pasar por el estado líquido.

Los productos liofilizados mantienen sus propiedades y, como el agua sale de pronto, quedan mucho más porosos que de costumbre, con lo que la reconstitución es mucho más sencilla. Es la deshidratación que mantiene mejor las propiedades del producto.

El único problema que tienen los liofilizados es que deben mantenerse cerrados herméticamente; si esto no se hace, absorben humedad. Todo el proceso es costoso y debe realizarse en ambientes muy controlados para impedir que el producto entre en contacto con el oxígeno, se oxide y, por lo tanto, se enrancie.

Se pensaba que podría ser la solución para extractos de café o de sopa, pero resultan más caros. De todos modos, su calidad a veces compensa el mayor precio. También se utiliza para alimentos que deben transportarse con el menor peso y volumen posibles. Y por eso son alimentos que utilizan mucho los montañeros o los excursionistas. Más que alimentos sueltos, suelen empaquetarse platos preparados, como pasta con distintos complementos o arroces.

Salazón

Se basa, como su nombre indica, en mantener el alimento en sal. Puede ser salmuera, solución saturada de sal o, simplemente, sal común.

La sal absorbe el agua interna del producto y lo deshidrata. La falta de agua y la alta concentración de sal impide el desarrollo de microorganismos; en esto se basa el proceso.

El sistema hace perder algunos nutrientes que se van con el agua al interior del producto. En todo caso, es mejor su conservación refrigerada. No se debe abusar de las salazones, ya que el consumo abusivo de sal tiene efectos nocivos sobre la salud (lee el apartado "Sodio y su cloruro: tendemos al exceso", del capítulo 6).

Lo que dice la ley

Para los alimentos conservados, existen distintas regulaciones en el mundo que manejan parámetros de protección al consumidor. Por ejemplo tanto la Norma Oficial Mexicana como el Código Alimentario Español coinciden en establecer que:

✔ Los procedimientos de conservación deberán garantizar siempre las condiciones higiénico-sanitarias requeridas para los alimentos sometidos a estos tratamientos.

✔ Cada proceso de conservación utilizado deberá cumplir todos los requisitos exigidos en su caso.

✔ La conservación de alimentos por radiaciones ionizantes se autorizará

✔ Las proporciones máximas de humedad de los productos conservados por los procedimientos de desecación, deshidratación y liofilización no deben exceder las que se establezcan para cada uno de ellos en la reglamentación oportuna.

También establece que queda prohibido:

✔ Recongelar alimentos que, habiendo sido congelados, hayan experimentado un aumento de temperatura que les haga perder sus características específicas.

✔ En el ahumado, utilizar como combustible maderas resinosas, excepto las de abeto, maderas que proporcionen olor o sabor desagradables, juncos, mazorcas de maíz y otros materiales que depositen hollín sobre el alimento y materiales de desecho que puedan desprender sustancias tóxicas.

Como ejemplos de salazón tenemos el bacalao, las anchoas, la mojama, etc.

Curado

El *curado* se basa en la aplicación de sales, nitratos y nitritos que protegen el producto de la acción de microorganismos. Se emplea sobre todo para carnes, tocino, jamones cocidos y fiambres en general.

La aplicación de nitritos debe estar muy controlada ya que podrían formarse nitrosaminas, sustancias muy tóxicas y peligrosas.

Ahumado

En síntesis, es un sistema que emplea parte de salazón y parte de desecación. Pero esa desecación, en vez de hacerse solamente con aire, se hace con humo que proviene de quemar de manera incompleta determinadas maderas.

Si antaño era un sistema de conservación, hoy se utiliza sólo para dar al alimento un aroma y un sabor particular. Se emplea sobre todo para algunas carnes y pescados. Salmón, trucha, pez espada y anguila son piezas que, ahumadas, tienen un gran aprecio gastronómico. Igualmente el tocino, algún chorizo, morcilla o alguna pieza de caza. Y hay quesos en nuestra geografía que tienen como característica básica su sabor a humo.

No es conveniente el abuso de salazones y de alimentos ahumados, porque pueden contener nitratos, nitritos u otras sustancias que no son sanitariamente aconsejables. Esto no quiere decir que no se puedan consumir; simplemente, que no se debe abusar de ellos, como no debe hacerse de los alimentos muy condimentados.

Encurtido

Es el tratamiento que reciben los alimentos vegetales en estado natural al sumirlos en vinagre de vino, con sal o sin ella, azúcares u otros condimentos. Suele emplearse para aceitunas, cebolletas, pepinillos o pimientos. En España se consumen mucho como aperitivo este tipo de encurtidos.

Marcado de las latas

Las latas deben marcarse con una serie de números y letras que sirven para identificar contenido, peso, fecha de fabricación y responsable del producto. Así, si se pierde el papel que rodea la lata, se conoce perfectamente de qué es y quién la hizo. En el caso de que haya fecha de caducidad, también debe señalarse.

Escabechado

Es un sistema de conservación en el que actúan conjuntamente la sal y el vinagre. El vinagre acidifica todo el entorno, lo que ya dificulta la presencia de microorganismos. La sal ayuda a todo

Normas legales para envasar

Las Normas dicen que los recipientes no pueden alterar las propiedades del producto contenido. Éstos pueden ser de hojalata electrolítica o estañada en caliente, o bien de vidrio con un contenido de plomo inferior al 24 %.

Se han de eliminar los envases que presenten corrosiones (visibles bajo las etiquetas) o abombamientos en las tapas originados por fermentaciones bacterianas.

En cuanto al contenido, la inspección se basa en la comprobación de tamaño, olor y sabor, así como del líquido de cobertura, que debe ser limpio e inalterado. En caso de duda se puede realizar un examen químico que comprenderá el recuento y la determinación de los gérmenes existentes, la detección de aditivos, conservantes y productos de alteración y, por último, una investigación de productos minerales tóxicos, antisépticos prohibidos y toxinas microbianas.

Las etiquetas harán constar en caracteres visibles y fácilmente legibles los datos siguientes:

✔ **Nombre del producto.** No puede sustituirse por una marca o denominación de fantasía.

✔ **Lista de ingredientes.** Debe hacerse de mayor a menor, con pesos o porcentajes. Deben incluirse también los aditivos alimentarios.

✔ **Peso.** Con indicación del peso neto del contenido; si tiene líquido de cobertura, debe señalarse el peso escurrido.

✔ **Fecha de caducidad.** Deben indicarse día, mes y año (con todas las cifras o sólo las dos últimas).

✔ **Fecha de fabricación.** Hay un código de letras que corresponde a cada año. Puede utilizarse la última cifra del año.

✔ **Identificación de la empresa.** Tienen que figurar nombre, razón social y domicilio, así como el número de registro sanitario.

✔ **País de origen.** Rige para las conservas destinadas a la exportación.

El envasado de las conservas

Prácticamente todos los alimentos se pueden mantener en conserva, y para cada uno se han diseñado o adaptado distintos envases. Porque el envase, además de contener herméticamente cerrado el producto, también debe protegerlo de la luz, hacerlo duradero y atractivo a la venta y permitir el control del peso. Y lógicamente debe ser compatible con el producto.

Las latas para conservas están protegidas por fuera contra el óxido gracias a una delgadísima capa de estaño. Y el interior lleva también una capa de estaño, de esmalte o de los dos. Así, ni se oxida ni permite que alguna de las características de la lata pase al alimento.

Cuando se utilizan envases de vidrio los cierres son herméticos. Normalmente los productos se envasan al vacío, por lo que éstos son aún más fuertes. La tapa suele ser metálica y va protegida por una película plástica o de cartón para que el metal nunca entre en contacto con el alimento.

Al envase se le da un tratamiento térmico para destruir los microorganismos. Cuando el alimento no deba estar largo tiempo bajo la acción del calor, puede añadirse alguna sustancia ácida que hace a los microorganismos más sensibles a la temperatura, de manera que se garantiza su destrucción a menos grados.

También debe saberse que en los procesos de escaldado, pasteurización y esterilización pueden variar algunos componentes nutritivos. Muchas sales minerales suelen perderse en el llamado *líquido de gobierno*, que es el que lleva la conserva en su envase.

Cuando se utilicen conservas de hortalizas, es aconsejable aprovechar el líquido del envase en su guiso porque es muy rico en sales minerales. También se pueden perder vitaminas en el líquido de gobierno, especialmente las que se disuelven en el agua (A, C, B_1, B_2, B_3, B_5 y B_6). Las vitaminas liposolubles, como la A y la D, que se disuelven en las grasas, tienen menos pérdidas. Las proteínas, por su parte, son mucho más estables y no hay pérdida apreciable cuando se conservan.

El calor, por último, puede alterar en parte el color, la textura y el sabor con respecto al producto natural; no quiere decir que sea peor, sino distinto. La alcachofa de lata y el pimiento tienen un gusto particular. No cambian prácticamente la piña ni el espárrago. La anchoa, aun en semiconserva, tiene un sabor característico, y no tienen nada que ver las de conserva con las frescas (boquerón o bocarte).

Después del proceso de llenado, los envases se cierran herméticamente con un doble cierre que se llama *ribete* (por donde se desliza el abrelatas). Luego viene la acción del calor y, a continuación, la conserva se enfría para evitar el sobrecalentamiento. También se enfría bajo presión.

el proceso, ya que absorbe agua del alimento. En ocasiones se requiere también una cocción previa.

Se escabechan sobre todo los pescados grasos y muchos moluscos. Tienen fama las truchas y las piezas pequeñas de caza, como codornices y perdices, así como el conejo.

Radiación

Los alimentos irradiados han suscitado una gran polémica porque en el consumidor surge siempre la sospecha de que alguna de las radiaciones empleadas pueda perjudicarle a él. Los científicos creen que es un método seguro. Se utilizan radiaciones ionizantes, como rayos X, *gamma* y ultravioleta, y las de baja frecuencia.

Las radiaciones destruyen los microorganismos sin alterar el alimento y sin que haya una pérdida notable de nutrientes, aunque pierden valor vitamínico.

Se utiliza prácticamente para todo tipo de alimentos ya que según las dosis puede eliminar bacterias y microorganismos. También permite a las frutas, verduras, carne, de pollo, de pescado y mariscos prolongar su estado de frescura sin alterar sabor y textura. Y se utiliza normalmente para inhibir el brote de tubérculos y bulbos cuando se almacenan.

Sin embargo, no se utiliza en zumos, leche o vinos, ni en los alimentos grasos.

Conservas

Oficialmente, las *conservas* se definen como "productos obtenidos a partir de alimentos perecederos de origen animal o vegetal, con o sin adición de otras sustancias autorizadas, contenidos en envases apropiados, herméticamente cerrados y tratados por vapor, de forma que se asegure su conservación".

Cuando esos alimentos se estabilizan para un tiempo limitado, se habla entonces de *semiconserva*. Las anchoas en lata son semiconservas, por lo que deben mantenerse siempre en el frigorífico. Si se retrasa su consumo, puede ir deshaciéndose la carne de la anchoa y a su vez ganar sal.

El inventor de la conserva fue Nicolas Appert, un confitero francés. Hacia 1810 Appert describió la forma de mantener hasta 50 productos distintos durante largo tiempo, a base de meter cada alimento en un tarro grande, cerrarlo de forma hermética y ponerlo al baño maría. Su sistema tenía el inconveniente de que había que mantener el calor durante mucho tiempo, por lo que algunos alimentos acababan cocidos.

Después se introdujo la hojalata para la fabricación de los envases, lo que modificó el sistema. El calor se proporcionaba bajo presión, por lo que el tiempo era menor. Como la conserva permitía larga duración, se empleó pronto para alimentar a los soldados, lo que contribuyó a la difusión del sistema. Suele contarse como anécdota que un explorador inglés dejó en 1824 dos latas en el Ártico. Esas latas fueron encontradas ochenta y siete años más tarde ¡en perfectas condiciones!

También se puede considerar como anécdota la introducción de las latas de conserva en España. Fue gracias a un velero francés cargado de alimentos enlatados que naufragó cerca de Vigo. Cuando analizaron con todo detalle la carga, dos hermanos se decidieron a fundar la primera empresa conservera en Galicia. Hoy España es la tercera potencia conservera del mundo, después de Estados Unidos y Japón.

Al comprar conservas, observa antes el producto:

✔ **Caducidad.** Comprueba la fecha de fabricación y la caducidad del producto, si la tiene.

✔ **Estado de la lata.** Observa la lata y desecha la que tenga abolladuras u oxidaciones, simplemente porque no sabes a qué pueden deberse. Un bote oxidado puede contaminar el interior. Y la abolladura puede haber sido originada por una alteración del contenido. Sobre todo, si está abombada, esto puede indicar que no se ha esterilizado convenientemente y los microorganismos han fermentado y han producido gases.

✔ **Estado del producto.** Si al abrir una lata observas que sale algún gas o aire, no consumas el producto. Si tiene un olor o un color raro, no te arriesgues a comerlo. Vale más perder unos pesos que la salud, y una contaminación con una conserva puede ser muy grave.

✔ **Igualdad de condiciones.** Recuerda que, una vez abierta la lata, el alimento que contiene se comporta igual que cualquier otro fresco y cocinado.

Pérdida de nutrientes

La conservación, así como otros procedimientos aplicados a los alimentos, puede provocar pérdida de nutrientes.

Los defensores de las vitaminas naturales, suelen afirmar que en la cocina se destruye la mayor parte de ellas por manipulación o cocción excesiva de los alimentos. En el caso de las vitaminas, y también en otros, es cierto que se pierden muchos nutrientes por diversas razones, y bueno es que tengamos una idea de cuáles son, cómo y por qué.

✔ **No todos los alimentos iguales tienen la misma composición de nutrientes.** No todas las manzanas ni todas las lechugas ni todas las patatas tienen una composición exacta, ya que la cantidad de nutrientes que tienen depende de cuánto haya sido regado el campo, por ejemplo, o de la composición del suelo o de la cantidad de sol que hayan recibido. La vitamina C de la fruta es uno de los ejemplos más claros de las diferencias entre una y otra pieza de la misma especie. Todo depende de la cantidad de luz que haya recibido. Llegan a ser distintas incluso frutas del mismo árbol.

✔ **Con la cocción, muchos nutrientes pueden perderse en el agua.** Esa agua puede también incorporar pequeñas cantidades de otros elementos.

✔ **En la leche, la vitamina C se destruye con facilidad.** Si bien es cierto que la leche no contiene vitamina C en cantidades significativas, ni su valor en la leche es importante —la vitamina que importa en la leche es la riboflavina (B_2) y no es susceptible al calor—, sí se pierde fácilmente con la luz; de ahí que sea importante que no se exponga a ella. Se calcula que pierde un 10 % de vitamina por hora.

✔ **Cuando los huevos se someten al calor, pierden el 20 % de vitaminas.**

✔ **Las pérdidas de la carne son notables.** En principio, si es carne congelada, en el agua de la descongelación se pierden vitaminas. Con el calor —freír, planchar o asar— se pierde hasta el 40 % de alguna vitamina. Si se cuece, muchas vitaminas pasan al líquido, aunque luego se pueden aprovechar con la salsa.

✔ **Las pérdidas del pescado son mucho menores.** No llegan al 20 %. Claro que los nutrientes sufren si los procesos de congelación o descongelación no son correctos.

✔ **Las hortalizas pierden vitamina C por la simple conservación.** Además, la cocción destruye también buena parte de esta vitamina, que se conserva si se cocina en la olla a presión o, mejor, al vapor.

Principales tipos de aditivos

Entre los diversos conceptos relacionados con la nutrición, quizá te interese saber algo de los aditivos. Desde hace años existe una gran polémica en torno al uso de estos elementos. Unos creen que se trata de sustancias peligrosas, mientras que otros piensan que son las únicas que hacen posible que muchos alimentos lleguen al mercado en óptimas condiciones.

Uno de los puntos principales de esta polémica está en una lista, falsa y desmentida cientos de veces, que denuncia como cancerígenos una serie de aditivos perfectamente aptos para el consumo, en la que se llega a tildar de cancerígeno al ácido cítrico. La ciencia ha estudiado todos esos "añadidos" y las autoridades competentes permiten aquellos probablemente inocuos.

Oficialmente, se llama *aditivo* a la sustancia que se añade a algún alimento para conseguir algún fin, como puede ser mantener su calidad, aumentar su valor nutritivo, modificar alguna de sus propiedades, mejorar su elaboración o un poco de todo ello.

¡ADVERTENCIA!

Queda prohibido

La Norma Oficial Mexicana prohíbe la utilización de aditivos en cualquiera de estos casos:

✔ En los alimentos naturales, con las excepciones indicadas en el código.

✔ Si puede obtenerse el efecto deseado por métodos técnicos adecuados de cultivo, selectivos, genéticos o simplemente de elaboración.

✔ En la conservación de alimentos, si puede llevarse a cabo por métodos físicos.

✔ Si se pretende disimular técnicas de elaboración defectuosas o rendimientos industriales excesivos.

✔ Si sirve para interrumpir un proceso de alteración iniciado.

✔ Si ello permite el empleo de materias primas, alimentos o bebidas no adecuados para el consumo humano.

✔ Si se usan para reemplazar ingredientes o componentes de los alimentos o bebidas, y ello induce a error o engaño sobre la verdadera composición de dichos alimentos.

✔ Si con ello se impide o retrasa la acción de las enzimas digestivas.

✔ Si de ello resultase una disminución del valor nutritivo del alimento.

✔ Si se puede alcanzar el objetivo que se persigue por adición de sustancias nutritivas.

✔ Si pueden alterar los resultados de los análisis orientados a apreciar la calidad del alimento.

✔ Si son aditivos distintos de los permitidos por la legislación en la elaboración de los productos.

La sal, por ejemplo, fue el primer aditivo que usó el ser humano. Primero la empleó como condimento y después como conservante. (Lee el apartado "Salazón" más atrás en esta misma sección.) Poco a poco se fueron descubriendo otros y aplicando los más útiles.

Antioxidantes

Se emplean para evitar o retrasar la oxidación; es decir, que los productos grasos se vuelvan rancios. Se utilizan en grasas animales y vegetales en productos cárnicos y en pescados. Se autorizan sustancias naturales como la vitamina C y la E, o sustancias derivadas del fenol y los galatos.

Secuestrantes

Se emplean en la estabilización de grasas y aceites, vitaminas, frutas, verduras enlatadas, patatas, derivados del pescado, bebidas y salsas. Son ácidos orgánicos, aminoácidos, algunos ácidos inorgánicos y una sustancia de síntesis llamada EDTA (ácido etilendiaminotetraacético). Recordemos que cuando se habla de *síntesis,* se refiere a la construcción de moléculas a base de reacciones químicas. Sería, grosso modo, como una molécula artificial.

Colorantes

Pueden ser de origen natural, pigmentos obtenidos de alguna planta, o artificiales, producidos como sustancias químicas. Se utilizan para bebidas, productos derivados lácteos, productos cárnicos y pastelería.

Saborizantes y aromatizantes

Se emplean para resaltar el sabor y el aroma de algunos productos como bebidas, dulces, caramelos, chicles, licores, helados y tartas congeladas. Son sustancias obtenidas químicamente, que reproducen el sabor o el aroma del alimento que comemos o del ingrediente con el que se elabora un postre o una bebida.

Edulcorantes

Son los encargados de endulzar un alimento o una bebida. El azúcar es el más común. Cuando se quiere sustituir el azúcar se recurre a los llamados *edulcorantes no nutritivos*, como la sacarina, el ciclamato, el aspartamo y otros.

Emulgentes y estabilizantes

Se utilizan para lograr que una masa determinada permanezca como tal o para conseguir que dos productos que no se mezclan naturalmente formen una masa homogénea.

Humectantes

Se utilizan para mantener el grado de humedad.

Controladores de pH

Se emplean para mantener el grado de acidez del alimento en su punto correcto.

Conservantes

Se utilizan mucho porque evitan que el alimento tenga alteraciones de tipo microbiano. Su acción se basa en inhibir el crecimiento de microorganismos. Esa misma acción es la que podría ser peligrosa en el ser humano, ya que esa inhibición microbiana podría afectar a las células de nuestro cuerpo. Por otra parte, cabría el peligro de que no se degradasen y se acumulasen en nuestro organismo.

Los primeros conservantes que se utilizaron fueron la sal, el vinagre y el azúcar. Hoy se utilizan el ácido sórbico, el benzoico y los parabenos (estos tres tienen un efecto muy similar; el que más se emplea por su inocuidad es el ácido sórbico), el dióxido de azufre (sobre todo en la elaboración del vino, ya que inhibe el crecimiento de las levaduras acéticas y lácticas que comúnmente alteran el producto), los nitratos, los nitritos (los más peligrosos y por eso de consumo limitado), el ácido acético y el propiónico.

Capítulo 8

La digestión

• •

En este capítulo

▶ Las cuatro etapas de la digestión

▶ Estreñimiento y diarrea

▶ Algunas recomendaciones dietéticas

• •

¿Y ahora? Ya sabes lo que comes. Ya conoces lo que el mercado te ofrece en forma de proteínas, hidratos y grasas. Ya sabes también cómo se conservan los alimentos y qué se les puede añadir para una mejor presentación. La pregunta lógica siguiente es: ¿Y qué ocurre con lo que comemos?

Piensa en una comida que te guste. Casi sin advertirlo empiezas a preparar todo el aparato digestivo para su función. Aparato que nosotros solemos reducir al estómago como símbolo, aunque es muchísimo más largo.

En las definiciones clásicas, el *estómago* no es más que un ensanchamiento del tubo digestivo, una especie de apeadero, un saco de músculos que, como una hormigonera, bate y bate la comida, la mezcla, la almacena y la va moliendo poco a poco. Es, en definitiva, una parte del aparato que descompone lo que tú ingieres para que pueda ser asimilado por todo el organismo.

El tubo digestivo es muy curioso: mide aproximadamente nueve metros; empieza en la boca y termina en el ano, nos recorre por dentro y en él se vuelcan además una serie de glándulas, como las salivares y el páncreas.

El hecho es que tú comes, y si la comida ha sido abundante te entra, sentado ante el televisor, una agradable somnolencia. No es extraño. La digestión reclama su calor y su sangre, y por eso trata de ralentizar otros mecanismos orgánicos que no tienen tanta importancia en este momento. Porque lo verdaderamente útil no es comer, sino aprovechar lo que comes para obtener la energía que permita a tu máquina actuar y reconstruir las células que tu cuerpo va aniquilando. Son las funciones de la nutrición: construirte en etapa de crecimiento, reconstruirte en etapas posteriores y darte energía para funcionar. Y para eso consumes aproximadamente media tonelada de alimentos cada año.

La digestión y sus etapas

Ya lo he dicho varias veces: tus células, que son las destinatarias de los alimentos que consumes, no comen ni un bocadillo de chorizo ni un filete a la plancha. Ellas están preparadas para asimilar los componentes primarios de esos alimentos. Y para dárselos dispones de un perfecto sistema que se llama *digestión*.

Primera etapa

Ya conoces el escenario. Ahora piensa en un bocado exquisito. El que quieras, el que más te guste.

¿Ya lo tienes en la mente? Habrás comprobado entonces que ya antes de comer inicias un proceso de salivación. La boca se te hace agua. También, sin que te enteres, sólo por pensarlo, vas preparando los jugos gástricos. Y es que es ahí donde empieza realmente la digestión. Por un lado, la insalivación y, por el otro, la dentadura, van a realizar la primera etapa de preparación del alimento antes de que llegue al estómago.

La dentadura está perfectamente dotada y dispuesta para desempeñar su función. Por eso tenemos unos dientes que desgarran, otros que cortan y otros más que muelen y trituran. Las glándulas salivares actúan y entonces, en la boca, se va haciendo

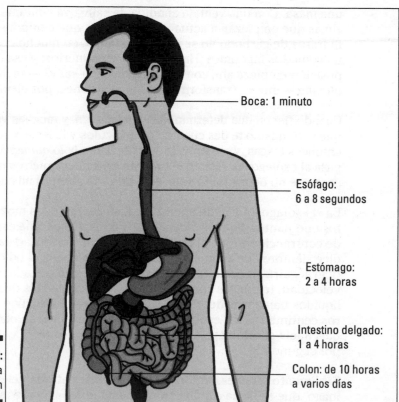

Boca: 1 minuto

Esófago:
6 a 8 segundos

Estómago:
2 a 4 horas

Intestino delgado:
1 a 4 horas

Colon: de 10 horas
a varios días

Figura 8-1:
Etapas de la
digestión

CONSEJO

La masticación

Al masticar los alimentos, ten en cuenta que el trabajo que no hagan tus dientes tendrá que hacerlo después el aparato digestivo. Esa es una de las razones para recomendarte que mastiques mucho. Y además, debes comer despacio. Cuando se come deprisa se come mucho más porque no se deja el tiempo suficiente para percibir la sensación de saciedad que provocarán los alimentos ya ingeridos. Dale tiempo a tu organismo para que pueda sentirse satisfecho. Si dejas pasar un rato entre el primer plato y el segundo, tendrás menos hambre.

una masa. Con una ventaja añadida: la saliva ya contiene enzimas que empiezan a actuar. Los azúcares que componen los hidratos de carbono no se pueden asimilar, en muchos casos, tal como los ingerimos. Hay que descomponerlos; y esa descomposición empieza ahí, con una enzima de la saliva —se llama *ptialina*— que va transformando los almidones, por ejemplo.

Cuando tienen una determinada consistencia, y muchas veces sin que ni tú mismo te des cuenta, los músculos y la lengua actúan; entonces tragas, y ese bocado —ya se llama *bolo alimenticio*— pasa al esófago. Ya está en el tubo de esos nueve metros que, para que no ocupe tanto sitio, está plegado sobre sí mismo.

En el esófago, que mide unos 25 cm, empiezan unos movimientos ondulantes. Son los *movimientos peristálticos*, una especie de contracciones que obligan al alimento a ir hacia adelante. Se dice siempre que aunque te pongas cabeza abajo, el bolo alimenticio seguirá su curso hacia el estómago, y siempre a la misma velocidad, te pongas como te pongas. Eso sí, si estás de pie, los líquidos bajan más deprisa. Fíjate: se contraen los cinco primeros centímetros del esófago y se hace una especie de ola que baja hacia el estómago a una velocidad de unos tres centímetros por segundo.

El alimento atraviesa entonces la puerta de entrada del estómago, que se llama *cardias*, porque está junto al corazón. (La puerta de salida que comunica el estómago con el duodeno se llama *píloro*.)

El estómago es como el fuelle de una gaita, aunque puede adoptar muchas formas. De hecho, hay muy pocos estómagos iguales. Tiene una capacidad de casi un litro y medio, pero, como puede dilatarse, en circunstancias especiales llega a almacenar mucho más.

Segunda etapa

Cuando el bolo alimenticio llega al estómago, recibe un baño de ácido. Si habláramos con propiedad habría que decir que hay tres digestiones: una nerviosa (secreción de saliva y jugos sólo de pensar en la comida); otra química (es la que se inicia con las enzimas de la saliva y otras del estómago que van transformando químicamente los alimentos), y otra que no podemos olvidar, la mecánica (los movimientos peristálticos van agitando la comida, y en el estómago los músculos de sus paredes baten como una auténtica hormigonera). La comida, la saliva, el jugo gástrico y el ácido se baten y se amasan con los músculos del estómago. Luego actúa la química, de manera que las moléculas grandes se van transformando en otras más pequeñas.

El ácido con el que se baña el alimento es tan fuerte que, por lo general, mata todas las bacterias que pudieran haber llegado con la comida. En circunstancias normales, pues, toda bacteria queda aniquilada. Los alimentos salen del estómago prácticamente esterilizados e inician el viaje por el intestino, camino de convertirse en parte de ti.

¿Y por qué el estómago no se digiere a sí mismo? El ácido es tan fuerte que es capaz de agujerear un metal y, sin embargo, no perfora la pared gástrica. ¿Por qué? Simplemente porque está protegido por la mucosa, que impide el contacto directo del ácido con la pared muscular. Aunque a veces, por muchas circunstancias, algunas no muy bien conocidas, puede haber una debilidad en la mucosa en un punto determinado. Entonces el ácido ataca y hace una pequeña herida; la llamamos *úlcera*.

Algo de lo que no se suele hablar al citar el jugo gástrico es lo que los especialistas llaman el *factor intrínseco*. Es una secreción especial de la mucosa con una función tan sorprendente como poco divulgada. Sería lógico pensar que las vitaminas se destruyen también durante la digestión, junto con los alimentos. Sin embargo, y para impedirlo, actúa ese factor intrínseco, que, por ejemplo, se une a la vitamina B12 y así la hace indigerible. (El hecho adquiere mayor trascendencia aún si recordamos que esta es la vitamina antianémica.)

Tercera etapa

También el estómago tiene una parte de almacén. Lo que comes baja deprisa por el esófago y luego lo retiene el estómago durante dos, tres o cuatro horas. Por un lado va triturando y preparando y, por otro, almacenando. Y cuando la fase de la digestión ya está realizada, entonces abre la puerta de abajo, el píloro, y a través del duodeno estas sustancias pasan al intestino delgado, un tubo de unos siete metros de largo y tres centímetros de ancho.

Pero debe decirse que el estómago nunca se vacía del todo; antes de que eso ocurra, protesta. Es como si le faltara algo. Así que se inician unas contracciones que van en aumento si se prolonga el tiempo que pasas sin ingerir nada. Es el aviso de que es necesario comer.

Tres o cuatro horas después de haber comido, las ondas peristálticas van llevando hacia la puerta interior del estómago todo el material ingerido y éste pasa al intestino.

Comienza por el duodeno (palabra curiosa que nos indica su tamaño: doce dedos). Sigue por el intestino delgado, luego el grueso, para pasar al recto y al ano. Por cierto que todos esos tubos digestivos son un prodigio de utilización del espacio. Porque su superficie total, por dentro, es de más de 20 m²; o sea, cinco veces más que nuestra piel.

Por dentro, el intestino parece de terciopelo. Tiene unos mínimos pelillos —se llaman *vellosidades*— que son los encargados de ir separando las sustancias aprovechables; es decir, los aminoácidos, los ácidos grasos, los azúcares, etc.

Esas vellosidades se comportan como auténticas y pequeñísimas jeringuillas que van absorbiendo todas las sustancias nutritivas. Su perfección es tal que sólo logra escapar a su avidez captadora el 5 % de las grasas y el 10 % de las proteínas. Aquí es donde se realiza la absorción de nutrientes casi en su totalidad.

Se puede calcular que diariamente pasan por el intestino alrededor de 11.5 litros de alimentos digeridos, líquidos y secreciones gastrointestinales.

Cuarta etapa

La masa que queda después —ahora ya se llama *quimo*— pasa al otro tramo de intestino, el grueso, que es más corto (1.7 m) pero mucho más ancho (tiene unos 7 cm de diámetro). Allí llega una mezcla de agua, secreciones intestinales y material no digerido o no digerible. En el colon, una buena parte del agua se absorbe y pasa al torrente sanguíneo. Y también en el colon hay millones y millones de bacterias que actúan, descomponen y digieren... hay vitaminas, hidrógeno, metano y sulfuro de hidrógeno (gases que alguna vez expulsas en ese fenómeno que los especialistas llaman elegantemente *meteorismo*).

Así, poco a poco, la masa líquida en que se había convertido el alimento sólido va perdiendo agua y pasa a ser un resto semisólido. Son las *heces*, a las que nuestro propio organismo ha quitado todo aquello que pudiera serle útil: hasta el agua.

De todos modos, para facilitar el tránsito por el intestino grueso, la pared del colon segrega también una mucosidad, que produce anticuerpos para que esas bacterias no te ataquen, y que sirve, sobre todo, para lubrificar y facilitar el paso; muchas veces, cuando hay diarrea, esa mucosidad se expulsa al exterior.

Se calcula que desde que se ingiere el alimento hasta que culmina todo el proceso digestivo pueden pasar unas 36 horas. Una comida normal tarda día y medio en atravesar todo el tubo digestivo. En el esófago tiene un paso rápido, pero en el estómago puede estar entre tres y seis horas. En el intestino delgado permanece por lo menos entre cinco y seis horas, y en el intestino grueso entre 12 y 24 h.

Mañana, pues, echarás lo que quede de la cena de ayer. Y no pensarás ni en la ptialina de la saliva para descomponer el pan, ni en la pepsina para deshacer las proteínas, ni en la lipasa para degradar las grasas. Ni en todas las demás enzimas que a lo largo de ese recorrido tienen una pequeña pero importantísima función.

Verdades y mentiras sobre el estreñimiento

Es falso que...

✔ tomar líquidos en abundancia cure el estreñimiento.

✔ el agua caliente en ayunas sirva para evacuar.

✔ el estreñimiento engorde.

✔ sólo la dieta o las soluciones naturales acaben con el problema.

✔ el estreñimiento sea causa directa de enfermedades graves como el cáncer de colon.

✔ todas las soluciones estimulantes de la defecación produzcan dependencia.

Es cierto que...

✔ el estreñimiento puede estar relacionado con otras enfermedades orgánicas. En la mayoría de los casos está relacionado con hábitos irregulares de alimentación y vida.

✔ la dieta debe ser variada y equilibrada, con bastantes frutas y verduras.

✔ el estrés y las prisas favorecen el estreñimiento. Conviene crear el hábito de evacuar con regularidad y, a ser posible, a la misma hora.

✔ las personas sedentarias tienen mayor probabilidad de padecer el problema.

✔ algunos fármacos favorecen el estreñimiento.

Siempre conviene...

✔ evacuar cuando empieces a sentir la necesidad. No dejarlo para más tarde.

✔ intentar que la defecación se produzca a horas fijas. Es mejor por la mañana.

✔ beber líquidos suficientes: ni mucho ni demasiado poco.

✔ hacer ejercicio.

Debes acudir al médico si...

✔ en el plazo de una semana no has recuperado la normalidad, a pesar de haber tomado las medidas apropiadas.

✔ se produce un cambio prolongado del ritmo intestinal, sin motivo que lo justifique.

✔ adviertes la presencia de sangre en las heces.

✔ sufres de dolor abdominal agudo, vómitos o náuseas.

Dos problemas comunes

Y ya que hablamos de todo el proceso digestivo, sólo un apunte sobre dos alteraciones que conviene conocer: el estreñimiento y la diarrea.

El estreñimiento

Prácticamente la mitad de la población en España y México reconoce haber sufrido alguna vez problemas de estreñimiento. Y pueden ser muchas las causas de que el 41.3 % de la población lo padezca, aunque la más frecuente son los cambios en la alimentación y la falta de líquidos. Los viajes ocupan también un lugar importante entre las causas.

Quienes más lo padecen son las personas entre cuarenta y cinco y sesenta años, sobre todo mujeres. Una dieta sana es considerada como el mejor método de prevención, aunque el 36 % de los hombres no sabe qué hacer para afrontar el problema. Las mujeres, en general, responden con más seguridad sobre métodos preventivos y señalan que es importante comer verduras, frutas y fibra.

En los casos en que la prevención no es demasiado efectiva, las tres cuartas partes de los encuestados dicen que para recuperar su ritmo normal de evacuación prefieren los remedios naturales, como son los jugos, las mermeladas, las frutas y las verduras. Sin embargo, la realidad demuestra que casi el 70 % de la población recurre a remedios medicinales, como los supositorios de glicerina.

Las mujeres parecen más propensas a padecer estreñimiento que los hombres. Sobre todo las mujeres mayores de sesenta años o que viven en ciudades grandes como Guadalajara (22%), Distrito Federal (23%) y Monterrey (17%) y llevan una vida sedentaria, presentan enfermedades crónico-degenerativas y condiciones emocionales como estrés, ansiedad o depresión.

En los países desarrollados es donde más se padece. Puede decirse que uno de cada tres habitantes del planeta se ve afectado.

Se desprende de diversos estudios que muchos personas acuden al baño a principio de la mañana; pero aun así se calcula que un tercio de la población no tiene regularidad para hacerlo.

El estreñimiento no es el mismo en todas las personas que lo padecen. Puede ser temporal o crónico, y las causas son distintas en cada caso:

✔ **Estreñimiento temporal.** Este tipo de estreñimiento se produce generalmente en situaciones transitorias como un cambio de domicilio, un viaje largo, embarazo, etc.

✔ **Estreñimiento crónico.** Las causas principales de este tipo de estreñimiento suelen ser los hábitos irregulares de vida y alimentación.

Los síntomas del estreñimiento son también muy variados y no se manifiestan de la misma forma en cada persona. Dependen del tipo de estreñimiento que se padezca y sobre todo de la duración. Los más frecuentes son, además del propio estreñimiento, una cierta depresión, una sensación general de hinchazón y molestias abdominales, inapetencia, insomnio, irritabilidad y mal humor.

Las consecuencias son también distintas para cada persona y en cada tipo de estreñimiento. Sin embargo, en los casos más graves puede haber complicaciones como hemorroides y fisuras anales o rectales.

La dieta en casos de estreñimiento

Siempre se ha dicho que una dieta rica en fibra es un seguro para la salud intestinal. La fibra vegetal de los alimentos tiene varias ventajas, como ya viste cuando hablamos de los hidratos. La primera es que como no se digiere, no engorda; la segunda es que aumenta el volumen de los restos, con lo que facilita el tránsito digestivo y por último, absorbe agua.

Una dieta rica en fibra puede incorporar en el desayuno habitual pan integral y una pieza de fruta (naranja, por ejemplo, o pera o manzana bien lavadas y sin pelar). En la comida debes incluir alguna legumbre y verduras, pan integral y una fruta como postre. Para cenar puedes tomar verduras a la plancha, o panaché de verduras, o espárragos blancos o verdes, pescado y fruta.

La diarrea

La sensibilidad del intestino puede aumentar por muchas razones. Entonces, los movimientos que hacen que el alimento atraviese el tubo digestivo también aumentan y por eso no hay tiempo para que estos se absorban; tienen más agua y necesitan salir más deprisa y con más frecuencia. Es la *diarrea*.

Las causas por las que puede irritarse el intestino son muchas: desde el cambio de agua (la causa de la llamada *diarrea del viajero*) hasta el efecto producido por el germen de algún alimento, pasando por una infección parasitaria, alguna alteración del propio intestino o por causas exteriores como frío, nervios o tensión, entre otras.

En el verano, las posibilidades de una diarrea son mucho mayores porque se consumen más alimentos crudos y porque, con el

La diarrea en los niños

La salud infantil se puede ver seriamente amenazada con la diarrea. Un bebé adelgaza a una prodigiosa velocidad si padece una diarrea. Si además el niño está como apagado y sin mucho tono vital, conviene acudir rápidamente a un centro sanitario.

Si el niño hace deposiciones con mucha frecuencia y su estado general empeora por momentos, estamos ante una diarrea aguda. Hay que procurar la rehidratación inmediata. Vete al hospital más cercano.

Lo primero que debes hacer en caso de diarrea de tu hijo es suprimir de su dieta la leche y sus derivados (quesitos, yogures, etc.) y todo lo que pueda tener efecto laxante, como jugos de frutas y purés de verdura.

No retrases la visita al médico. En los ancianos y los bebés, la diarrea es una urgencia.

calor, las cremas, salsas y natas pueden convertirte en caldo de cultivo para las bacterias.

En los niños y los ancianos una diarrea puede constituir una urgencia porque la pérdida de líquidos puede provocar deshidratación. Y lo grave no es perder agua, sino todos los elementos que el agua contiene, como potasio y otras sales imprescindibles para algunos procesos metabólicos y, sobre todo, para el funcionamiento cardíaco.

Medidas preventivas y paliativas

A continuación indicamos algunas medidas preventivas que puedes tener en cuenta para evitar la diarrea:

✔ **Tener cuidado con el agua.** Recuerda que el sabor a lejía es la mejor garantía de que no está contaminada. No debes confiar en esas aguas tradicionalmente purísimas. Basta con que unos metros más arriba en el río, o en la fuente, algún animal haya hecho de las suyas.

✔ **Lavar los alimentos.** Recuerda que debes lavar muy bien todo aquello que vayas a consumir crudo.

✔ **Tener cuidado con las salsas espesas.** Si una mano contaminada las ha tocado, es fácil que se conviertan en caldo de cultivo bacteriano. Las tartas y cremas son casi siempre responsables de esas intoxicaciones masivas cuya noticia llega cada año tras un banquete de boda.

Y ahora algunas medidas para tratar la diarrea:

✔ **Aplicar calor.** Puedes ponerte calor en el abdomen. Te hará bien.

✔ **Comer poco.** No comas frutas ni verduras pero sí arroz blanco, por ejemplo. Deja reposar tu intestino.

✔ **Evitar la ligereza intestinal.** Haz una dieta astringente, que consiste en introducir paulatinamente otra vez los alimentos en la dieta. Así, el tracto digestivo reposa al principio y

poco a poco se acostumbra a realizar otra vez sus funciones habituales, perdidas durante la enfermedad.

✔ **Beber agua.** En pequeñas cantidades, pero con frecuencia,
y añádele las sales oportunas.

✔ **Buscar ayuda médica.** Intenta encontrar la causa de la diarrea. Si es preciso, acude a un especialista.

Parte III
Trastornos alimentarios

—NO SÉ SI TU MANÍA DE COMER EL POSTRE ANTES DEL PRIMER PLATO SE PUEDE CONSIDERAR UN DESORDEN DE LA CONDUCTA ALIMENTARIA...

En esta parte...

Son varios los trastornos alimentarios que se pueden advertir en nuestra sociedad. Algunos son motivados por carencias y otros por excesos, y casi todos se deben a problemas relacionados con el control de los impulsos. En esta parte vamos a tratar los trastornos alimentarios más frecuentes, la manera de prevenirlos y las posibles soluciones que hay cuando no se ha logrado evitar el problema.

Capítulo 9

Anorexia, bulimia y sus parientes

En este capítulo

▶ Anorexia y bulimia

▶ Ortorexia, vigorexia y *drunkorexia*

▶ Síndrome del atracón

▶ Algunas recomendaciones

*U*n *trastorno alimentario* es una alteración en nuestra manera de comer. La persona que lo padece otorga excesiva importancia al peso y al aspecto corporal, al punto de llegar a perder el sentido de la realidad y poner en riesgo su bienestar.

Los trastornos alimentarios pueden tener origen en factores personales, familiares o socioculturales. Pueden tener un origen biológico, pero, por lo general, son el reflejo de trastornos psicológicos. No sólo provocan la disfunción alimentaria sino que también la mantienen.

El paciente no suele ser consciente de la enfermedad. Para quien padece un trastorno de este tipo, la terapia psicológica suele ser muy difícil, porque debe llegar a aceptar que precisamente ese rasgo de su conducta, del cual se siente tan orgulloso, debe ser modificado. Por ello, con frecuencia, es la familia la que busca ayuda profesional, no el paciente.

Los trastornos alimentarios más frecuentes son anorexia, bulimia, ortorexia, *drunkorexia*, vigorexia y lo que se conoce como *síndrome del atracón*. A continuación los veremos en detalle.

La anorexia, una enfermedad de nuestros tiempos

La anorexia nerviosa es un trastorno grave, cuya prevalencia va en aumento. Es, sin duda, una enfermedad mental, que suele empezar con la obsesión por el peso; no obstante, no se puede afirmar que se produce sólo por eso. La realidad indica que la gran mayoría de nuestras adolescentes tratan de combatir los kilos de más y, sin embargo, no todas caen en la anorexia.

Quizá la presión social por adelgazar y la publicidad sobre las dietas han ido creando en nuestras adolescentes la idea de que un cuerpo rellenito es una especie de castigo. Por eso, quizá, los trastornos de la conducta alimentaria están a la orden del día. Pero sigue sin explicarse por qué se pasa del interés por adelgazar a la enfermedad mental, que va incluso en contra de los instintos. Quien padece la enfermedad pierde el apetito hasta tal punto que casi pierde su instinto de supervivencia.

En definitiva, podríamos definir la *anorexia* como esa situación en que, existiendo las condiciones fisiológicas para tener hambre, no se produce la conducta de comer. El factor cultural supera al fisiológico. Es como si el centro de regulación del apetito estuviera desplazado.

Aunque no es un mal exclusivamente femenino, es mucho más frecuente en la mujer. Puede afirmarse que por cada diez mujeres que enferman, la padece sólo un chico. Hay quienes sostienen que este desequilibrio se debe a que la maduración sexual de la mujer es mucho más abrupta que la del hombre. Y también a que la sociedad es más permisiva con los varones.

¿Rebeldía?

No son pocos los especialistas que consideran que la anorexia es, realmente, la manifestación de problemas previos y ajenos al comportamiento alimentario. Podría ser incluso una forma de rebeldía, ya que otro de los componentes de la anorexia es el temor a madurar. La anoréxica no quiere ser mayor, se refugia en su edad. Es como si el modelo de mujer que quieren hoy muchas jóvenes se rebelara contra el del ama de casa tradicional. De hecho, las modernas tendencias psicológicas empiezan a considerar la anorexia no como un trastorno en sí mismo, sino como una consecuencia de alteraciones anteriores. La anorexia sería, así, la consecuencia de problemas psicológicos previos; sería la manifestación, en forma de enfermedad mental, de problemas de adaptación.

No se trata sólo de un trastorno del hambre, sino también del apetito. Porque el concepto del apetito abarca mucho más que el simple hecho de comer. Como decía el psiquiatra López Ibor, está también el ritual de la comida y todo lo que eso conlleva. La familia tradicional come junta y consume lo que la madre ha preparado para todos. En un caso de anorexia, la primera ruptura está ahí: el enfermo no come con todos, busca disculpas, lo hace más tarde o dice eso de "ya me lo preparo yo" o "busco yo algo en la nevera". En definitiva, prevalece una ruptura con el concepto de familia tradicional. Una ruptura que está condicionando la sociedad.

La personalidad anoréxica

Los especialistas afirman que la enfermedad se concentra en personas con una personalidad característica. Son inseguras e indecisas, carecen de confianza en sí mismas. No consiguen relacionarse, como si fueran de una timidez excesiva. Hablan incluso de lo difícil que es para ellas tener amigas. En ese ambiente empieza la obsesión por el peso. Quieren adelgazar a toda costa y experimentan un cierto regusto por su enorme fuerza de voluntad. Llegan casi a disfrutar con su sacrificio y están contentas de sobreponerse, de dominar la apetencia. Ven a los demás como gente descuidada, que abandona el cuidado de su figura y de su imagen.

Otra característica de las personas anoréxicas es que se mantienen en actividad constante. No se detienen un segundo. Incluso son capaces de estar largo tiempo estudiando por la noche y no sentir fatiga ni sueño. Esta actividad suele llamar la atención porque no concuerda con su apariencia física, que acaba siendo de extrema delgadez.

Otro detalle significativo es que no quieren ser adultas. Su ideal sería que todo, siempre, siguiera como está. Incluso llega a tanto el desprecio de sí mismas que, para no destacar en lo que destacaban —normalmente son brillantes en algún aspecto intelectual—, lo destruyen; así pueden pasar de grandes éxitos a estrepitosos fracasos.

Además, las pacientes anoréxicas tienen muy poca o nula información sobre los aspectos sexuales, que ven como algo sucio y aberrante. Y lo más particular: ven su propia imagen distorsionada. Se ven siempre más voluminosas y gordas de lo que son en realidad.

En los casos de anorexia, llaman la atención los siguientes comportamientos:

- ✔ **Actitudes de aislamiento y tristeza.** Se presentan, por lo general, junto con una mayor dedicación al estudio y a muchas otras cosas.

- ✔ **Cambios en los hábitos alimentarios.** Comienzan a comer aparte, sin integrarse con la familia, por ejemplo, o viven con la tabla de calorías en la mano.

- ✔ **Aumento exagerado del ejercicio físico.** Siguen esta estrategia sólo para perder peso.

- ✔ **Quejas sobre el aspecto físico.** O bien de todo el cuerpo o de alguna parte, sobre todo caderas y muslos.

- ✔ **Actitud rara.** Por lo general se observa en estas personas un cambio de carácter.

- ✔ **Vómitos frecuentes y uso de laxantes y diuréticos.** Estas conductas sólo están encaminadas a perder peso.

Factores sociales que contribuyen a la anorexia

Los factores sociales que pueden influir en la anorexia están estructurados en las conclusiones del informe de una ponencia del Senado español. Entre ellos se encuentran:

✔ **La cultura del éxito.** Se presenta como un bien supremo y se identifica con la felicidad, algo a lo que se debe aspirar a cualquier precio.

✔ **El culto al cuerpo.** Ha creado el estereotipo de la extrema delgadez, asociado a la belleza y al éxito. Además, en el caso de la mujer, la negación de lo femenino ha dado origen a la imagen de mujer andrógina. Las casas de moda proponen modelos anoréxicas a las que parece que los trajes les cuelguen de los huesos.

✔ **La juventud como un valor.** La juventud ha dejado de ser una etapa de la vida y se ha convertido en un valor al que se rinde culto. Lo joven se ha divinizado. La industria de la belleza, la moda, los cosméticos, las dietas, la cirugía estética, los gimnasios e incluso algunos juguetes ejercen una enorme influencia al definir, legitimar y propagar a través de los medios de comunicación un modelo corporal de belleza que glorifica la eterna apariencia de juventud.

✔ **Los patrones de conducta.** Se crean e imponen modelos socioculturales que van en detrimento de los que pueden ofrecer la familia y la escuela.

✔ **La transformación de la familia.** Por falta de tiempo, la familia delega la tarea de educar a los hijos en el profesorado, que abrumado por la carga académica en los institutos, no consigue atender todos los conflictos. Se sabe que el profesor puede ejercer mejor y mayor influencia contra la anorexia que los padres.

✔ **La dependencia.** Una parte importante de la juventud no ha aprendido a asumir responsabilidades ni a afrontar contrariedades, por lo que se generan situaciones de baja autoestima, falta de identidad y rechazo de sí mismos. Así, se crea dependencia de los líderes de grupo, que propagan falsos mensajes desde el cine, la televisión y otros medios de comunicación.

✔ **El desconocimiento de los conceptos básicos de la nutrición.** Entre la juventud hay un gran desconocimiento de los conceptos básicos de la nutrición, así como una escasez de hábitos alimentarios saludables ocasionada por cambios en la estructura familiar, que no favorecen las comidas en familia.

✔ **La profusión de mensajes sobre dietas engañosas.** La publicidad de sistemas de adelgazamiento es tal que parece que continuamente se nos está llamando gordos.

✔ **La falta de asesoramiento técnico suficiente.** Los gimnasios y academias de baile a los que se acude para hacer el ejercicio que compensa la ingestión carecen muchas veces de asesoramiento técnico suficiente.

Algunas recomendaciones

Las consideraciones sociales que condicionan la anorexia han llevado a proponer una serie de recomendaciones que, evidentemente, no se cumplen. Por ejemplo, en Europa se han propuesto las siguientes medidas correctivas:

✔ Que el peso y la talla no sirvan de criterio para contratar o despedir a alguien de un trabajo.

✔ Que los creativos publicitarios y de la moda no utilicen la imagen de mujeres con un peso inferior a los límites saludables ni fomenten modelos que no reflejen la realidad.

✔ Que los menores de dieciocho años no exhiban ropa para adultos en pasarelas y reportajes gráficos.

✔ Que no aparezcan dietas en publicaciones y programas destinados a menores de dieciocho años.

✔ Que haya campañas de prevención dirigidas a jóvenes que pongan de manifiesto la importancia de una alimentación adecuada.

✔ Que se hagan estudios sobre la calidad de la alimentación en la población española, que se establezca un estudio epidemiológico sobre la anorexia y la bulimia y que se ponga en marcha un estudio antropométrico de los españoles, como punto de partida para la normalización y estandarización de las tallas en España.

✔ Que la educación para la salud sea una prioridad en los planes de formación del profesorado.

✔ Que los medios de comunicación, especialmente la radio y la televisión, se esfuercen en promover mensajes que resten importancia al aspecto externo y destaquen la importancia de la inteligencia, el ingenio, el esfuerzo y la cultura.

En suma, de lo anterior se desprende la necesidad de fomentar campañas de información y educación sanitaria. Hay que insistir en que se puede estar delgado pero no desnutrido, y en que se puede conseguir una imagen correcta sin avasallar las normas dietéticas. Es preciso convencerse de que cada cual tiene su biotipo, y si se es bajito y gordo, como Sancho, no se puede pretender ser Quijote. En definitiva, ser consciente de que la figura no lo es todo. Y que lo importante se tiene dentro y no fuera.

La bulimia, el problema contrario

La *bulimia* es la distorsión que lleva a comer de manera descontrolada. Aunque por definición es el problema contrario a la anorexia, en muchas ocasiones se superponen ambas enfermedades, porque puede ser fases distintas del mismo proceso.

Literalmente, bulimia quiere decir «hambre de buey». Y es el escape de quien se preocupa por el peso pero se salta la norma con excesiva frecuencia. Entonces piensa que, como ya la ha transgredido, el atracón le compensa y es víctima de una manera desenfrenada de comer. Aproximadamente ocho de cada diez bulímicos son mujeres. Y en cuanto al porcentaje total de la población que la padece, puede situarse entre el 1 y el 2%.

No sólo se come mucho, sino que se come con prisa. Hay quien ingiere en una o dos horas más de 15 000 calorías. (La cantidad diaria recomendada de calorías es de 3000 para el varón y de 2500 para la mujer.) Además, esa ingestión excesiva suele estar planificada y se lleva a cabo casi en secreto. Se premedita y se establece "el plan" con la comida, en la que predomina un componente que suele estar prohibido en la dieta (chocolate, patatas fritas, almendras, cacahuetes salados, etc.; es decir, caprichos).

Tras la ingestión excesiva surge un arrepentimiento con sensación de culpabilidad. Por eso, la bulimia se define como un estado semidepresivo. La obsesión por el peso y el temor a engordar dan un sentido de culpa que lleva a tomar medidas muchas veces irracionales. Hay quien se atiborra de laxantes con la idea errónea de que no haya asimilación; hay quien se llena de diuréticos queriendo compensar con la pérdida de agua el aumento de peso; y también hay quien se provoca el vómito.

El proceso es como un círculo vicioso no exento de angustia, que en muchas ocasiones lleva a la depresión. La enferma —más frecuente que el enfermo— no está contenta con su físico. Se impone un régimen estricto. Adelgaza. Se siente tan bien que, para animarse, compra ropa nueva. Pero a veces cae en la tentación. Planifica esa comida extraordinaria: se harta. Y de nuevo se siente culpable. Se consuela con una nueva comida. Y aquí se inicia la distorsión de la imagen corporal. Se ve obesa, sin estarlo, y tiene la tentación de abandonarse. Come y se consuela con caprichos. Hasta que quiere reaccionar, y para no verse gorda inicia el vómito casi permanente; a veces incluso es posible diagnosticar la bulimia por el callo que se forma en el dorso de la mano por el roce con los dientes superiores al hacer la maniobra para provocar el vómito.

El problema más grave, el que estrecha y cierra el círculo, es que hay en todo esto —como en la anorexia— una imagen distorsionada de uno mismo. Aunque el peso sea normal, la ingestión abusiva altera la percepción propia. Los bulímicos sienten que tienen más peso y volumen del que realmente tienen, lo que provoca un abandono mayor. Sólo se les abre el horizonte si logran adelgazar. Siguen entonces un régimen estricto, de ayuno pleno —anorexia—, hasta que recaen en la tentación. El problema mayor es la depresión que acompaña a la nueva transgresión, porque a la pérdida de control se une la baja autoestima.

Tratamiento

Por lo general, el tratamiento de la bulimia es de tipo psicológico y parte de que el paciente conozca el proceso. Debe saber, por ejemplo, que el ayuno provoca hambre, ansiedad y excesos con la comida; y que vomitar puede exacerbar estos comportamientos. Hay que tratar de hacer evidente el círculo vicioso que cronifica los síntomas de la bulimia. Uno de los tratamientos propuestos es que el paciente escriba un diario dietético con lo que va a comer. Eso ayuda a hacer las comidas adecuadas.

Normalmente las pacientes bulímicas mejoran si se quedan embarazadas, pero suelen recaer después del parto. Los hijos de bulímicas parecen tener algunas anormalidades.

Los varones también pueden padecer esta patología aunque con menor frecuencia. En ellos, casi siempre está asociada a la actividad profesional. Se produce más, por ejemplo, entre modelos o entre quienes, por su actividad, como los yoqueis, no pueden ganar peso; estos últimos pueden ser bulímicos estacionales.

Algunas recomendaciones

Como medida general, se recomienda dar información y educación sanitaria suficiente y precisa a los adolescentes.

Como decíamos al hablar de la anorexia, hay que insistir en que se puede estar delgado, pero no desnutrido; y en que se puede conseguir una imagen correcta sin quebrantar las normas dietéticas. En definitiva, ser consciente de que la figura no lo es todo.

La ortorexia: obsesión por la alimentación adecuada

Otro trastorno alimentario que empieza a mostrarse en muchos sectores de población es la llamada *ortorexia*. Podría definirse como la obsesión por alimentarse de una manera que se considera adecuada; así se atribuyen a determinados alimentos virtudes exageradas y se eliminan de la dieta ciertos alimentos que se consideran perjudiciales para la salud. Son los casos de la actriz Julia Roberts, que al parecer toma litros y litros de leche de soya al día (y la lleva siempre en el bolso); de Winona Ryder, que sólo toma coca-cola orgánica; de Jean Paul Gaultier toma continuamente jugos de naranja (se dice que mas de 50 al día), o del actor Mel Gibson, que no come pechuga de pollo porque cree que desarrolla las mamas del varón. (Seguramente se basa en informaciones obsoletas de cuando se engordaba a los pollos con hormonas; entonces hubo algunos casos de ginecomastia, o desarrollo mamario en varones.)

Un psiquiatra estadounidense que padecía ortorexia elaboró un test para detectarla. Estos serían los síntomas:

- ✔ ¿Pasas más de tres horas al día pensando en tu dieta sana?
- ✔ ¿Te preocupas más de la calidad de los alimentos que del placer de comerlos?
- ✔ ¿Crees que con la calidad de la comida aumenta tu calidad de vida?
- ✔ ¿Te sientes culpable cuando te saltas tus normas dietéticas?
- ✔ ¿Te aísla socialmente tu manera de comer?
- ✔ ¿Te has vuelto más estricto contigo mismo?
- ✔ ¿Aumenta tu autoestima cuando crees que comes alimentos sanos?

La vigorexia: obsesión por el músculo

Comen batidos de proteínas, rompen sus relaciones sociales, no tienen tiempo para nada excepto para el gimnasio. Las pesas y los aparatos de musculación son sus amistades más estrechas. Y el espejo; se miran de reojo, tensan los brazos, las piernas y el torso, procurando que nadie se dé cuenta. Quieren ver crecer el músculo, quieren notarlo, quieren verlo brotar fibra a fibra... Son las víctimas de la *vigorexia*, la obsesión por el músculo y por el cuerpo, que los lleva a adoptar una alimentación en la que predominan las proteínas para lograr más

Músculos y cerebro

Suele creerse que los músculos gastan más energía que cualquier otra parte del cuerpo. Suponen el 40 % de nuestro peso y consumen el 20 % de las calorías que comemos. Si aumentamos la actividad, consumen más. Sin embargo, el órgano que más energía gasta es el cerebro, que pesando sólo el 2 % del cuerpo, consume el 20 % de toda la energía que ingerimos. Aunque no por pensar más gasta más. El cerebro consume toda esa energía sólo para mantenerse alerta y estar en disposición de funcionar.

masa muscular. También recurren a los anabolizantes, que están prohibidos, pero que en muchos gimnasios se venden con total tranquilidad y que se publicitan en revistas especializadas.

El problema además es que en muchas ocasiones quienes padecen este complejo del cuerpo perfecto suelen ser jóvenes tímidos, inmaduros, con baja autoestima, que creen que un físico desarrollado, fuerte y musculado va a hacer desaparecer todos sus problemas psicológicos. Nada más lejos de la realidad, porque ese régimen de vida lleva a problemas de depresión y ansiedad. El complejo se autoalimenta, y así como la chica que padece anorexia se ve gorda aunque esté esquelética, a aquel que cae en la vigorexia siempre le va a parecer poca su masa muscular y querrá aumentarla, aunque tenga una hipertrofia muscular notable.

No hay datos concretos de la prevalencia de esta enfermedad en España. Según publicaba la revista médica *Jano*, se sitúan en 20 000 los afectados. No son muchos en relación con el número de personas que acude a los gimnasios; pero se trata de una patología en ascenso. Como además se consumen anabolizantes para lograr un crecimiento rápido de masa muscular—con los riesgos serios que ello conlleva—, se da la paradoja de que el gimnasio, que debería ser el reducto donde se cuida el cuerpo, se convierte para las víctimas de este trastorno en todo lo contrario. Muchos aficionados a estos productos ignoran que los esteroides anabolizantes aumentan el riesgo de enfermedades cardiovasculares, disminuyen la libido, producen disfunción eréctil y aumentan notablemente el riesgo de cáncer de próstata.

Por si fuera poco, en la obsesión por lograr lo que ellos creen que es un cuerpo perfecto, alteran gravemente sus pautas alimentarias. Y rechazan todo lo que no esté en relación directa con la musculación. Se han dado casos en los que el enfermo —no puede llamarse de otra forma— se alimenta sólo de proteínas, rechaza las grasas y abusa de los diuréticos para eliminar líquido, pensando que así su organismo sólo retendrá el repuesto proteico que va a dar volumen al músculo. No es de extrañar que, buscando complementos proteicos, sea capaz de comer decenas de claras de huevo (pura proteína), carne blanca sin nada de grasa o conservas de carne o pescado.

El problema que se plantea con este tipo de dietas es grave. Mucho ejercicio sin ingestión de hidratos de carbono y de grasas puede acarrear carencias importantes. La primera manifestación va a estar en la desmotivación, en una incipiente depresión y en el descenso de la autoestima. Y todo por un problema mecánico: la dieta carencial impide la absorción de uno de los aminoácidos esenciales, que es el triptófano. Como consecuencia, disminuye la concentración de uno de los neurotransmisores que tienen relación directa con el estado de ánimo: la serotonina. El resultado es el decaimiento y, por lo tanto, el deseo de contrarrestarlo farmacológicamente.

 No es extraño, además, que el cuadro se complete con brotes de violencia alimentada por la musculación, y por el interés de demostrar qué bien ha tallado su cuerpo el enfermo. Esta enfermedad, por el culto a la imagen, va en aumento.

El trastorno más nuevo: la drunkorexia

Como se puede ver en sus nombres, estos trastornos alimentarios se componen del sufijo derivado de *orexis,* "apetito" y el prefijo *an*, "ausencia o privación". La palabra *drunkorexia*, pues, relaciona el hecho de estar bebido (*drunk* en inglés) con un trastorno del apetito. Más correcto sería llamarlo *drinkanorexia*, que sería la falta de apetito o el ayuno para compensar las calorías que aporta el alcohol.

Es la última moda, en particular entre los jóvenes y especialmente entre las chicas. La situación tiene una explicación sencilla: si esta noche voy a beber, y por lo tanto voy a ingerir alcohol y calorías, puedo ganar peso; así que, para compensar, no como. Y claro: el problema es doble, porque el alcohol con el estómago vacío tiene un efecto mayor, con lo que es más fácil pasarse y llegar a la embriaguez.

Otro problema añadido se puede plantear con la nueva forma de beber que tienen los jóvenes: el botellón. Cuando se ingieren bebidas alcohólicas suele tomarse una determinada cantidad de alcohol, muy similar en cada bebida: es la dosis. Casi sin darse cuenta, el consumidor toma una dosis de alcohol que depende del tipo de bebida. Por eso no se sirve en el mismo recipiente una cerveza que una copa de coñac o un vino. El tarro de cerveza es grande, la dosis del coñac en la copa es pequeña, y los vasos en que se suele servir el vino son de distinto tamaño según su graduación alcohólica.

¿Y qué ocurre con el botellón? Muy simple: como se bebe directamente de la botella, desaparece el concepto de dosis y, por lo tanto, no se sabe qué cantidad de alcohol se ingiere. Así se llega a situaciones como pasar a la ebriedad sin siquiera haber estado alegre. Caer prácticamente en coma sin haberse sentido borracho. Ese riesgo aumenta cuando el estómago está vacío, porque la absorción del alcohol es muy rápida.

El síndrome del atascón o del comedor nocturno

El sacrificio constante que conlleva la presión por adelgazar hace que, en muchas ocasiones, se compense con el llamado

Diferencias entre bulimia y atascón

El atascón es una entidad distinta de la bulimia nerviosa. La diferencia principal entre ambas, según *Diario Médico*, es que los enfermos de trastorno por atracón no utilizan ninguna estrategia compensadora (vómitos, laxantes y ejercicio) para purgarse tras haberse atiborrado.

Por otra parte, la dieta y la privación de comida es lo que lleva a la bulimia. Sin embargo, en el síndrome del atracón no hay interés alguno por perder peso, sino que aparentemente son motivos emocionales los que llevan a buscar satisfacción en la comida, aunque los enfermos después quieran ponerse a dieta.

Otro punto que distingue a ambas enfermedades es que si la bulimia afecta mayoritariamente a las mujeres, el trastorno por atracón se presenta por igual en ambos sexos.

Además, entre las bulímicas es más raro encontrar afectadas con índice de masa corporal alto, pero el trastorno por atracón es independiente del peso de la persona, aunque es más frecuente en personas obesas. La imagen corporal preocupa menos que en los casos de bulimia, y se suelen acumular varios intentos infructuosos de dietas para perder peso.

síndrome del atascón. No es la bulimia propiamente dicha, y tiene unas características concretas que conviene analizar. Según los especialistas, el diagnóstico debe cumplir al menos tres de estas condiciones:

✔ Comer mucho más rápido de lo normal.

✔ Comer hasta llegar a una saciedad molesta (no es posible parar de comer, hay pérdida de control).

✔ Comer grandes cantidades sin que el hambre lo justifique.

✔ Hacer esas comidas a escondidas.

✔ Sentir malestar por haber transgredido una norma tácita.

Para que pueda definirse oficialmente como atascón, debe producirse la ingesta abusiva al menos dos veces por semana durante seis meses. Si no es así, para los especialistas se trata de un síndrome parcial.

El síndrome del atascón, que también se llama *síndrome del comedor nocturno*, parece que tiene una frecuencia muchísimo mayor que la de la anorexia o la bulimia. Según los indicios, ese comer compulsivo es una forma de compensar carencias emocionales mediante gratificaciones primarias. Y no es un problema de los adolescentes: entre el 2 y el 3 % de los adultos caen en ese tipo de atracón.

El síndrome tiene los mismos componentes de abuso que podrían aparecer en la bulimia, con la diferencia de que aquí no

Los jóvenes comen mal

En la actualidad es más frecuente ver que uno de los problemas de salud de los jóvenes gira en torno a la obesidad. De acuerdo con un estudio realizado por el Instituto Mexicano de la Juventud en 2008, cuando se les cuestiona a los jóvenes sobre sí consideran adecuado su peso actual, 74 de cada 100 jóvenes considera que sí, a diferencia de los que no lo consideran así, que suman 21 de cada 100; con una mayor proporción en el caso de las mujeres. No obstante, al contrastar estos resultados con el peso óptimo que los jóvenes quisieran tener, 74 de cada 100 sostiene que su peso está por arriba y sólo 2 de cada 100 jóvenes está conforme con su peso y declara que estar en el óptimo.

Para tener claro el por qué de esta situación de obesidad es necesario hablar sobre la alimentación general de los jóvenes y para ello se analizan los alimentos que consumen diariamente. Cerca de 37 de cada 100 asegura comer fruta, 36 de cada 100 come verduras, 26 de cada 100 consume cereales y 46 de cada 100 lácteos. Sin embargo, estos alimentos no son los únicos y en contraste diariamente 39 de cada 100 consume pan, 19 de cada 100 consume golosinas saladas, 21 de cada 100 golosinas dulces, 18 de cada 100 consume tubérculos y 36 de cada 100 toma refresco todos los días.

El problema se agrava cuando el estudio revela que el 60% de los jóvenes mexicanos no práctica ninguna actividad física, y del porcentaje restante (40%) que son los que si realizan deporte, 70% lo hace de una tres veces por semana.

hay mecanismos compensatorios. En la bulimia hay una especie de arrepentimiento, un sentido de culpabilidad que lleva a que se trate de eliminar esa ingestión con ejercicios desmesurados, diuréticos, laxantes o provocando el vómito. En el atracón, aunque aparece el disgusto y el sentido de culpabilidad, no se dan esos mecanismos compensatorios.

Entre los pacientes que sufren obesidad mórbida, por lo menos el 30 % de personas sufre este síndrome. No hay preferencia por lo que se come en el momento compulsivo. Vale todo. No importa si es dulce o salado: se trata de satisfacer una especie de ansiedad interna. Se podría calcular que por lo menos el 20 % de obesos padecen estos episodios. Se sospecha mayor incidencia femenina, aunque no se puede despreciar la incidencia que puede tener entre los varones.

El trastorno suele aparecer en la primera juventud y afecta por lo general a las personas que se han sometido a dietas estrictas para adelgazar y que han sufrido recaídas. Y el malestar posterior proviene no ya de la cantidad ingerida, sino de la evidencia de la pérdida de control durante esa ingestión.

Algunas recomendaciones

Para la prevención habría que poner en marcha programas dirigidos a niños y adolescentes que resten importancia a las dietas y al peso, y promuevan la educación nutricional y un estilo de vida activo.

El tratamiento debe basarse en corregir la conducta compulsiva, quizá a base de sustituir las ideas de satisfacción del impulso por otras más racionales y realistas.

Parece que el síndrome del atascón tiene solución por lo menos en el 80 % de casos. Como todo problema de control de impulsos, parece que puede tratarse con los inhibidores selectivos de la recaptación de serotonina. Estos reponen, podríamos decir, la pérdida del control de impulsos.

Capítulo 10

Adicciones y alergias alimentarias

Si bien el consumo excesivo de alcohol y drogas está claramente reconocido como una adicción, sólo desde hace poco se acepta que es posible ser adictos de la misma manera a la comida. Cuando se ingiere en exceso una sustancia sin importar el potencial daño que pueda causar, se dice que hay un abuso. Los individuos que abusan de una sustancia son adictos y se vuelven psicológicamente dependientes de ella.

A continuación veremos algunos casos de adicción a la comida.

Enganchados al chocolate

¿Verdad que conoces a alguien que no puede vivir sin el chocolate? Porque en el caso del chocolate se puede hablar de una auténtica adicción. El chocolate es el alimento que más adicción produce; después están los dulces y los frutos secos. Por supuesto, no se puede hablar de una enfermedad; es sólo el síntoma de una alteración y, salvo que tenga una expresión extrema, no puede catalogarse de patología.

Lo curioso es que el chocolate, los dulces y los frutos secos tienen adictos en todo el mundo, y sobre todo en otoño, cuando los días son más cortos. ¿Por qué? Porque muchas personas se sienten afectadas por el acortamiento de los días y experimentan cierta tristeza o retraimiento, y quizá lo compensen con el chocolate.

Las estadísticas indican que lo padecen más las mujeres que los hombres, y entre ellas las que sufren tensión premenstrual o son emocionalmente inestables. La adicción se produce en todas las edades, sobre todo en adultos jóvenes y en la edad media de la vida. El porcentaje de adictos en estos grupos es mucho mayor que entre adolescentes y ancianos.

No hay una razón clara que explique por qué el chocolate crea esa especie de adicción. Parece que produce una liberación de endorfinas (las mismas sustancias que se liberan cuando se hace deporte) que provocan un cierto bienestar. No se puede olvidar tampoco que muchos psiquiatras hablan de que el chocolate podría ser el precursor de los antidepresivos (y todo porque uno de los componentes del cacao es un alcaloide muy parecido a la cafeína, que se llama teobromina y estimula el sistema nervioso central).

Es curioso que también influya el nerviosismo. El adicto, cuanto más nervioso está, más chocolate consume. Lo decía un ilustre adicto, el director de orquesta Zubin Mehta. En una gira por Israel tuvo que vivir en Tel Aviv uno de los episodios terroristas que se producen en aquella zona. Poco después comentó que durante aquellos días su consumo de chocolate había sido continuo y excesivo.

Pero insistimos en que no se trata de una enfermedad, salvo que se llegue a casos extremos. Si la pasión no se convierte en obsesión, no tiene mayores consecuencias, salvo la de colgarse algún kilo de más.

Otros caprichos adictivos

Esas ganas irreprimibles de fresas o almendras, ¿tienen una explicación? ¿Es una llamada del organismo porque necesita vitamina C? Ojalá. Pero no debemos confundir el deseo con la necesidad.

Es verdad que muchas veces el organismo solicita el nutriente que necesita. Pero otras veces, sin saber por qué, tenemos capricho de algún alimento en particular. ¿Es un simple capricho? ¿Debemos obedecer a la solicitud? No se puede creer que toda apetencia responda a una carencia y a una necesidad. Pero sí es cierto que, en efecto, hay alimentos que generan mayor adicción que otros. Veamos cuáles son:

✔ **El dulce.** Es sin duda la apetencia más generalizada, y está demostrado que puede ser un sedante en situaciones de nerviosismo o de estrés. Como ocurre con el chocolate, se produce en todos los países en las mismas épocas, más en otoño-invierno que en primavera-verano, más en mujeres que en hombres, y más en las familias en las que más de una persona se pirra por los dulces.

En los periodos de gestación la mujer suele acudir al dulce. Según la creencia popular, cuando una embarazada tiene ansia de dulce es porque le falta azúcar. Sin embargo, todo parece indicar que es la alteración hormonal la que favorece el deseo de ingerir hidratos, y entre ellos el azúcar. Y por la misma razón, muchas embarazadas prescinden de los alimentos grasos.

✔ **Los frutos secos.** Son otros de los alimentos que más adicción crean, hasta el punto de que mucha gente prefiere no probarlos a tomar sólo una mínima cantidad. Si la auténtica razón fuera la carencia o la necesidad para acudir a ellos, pensaríamos en la falta de magnesio o de determinados ácidos grasos, y también en la necesidad de compensar la ansiedad.

✔ **El pan, la pasta y el arroz.** Proporcionan los hidratos de carbono que el organismo necesita en situaciones de ansiedad, apatía o cansancio.

Todos hemos vivido el bajón de media mañana, una sensación muy curiosa que incita a tomar lo que sea: un café, un canapé, una galleta... Algo. Esta sensación se debe a un deficiente desayuno y, por lo tanto, a la disminución del nivel de azúcar. El organismo, sobre todo el cerebro, reclama ese nutriente.

✔ **El queso.** Hay auténticos viciosos del queso. El queso se puede comer, pero con cuidado porque es un alimento sumamente graso. Una tentación repentina e imperiosa de queso puede indicar que el organismo necesita ácidos grasos esenciales.

✔ **El yogur frío.** Seguramente el deseo es propiciado por una molestia digestiva.

✔ **Las frutas y ensaladas.** No es un capricho, seguramente, sino que el cuerpo reclama aligerar las comidas y consumir líquidos, porque hay un gran cansancio o ha habido ingestiones excesivas.

Una llamada de atención: consumimos demasiada sal

Es verdad que necesitamos el sodio y que la sal (cloruro sódico) lo aporta. Pero la mayoría de los especialistas afirman que consumimos muchísima más de la necesaria. Disminuir su ingestión, aparte de otras ventajas, nos ayudará a adelgazar.

El sodio está en la sangre y los tejidos blandos, en su mayor parte por fuera de las células. El potasio, en cambio, está dentro de las células. Y el balance entre estos dos elementos —sodio-potasio— es uno de los factores, quizá el más importante, que regula la proporción de agua que hay dentro y fuera de las células. Lee el apartado "Potasio: la relación inversa", en el capítulo 6.

Pues bien, la mayor parte del sodio que llega a nuestro cuerpo procede de la sal que añadimos a la comida. Se calcula que aportamos alrededor de 10 g/día. El organismo, sin embargo, no necesita más de 0.5 g/día de sodio, que equivalen a 1 g de sal.

El exceso es evidente y no tiene ventaja alguna. En Occidente, por ejemplo, consumimos al día más de 200 veces la cantidad de sal que consumen algunas tribus indias. Está claro que si fuera necesaria tanta sal, esas tribus no habrían sobrevivido. No hay necesidad alguna de esa sobredosis porque la sal induce a una elevación de la tensión arterial. Y prueba de ello es que quien tiene hipertensión la reduce eliminando buena parte de la sal de su dieta. Es más, algunos especialistas afirman que la cantidad de sal que tomamos ronda la toxicidad. Sobre todo porque la cuestión clave no está en si es nocivo tomar tanta sal, sino en si hay alguna razón para consumir tal cantidad. Se puede decir que en nuestra civilización hay una auténtica adicción a la sal.

En el porqué de la adicción a la sal no hay acuerdo. Posiblemente sea una costumbre adquirida que puede tener una explicación sociológica. Con la edad se van perdiendo los sabores, al menos en intensidad, de manera que tendemos a acentuarlos. Y como en casa son los adultos los que preparan las comidas, añaden la sal

La sal de forma saludable

El Consorcio para la Información al Consumidor en Materia Alimentaria y los ministerios encargados de la alimentación y la sanidad han realizado en España una campaña con el lema "La sal de forma saludable". Se trata de llevar a toda la población información básica sobre este producto y de definir, por ejemplo, cuánta sal es saludable.

Diversos estudios aconsejan no superar los 5 g/día, que son equivalentes a 2 g de sodio. Sin embargo, las encuestas sobre consumo de sal indican que los adultos consumen aproximadamente unos 6-7 g/día, cantidad que se corresponde con 2.4-2.8 g de sodio. Las cifras oficiales son más prudentes que otras estadísticas, las cuales señalan que el consumo diario supera los 10 g.

Los requerimientos mínimos de sodio son muy inferiores al consumo habitual, por lo que es poco probable tener deficiencias de este mineral, salvo que la persona tenga vómitos, diarrea o sudoración intensa y no reponga las pérdidas.

En concreto, cuando se hace ejercicio intenso, particularmente cuando hace calor, es importante reponer la sal y los fluidos eliminados con la transpiración. En estos casos se incrementan considerablemente las necesidades de sales (aunque las necesidades de líquido aumentan mucho más). De ser inadecuada la reposición de sales, podría producirse una deficiencia de sodio, que llevaría a la disminución del volumen de líquido extracelular en el cuerpo, con la consiguiente alteración de las funciones cardiovascular, nerviosa y muscular.

Información nutricional

En algunos productos envasados se especifica en la etiqueta la cantidad de sodio que aporta el alimento. Para transformarlo en la cantidad equivalente de sal hay que multiplicar el valor de sodio por 2.5. Por ejemplo, 1.2 g de sodio equivalen a 3 g de sal.

Sin embargo, esta fórmula no es aplicable a algunos alimentos, como las aguas envasadas, en las que el contenido de sal (cloruro sódico) está condicionado por el contenido de cloruros, por una parte, y de sodio, por otra.

Recuerda que no todo el sodio presente en una comida proviene de la sal que se le añade, ya que hay alimentos que lo contienen de forma natural. También hay que tener en cuenta el volumen de las comidas que uno ingiere para medir adecuadamente la cantidad de sodio.

a su gusto y acostumbran así a todo su grupo familiar a aceptar la comida con sal añadida.

En cualquier caso, los especialistas sostienen que reducir el consumo de sal tendría dos beneficios inmediatos. En primer lugar, sobre la hipertensión —un factor de riesgo en el desarrollo de enfermedades cardiovasculares—, y en segundo lugar, sobre la obesidad.

Cómo moderar el consumo

Existen normas muy útiles y prácticas para disminuir el consumo de sal. Para la población general, basta con no excederse en la adición de sal de mesa durante la preparación de los alimentos o antes de su consumo. Y para las personas con predisposición familiar o que padecen ciertas patologías como la hipertensión, hay que tomar más medidas.

En el súper

Un consumo prudente permite reducir la ingestión de sal sin siquiera notarlo.

✔ **Mira las etiquetas.** Conviene mirar la información nutricional de los productos en los que aparece el contenido de sodio.

✔ **Compra productos bajos en sal.** Ten en cuenta que existen versiones de muchos productos con "bajo contenido de sal" y "sin sal añadida".

✔ **Compra sustitutos de la sal.** Otra alternativa es comprar sustitutos de la sal, como especias, hierbas aromáticas u otros condimentos.

En casa

Cocinar y comer en casa permite controlar el consumo de sal. Pero incluso preparando la comida a partir de ingredientes crudos, ésta no necesariamente tendrá menos sal que un producto similar ya preparado. Sin embargo, se pueden seguir algunos consejos:

✔ **Cocina con menos sal.** Intenta reducir la cantidad de sal cuando cocinas. Hazlo gradualmente, eso sí, ya que tus papilas gustativas necesitarán algún tiempo para adaptarse al nuevo sabor de los platos.

✔ **Condimenta al final.** Si una receta exige que se reduzca la cantidad de caldo, añade el condimento después, no antes de la reducción.

✔ **Experimenta.** A todos nos gusta la comida sabrosa. Puedes reemplazar la sal por otros condimentos. Inténtalo con distintas hierbas aromáticas como albahaca, orégano, romero o cilantro, y especias como guindilla, jengibre y comino.

✔ **Prueba antes de agregar sal.** Prueba la comida antes de añadirle sal en la mesa y, sólo si la necesita, échale una poca.

En el restaurante

✔ **Pide que preparen tu plato con poca sal.** Al elegir un plato, solicita al camarero que lo preparen con poca sal. Hoy en día es una solicitud habitual.

Por qué sentimos sed

Una comida salada —tradicionalmente se pone como ejemplo el bacalao— invita a beber mucha agua durante la tarde. Cuando ingerimos más sal de la adecuada, el organismo necesita deshacerse de ella y lo hace a través del riñón, en forma de orina, pero no puede expulsarla si tiene una concentración de más del 2%. Por eso, para eliminarla, reclama más agua y la persona siente una sed imperiosa.

Por la misma razón acaban falleciendo por deshidratación los náufragos que por alguna circunstancia beben agua salada. El agua de mar tiene una concentración de sal del 3.5%. El riñón, pues, no puede eliminarla si no la disuelve en agua. Co-mo no se dispone de líquido para beber, el organismo la extrae de las células. Es como si el propio cuerpo exprimiera las células para sacarles el agua. Y así, las células, sin agua, sufren. Porque además, entre esas células exprimidas están las neuronas; de ahí que aparezcan pronto los trastornos psíquicos, el dolor de cabeza y los vértigos.

Con frecuencia a los niños se les da mucha más sal de la que su organismo necesita, con el agravante de que sus riñones no funcionan todavía tan bien como los de los adultos y se los somete a un trabajo extra.

✔ **Prueba la comida antes de agregar sal.** Cuando te traigan la comida, pruébala. Seguramente no necesitarás añadir sal; si crees que la necesita, añade sólo un poco.

No tienes por qué dejar de comer alimentos con alto contenido de sal, ya que todas las comidas tienen cabida en una dieta variada. Si un día consumes varios alimentos salados, reduce el consumo de sal en las demás comidas del día para mantener el equilibrio. Recuerda que el objetivo diario del consumo para adultos es limitar la ingesta a menos de 6 g de sal (2.4 g de sodio), media que se puede conseguir en unos cuantos días.

Alergias alimentarias

Se estima que la alergia a algún alimento afecta a cerca del 8 % de la población infantil y del 3 % de los adultos en Europa. No siempre con los métodos de diagnóstico se consigue detectar la causa de la sensibilización del paciente, por lo que la prueba final para establecer el diagnóstico es la provocación oral, lo cual supone un riesgo para el enfermo y un elevado coste sanitario.

El considerable aumento de casos de alergias alimentarias que se han detectado en los últimos años está condicionado, en muy buena medida, por la transformación de los factores ambientales que caracteriza a los tiempos modernos. Según la doctora Martín Mateos, de la Comisión de Nutrición de la Asociación Española de Pediatría, el tipo de alimentación, el régimen de vida, la contaminación y las infecciones virales precoces favorecen el aumento de alergias en los niños. De hecho, en las ciudades industriales con una alta densidad de población la tasa de casos de alergia es muy superior a la de las zonas rurales.

Aunque las cifras de prevalencia varían según las zonas, se sabe que el aumento se ha producido tanto en las alergias alimentarias como en las alergias respiratorias (asma y rinitis). Así, mientras que la incidencia de la alergia a la leche de vaca ha crecido hasta alcanzar entre el 1.5 y el 2.5 %, el asma infantil por causa alérgica oscila en torno al 10 %. Los factores climáticos también inciden en este sentido, ya que la prevalencia depende de ellos. Los cuadros de asma alérgica por ácaros en niños son más frecuentes en las zonas mediterráneas, con clima templado y alta densidad de población, que en las zonas rurales con clima más extremo.

Las enfermedades alérgicas más frecuentes en el niño son las alimentarias, que se presentan en general durante el primer año de vida, y las respiratorias, que suelen estar latentes hasta los tres o cuatro años, momento en el que se manifiestan claramente.

La lactancia materna produce una protección inmunitaria muy importante para el bebé. La leche de la madre tiene anticuerpos específicos para las principales infecciones que la madre ya ha padecido; esos anticuerpos se transmiten al niño y lo protegen frente a esas mismas infecciones. De este modo, el niño está protegido y se consigue retrasar el posible desarrollo de la alergia. Si muestra alergia a la leche de vaca, la madre no debe tomarla si da de mamar al bebé, para no traspasarle las proteínas de la leche de vaca a través de la lactancia.

La alergia alimentaria más común en los primeros años de vida se produce a causa de la leche de vaca y del huevo. Tiene buen pronóstico y suele desaparecer entre el segundo y el cuarto año, aunque en algunos casos llega a prolongarse toda la vida.

Es relativamente frecuente que un niño que padece asma sufra también dermatitis atópica o alergia alimentaria, ya que algunos alergenos tienen proteínas comunes. Se han descrito diversos síndromes que se caracterizan por alergias cruzadas, como el síndrome látex-fruta. Los niños que son alérgicos al látex lo son también a algunas frutas (plátano, kiwi o castaña, por ejemplo) cuyos árboles tienen relación botánica con el árbol que produce el látex. Además, hay niños que tienen alergia alimentaria múltiple, es decir, alergia a numerosos alimentos.

Por otra parte, hay que señalar que tanto niños como adultos, si son alérgicos a los ácaros del polvo, tienen muchas posibilidades de serlo también a los crustáceos marinos, como gambas, langostinos, cangrejos, etc., debido a que ambos tipos de animal pertenecen a la misma clasificación zoológica (am-

Las etiquetas de los productos

La calidad de vida de los pacientes alérgicos a alimentos también se ve limitada por la falta de información en las etiquetas de los productos que se venden en el mercado.

A menudo la lista de los ingredientes no está clara o es insuficiente, lo que produce inseguridad en el consumidor.

Además, las etiquetas suelen ser muy pequeñas y, cuando se incluyen muchos ingredientes, la letra suele ser ilegible.

¿Quizás habría que incorporar en la etiqueta un chip que contenga una base de datos con todos los ingredientes y cuente con un dispositivo de lectura disponible en el mismo supermercado?

bos son artrópodos) y comparten hasta el 80% de alérgenos. Todos los artrópodos tienen una proteína en el músculo (la tropomiosina) capaz de inducir alergia.

En un estudio con asmáticos realizado en el Hospital 12 de Octubre se comprobó que el 92% de los enfermos con sensibilidad a las gambas la tienen también a los ácaros. Cada vez se descubren más reacciones cruzadas entre alimentos y alérgenos. Por ejemplo, el 70% de los alérgicos al polen de abedul lo son también a las manzanas y las avellanas.

A mayor consumo, más alergia

Como en todos los casos de alergia, aumenta el peligro de reaccionar a los alimentos que más se consumen. Por ejemplo, en el área mediterránea, y entre personas adultas, el pescado y el marisco se cuentan entre los alimentos que con mayor frecuencia provocan alergia. En Estados Unidos, donde hay un gran consumo de mantequilla de maíz y de cacahuete, son muy frecuentes las reacciones alérgicas a estos productos, mientras que en Europa, donde su consumo es escaso, la incidencia es mucho menor.

Este tipo de reacción suele aparecer en quienes ya tienen otro tipo de alergia. Además, debe haber una predisposición genética y una sensibilización previa, que será mayor cuanto mayor es también el consumo del alimento que produce la alergia. De ahí las variaciones y también la extrañeza de quienes, ante una reacción tras haber ingerido cierto alimento, comentan: "Si toda mi vida he comido marisco, ¿cómo me va a producir alergia ahora?".

Precisamente por eso: a mayor consumo, mayor sensibilización, y a mayor sensibilización, mayor riesgo. En este tipo de alergias siempre ocurre así. Por eso el jardinero acaba con alergia al polen, el panadero a la harina de trigo y el pintor a la laca.

A todos nos interesa saber qué alimentos son susceptibles de provocar este tipo de alergia. Hay una gran variación, aunque se establece por frecuencia este orden:

✔ La leche de vaca, en primer lugar.

✔ Y después, aunque a distancia, las patatas, los tomates, los huevos, el trigo, la harina, las pastas, los pescados, las alcachofas, el chocolate, las naranjas, las carnes, etc.

Un detalle muy curioso es que este tipo de alergia puede cambiar con la cocción. Algunos alimentos, que crudos pueden ser causantes de una fuerte reacción alérgica, pierden esa característica en cuanto se cocinan. Esto ocurre, por ejemplo, con la soya, el apio, el tomate e incluso la leche.

En las personas alérgicas al queso —es decir, a la leche elaborada y no a la leche en sí—, la razón de su alergia no suelen ser los lácteos, sino quizá los mohos de la corteza. También es relativamente frecuente la urticaria debida a las fresas, aunque es raro que la produzca una mermelada de esta fruta. Además, puede influir en el estado intestinal del individuo, y, desde luego, parece haber una tendencia familiar a las mismas reacciones alérgicas alimentarias. No es difícil que si el padre tiene alergia a las fresas la tenga también alguno de sus hijos.

Hay una serie de alimentos que producen una reacción rapidísima si se es alérgico. Por ejemplo, pescados, mariscos, frutas de hueso, fresas, aceite, huevos y leche, entre otros. Más tardía es la reacción que producen, por ejemplo, los cereales, la yema de huevo, la carne de buey, cerdo y cordero, o la mostaza.

Es también interesante señalar que cuando un individuo presenta alergia a un alimento, normalmente la presenta también a otros relacionados. Por ejemplo, quien tenga reacciones a la leche de vaca normalmente las tendrá a todos los tipos de leche de consumo humano. Y si se trata del huevo —más que al huevo, a las proteínas que contiene la clara—, también presentará las mismas reacciones a todos los tipos de huevo. Y si se trata de un pescado, lo es a otros tipos o a todos.

Anisakis: la nueva alergia al pescado

El anisakis es un nematodo. Es un parásito, una especie de gusanillo, que se instala en el estómago de los mamíferos marinos. Es, pues, el huésped habitual de ballenas, cachalotes, focas y delfines, que lo ingieren al consumir otras especies. Y luego, con las heces, lo esparcen por el mar. Desaparece con la congelación. En México aún no existe todavía un reglamento para prevenir las intoxicaciones por anisakis pero se toman las precauciones generales como lo son el congelar a –20°C los productos marinos por más de 24 horas para poder matar a la larva del anisakis, evitar el consumo de pescado crudo o cocido en vinagre o limón o ligeramente asado ya que estos métodos de cocción son ineficientes para matar a la larva y evitar la intoxicación.

Tienen una gran resistencia y se calcula que por lo menos subsisten catorce meses. Esos huevecillos comienzan la cadena alimentaria del mar. Cuando se convierten en larva sirven de alimento a los habitantes más pequeños del océano: los pequeños crustáceos y, sobre todo, el krill, un diminuto y abundante camarón. Ahí es donde la larva inicia su desarrollo, y como parásito de esta minúscula quisquilla llega a los tres o cuatro milímetros de tamaño.

La cadena alimentaria continúa, de manera que esos crustáceos parasitados son el alimento usual de animales mayores, y sobre todo de calamares, pulpos, jibias y casi toda la fauna marina. De hecho está presente en muchas especies: merluza, pescadilla, bacalao, bacaladilla, abadejo, faneca, caballa, salmonete, besugo, pargo, atún, melva, chicharro, palometa, sardina, arenque, boquerón, fletán, lenguado, rodaballo, gallo, cabracho, rape y congrio; es decir, prácticamente todo el pescado que puede llegar a nuestra mesa.

En teoría, cuando un pescado ingiere el anisakis, el nematodo se queda en sus intestinos, de manera que cuando es eviscerado desaparece el riesgo. Cuando se limpiaba el pescado en el mar, las vísceras —con las larvas— quedaban en el agua y eran alimento para otras especies. Pero cuando no se evisera y el pescado muere, el anisakis puede pasar del aparato digestivo del pescado a su carne. Entonces, si lo ingerimos, puede llegar a nuestro aparato digestivo y plantear problemas.

Cuando nos comemos ese pescado, si está parasitado, es muy posible que el anisakis llegue a nuestra mucosa intestinal y se inicie el proceso, no sólo digestivo —la larva puede fijarse en la mucosa y provocar inflamación, úlceras, dolores, convulsiones, vómitos, fiebre, etc.— sino también alérgico, porque la proteína de esa larva puede provocar una reacción leve, moderada o hasta grave.

El plazo de incubación de los posibles trastornos es de cuatro a veinticuatro horas tras haber comido el pescado infectado.

No hay acuerdo en el porcentaje de población que tiene anticuerpos contra el anisakis. De todos modos, nuevos sistemas de diagnóstico basados en anticuerpos monoclonales han demostrado que la incidencia real y, sobre todo, la permanencia de reacciones, son mucho menores de las que se presumía. Puede calcularse, de todos modos, que por lo menos el 2 % de la población tiene anticuerpos. Otros datos señalan por lo menos el 4.5 %. Lo que sí puede preocupar es que toda persona alérgica tiene un riesgo mayor. Entre los alérgicos, por lo menos el 3.5 % son sensibles al anisakis.

Quien haya padecido un proceso alérgico por anisakis sólo tiene una opción, de momento: eliminar de la dieta todo lo que tenga relación con el pescado y el marisco, porque la proteína causante de esa alergia no se destruye ni por congelación ni por cocción. El parásito muere, pero la proteína queda (aunque hay alergólogos que sostienen que por congelación o cocción a más de 60 °C también la proteína se inactiva).

En otras palabras, la tradicional comida japonesa con el pescado crudo, los célebres carpaccios de pescado o de marisco y los tartares a base de pescado sin cocción no se pueden servir más que a partir de pescado congelado.

Bien es verdad que en la mayoría de los casos, si se trata de una congelación rápida y partiendo de una buena materia prima, será muy difícil que alguien, por experto que sea, note la diferencia. Pero es lo que manda la ley, porque se está observando que, por un lado, cada vez aparece más pescado parasitado por anisakis, y por otro y de manera consecuente, cada vez más

Una larva muy resistente

Las larvas de anisakis son muy resistentes. Puede permanecer viva durante cincuenta días a 2°C de temperatura. Resiste dos meses en vinagre, seis días en formol y varias horas a –20°C.

La larva se elimina si se mantiene el pescado congelado a –20°C durante tres días, o se tiene a más de 60°C durante diez minutos. El problema es que en este caso la larva puede anularse, pero no así la proteína de esa larva, que es la que desencadena el proceso alérgico, por eso se recomienda a la persona con sensibilidad al anisakis que se abstenga de comer todo tipo de pescado.

personas han tenido problemas gastrointestinales o han manifestado una fuerte y peligrosa alergia.

Lo cierto es que con el consumo de boquerones en vinagre caseros, la moda de comer pescado crudo al estilo japonés con soya u otras salsas, o la receta rápida del pescado poco hecho en el microondas, la incidencia de los problemas digestivos y alérgicos causados por esta larva ha aumentado. Son problemas que pueden ser muy serios y pueden llegar a producir una reacción alérgica grave.

Los ahumados no presentan el mismo riesgo, especialmente el salmón, ya que normalmente proviene de granjas y está alimentado con cuidados en extremo.

Muchos de los casos conocidos se presentaron por comer tan sólo un boquerón en vinagre. Debe saberse que el anisakis —la larva— puede vivir en ese boquerón hasta 51 días. Y que parece que el vinagre le da mayor actividad.

Si se padece algún tipo de alergia, no se debe ingerir el pescado crudo o poco cocinado. Las manifestaciones pueden ser graves y presentar un cuadro de auténtica urgencia. Además de los problemas digestivos —dolor, inflamación, úlceras, etc.— puede haber reacciones alérgicas con anafilaxis, urticaria, edema, etc.

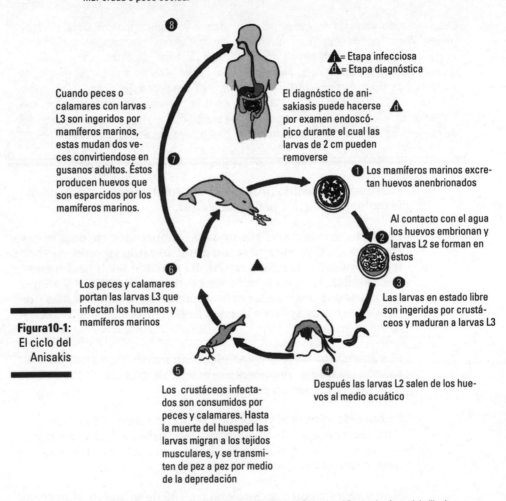

Los humanos se convierten en huespedes incidentales por ingestión de comida de mar cruda o poco cocida.

8

i = Etapa infecciosa
d = Etapa diagnóstica

Cuando peces o calamares con larvas L3 son ingeridos por mamíferos marinos, estas mudan dos veces convirtiendose en gusanos adultos. Éstos producen huevos que son esparcidos por los mamíferos marinos.

7

El diagnóstico de anisakiasis puede hacerse por examen endoscópico durante el cual las larvas de 2 cm pueden removerse

d

1 Los mamíferos marinos excretan huevos anenbrionados

Al contacto con el agua los huevos embrionan y larvas L2 se forman en éstos

2

3

Las larvas en estado libre son ingeridas por crustáceos y maduran a larvas L3

6

Los peces y calamares portan las larvas L3 que infectan los humanos y mamíferos marinos

Figura10-1:
El ciclo del
Anisakis

5

Los crustáceos infectados son consumidos por peces y calamares. Hasta la muerte del huesped las larvas migran a los tejidos musculares, y se transmiten de pez a pez por medio de la depredación

4

Después las larvas L2 salen de los huevos al medio acuático

Fuente: Public Health Image Library de Centers for Disease Control and Prevention (copyright libre).

Algunas recomendaciones

La prevención básica de las alergias alimentarias es eliminar de la dieta los alimentos que las causan. Por eso el primer paso consiste en identificarlos. En segundo lugar, es preciso saber en qué alimentos compuestos se encuentra el causante de alergia, porque en muchas ocasiones forma parte de un compuesto del que ni se sospecha. Por lo general, si el afectado no puede identificarlo, el alergólogo inocula bajo la piel una mínima cantidad de extracto del alimento sospechoso para comprobar su reacción.

En la actualidad, el único tratamiento de las alergias alimentarias consiste en evitar el alimento causante de la reacción alérgica. "Aunque esto no siempre es suficiente, ya que pacientes con un diagnóstico de alergia a ciertos alimentos siguen sufriendo reacciones debido, en gran parte, a dos motivos: la presencia de alérgenos ocultos en los alimentos y las reacciones debidas a procesos de reactividad cruzada (alérgenos comunes)", indica el alergólogo Ernesto Enrique.

La inmunoterapia o vacunación antialérgica se ha perfilado en los últimos años como una vía de tratamiento eficaz para la alergia a alimentos. Consiste en la administración de cantidades mínimas del alérgeno (alimento o fracciones del mismo) para producir respuestas inmunitarias que crean tolerancia frente a dichos alimentos. En otras palabras, ir acostumbrando el organismo al alimento para que poco a poco vaya dejando de reaccionar.

Capítulo 11

La obesidad infantil

- - - - - - - - - - - - - - - - - -

En este capítulo

► Estadísticas de la obesidad en México y el mundo

► La batalla contra la obesidad infantil

► El papel de la familia y la escuela

► Algunas medidas preventivas

► La dieta de un niño sano

- - - - - - - - - - - - - - - - - -

Capítulo aparte merece la obesidad infantil, un problema que preocupa ya a medio mundo, no tanto por las circunstancias actuales sino especialmente por la tendencia ascendente que muestra.

La Encuesta Nacional de Salud y Nutrición 2006 (ENSANUT) concluyó que el 12.7% de niños menores de 5 años en México presentan desnutrición crónica y 1.2 millones presentan anemia crónica; reportándose un importante número de niños que ingresan al hospital por causas asociadas a deficiencias nutricionales. El estudio alerta también sobre el riesgo en el que se encuentran más de 4 millones de niños de entre los 5 y los 11 años, pues la prevalencia combinada de sobrepeso y obesidad se presenta en uno de cada cuatro niños (26%), mientras que uno de cada tres adolescentes la padecen (31%), revelando también que el sobrepeso y la obesidad han seguido aumentando en todas las edades, regiones y grupos socioeconómicos, lo que ha llevado a nuestro país a ocupar el segundo lugar en el mundo en obesidad en adultos.

Niños gordos en todo el mundo

En todos los países desarrollados se constata un aumento de la obesidad infantil. Se puede decir que entre el 5 y el 10 % de los niños en edad escolar son obesos. En la adolescencia, se calcula que ese porcentaje se duplica. En nuestra área mediterránea, se acepta que 30 de cada 100 escolares y preescolares padecen sobrepeso u obesidad

Y el problema no son las cifras concretas en un momento determinado, sino que estas cifras vienen aumentando desde hace dos décadas. Y los tratamientos, cuando la obesidad está ya establecida, son muy poco alentadores. Por eso la prevención es el método más eficaz para luchar contra este problema.

El control debe extenderse a toda la infancia, pero debe ser más riguroso a partir de los cinco años y durante la adolescencia, teniendo muy en cuenta que no es conveniente limitar el consumo de grasa en los niños mientras están creciendo, ya que podría dar lugar a un déficit en ciertos nutrientes y condicionar, por lo tanto, su crecimiento.

El papel de la familia

El problema es que la vigilancia del sobrepeso en la mayoría de los casos tiene que mantenerse prácticamente durante toda la vida. Y eso debe aceptarse; ahí tiene una importancia sustancial la familia.

Las doctoras Pilar Varela y Pilar García, del Instituto de Nutrición y Bromatología del Consejo Superior de Investigaciones Científicas, señalan que una actitud alimentaria intensa durante el primer mes de vida se asocia con obesidad cuando se valora a los seis años. Además, conforme avanza la edad, los padres de los niños obesos piensan que, como son así, necesitan más calorías por día que sus otros hijos no obesos o que otros compañeros de la misma edad. Y entonces les dan raciones extra porque son chicos grandes, a pesar de que son más sedentarios.

Cuando los niños son pequeños, aceptan la autoridad paterna y se les puede ofrecer un modelo alimentario correcto y convencer del beneficio de perder peso; en cambio, después, en la adolescencia, su dieta es más autónoma y está influenciada por las amistades.

¿Niño gordo, adulto obeso?

¿Todo niño rechoncho va a ser un adulto con problemas? Al menos es una de esas teorías que normalmente se aceptan, aunque en los círculos científicos se discute con amplitud esta creencia popular. La mirada de la ciencia, sin embargo, no es tan rotunda.

La correlación entre la obesidad del niño y del adulto no está todavía muy bien establecida. Parece demostrado, eso sí, que aun cuando el 14 % de los lactantes muy obesos tienden a seguir siendo obesos, la obesidad que aparece antes de los dos años tiene poco valor predictivo. Sin embargo, a partir de los cinco años el niño obeso tiene un elevado riesgo de seguir siéndolo en la adolescencia. Y, claro, el adolescente obeso sí tiene un gran riesgo de ser un adulto obeso.

Apoyo integral

El problema de la obesidad es que depende de muchos factores. Y aunque responsabilicemos en última instancia a una mayor ingesta alimentaria de la necesaria, de lo que no cabe duda es que son muchos los aspectos que pueden llevar a ese exceso. Una de las recomendaciones que los especialistas proponen para combatir la obesidad infantil es que tanto el maestro como el jefe de comedor y el profesor de gimnasia vigilen discretamente al niño obeso para que pueda hacer en la escuela las actividades recomendadas.

 Un aspecto importante es mejorar su autoestima. El hecho de preguntarle por su rendimiento escolar o de indagar si se considera aceptado por su grupo, si sus padres le consideran gordo o si él se siente poco atractivo, permite formarse una idea de la imagen que tiene de sí mismo. Si se llega a la conclusión de que tiene baja autoestima y está emocionalmente alterado, esa obesidad será resistente al tratamiento, especialmente a largo plazo. Pero si se consigue mejorar su situación emocional, cumplirá mucho mejor las recomendaciones dietéticas.

El riesgo de la obesidad

Se debe insistir en que la obesidad es un riesgo. En sí misma constituye un factor de riesgo cardiovascular, pero es que además es un factor secundario de peligro por su relación con el colesterol elevado.

Por otra parte, se debe saber que el obeso produce el 20 % más de colesterol que el no obeso. Y los niños obesos suelen tener cifras muy altas del llamado colesterol malo. El riesgo vascular aumenta cuanto mayor es la obesidad y, sobre todo, cuanto más precoz haya sido su instauración.

Hay evidencias verdaderamente preocupantes: un trabajo de Geetha Raghuveer, de la Universidad de Misuri, concluyó tras analizar las carótidas de 70 niños (34 varones y 36 mujeres) con una edad media de trece años y con sobrepeso, que su edad arterial parecía corresponder a la de una persona de treinta años más. No es de extrañar: su tasa media de colesterol era de 223 mg/dl.

El problema más grave es que las patologías más comunes están llegando cada vez a edades más tempranas. Porque en definitiva, estamos asistiendo al crecimiento de adultos prematuros. La obesidad es hoy una plaga en niños y jóvenes. No es raro que la diabetes tipo 2 empiece a manifestarse en los adolescentes. Como consecuencia de ella, del sedentarismo y de las comidas, pronto se observará a edades tempranas a muchos adolescentes con un síndrome metabólico y con el riesgo de accidente vascular llamando a su puerta. Precisamente por la obesidad se empiezan a ver en personas muy jóvenes casos de apnea obstructiva de sueño. En definitiva, comienza a haber niños con enfermedades de adultos.

De los diez factores de riesgo identificados por la Organización Mundial de la Salud como claves para el desarrollo de enfermedades crónicas, cinco están estrechamente relacionados con la alimentación y el ejercicio físico:

✔ La obesidad.

✔ El sedentarismo.

✔ La hipertensión arterial.

✔ La tasa elevada de colesterol.

✔ El consumo insuficiente de frutas y verduras.

Se calcula que la obesidad puede reducir la esperanza de vida hasta en diez años. Además, supone una elevada carga económica para los sistemas de salud. Los costes directos e indirectos asociados a la obesidad suponen el 7 % del gasto sanitario total, lo que representa unos 2500 millones de euros anuales.

Algunas medidas preventivas

En su trabajo, las doctoras Varela y García (citadas en "El papel de la familia", en este mismo capítulo) proponen una serie de medidas preventivas, sobre todo en niños procedentes de familias con obesidad:

✔ Control de peso y dieta de la embarazada en el tercer trimestre.

✔ Orientación, educación dietética y vigilancia para evitar un aumento de peso excesivo desde los primeros meses.

✔ Fomento de la lactancia materna.

✔ En caso de lactancia artificial, uso de una fórmula adaptada en la concentración correcta.

✔ Inducción tardía de alimentos sólidos, evitando el azúcar.

✔ Educación sobre nutrición del niño y la familia, sobre todo la madre.

✔ Fomento de la actividad física a partir de los tres o cuatro años.

✔ Evitar el sedentarismo.

✔ Desarrollo de programas de educación en materia de nutrición en escuelas y medios de comunicación.

✔ Control periódico del peso y la talla para descubrir precozmente la obesidad e iniciar su tratamiento.

También sugieren una serie de estrategias para cambiar el ambiente familiar que induce una mayor ingestión de los alimentos:

✔ Congregar a la familia en torno a las comidas, y convertirlas en eventos agradables en los que se come más despacio y la saciedad es mayor.

✔ Limitar la ingestión de los alimentos a la hora de las comidas.

✔ Introducir fibra en la dieta.

✔ Estimular las actividades fuera de casa y el ejercicio físico.

✔ Desaconsejar las actividades de ocio sedentarias.

✔ Aprender a rechazar ciertas comidas, como dulces, helados y similares.

Nutrición y actividad física

Un ejemplo interesante es España, donde sus autoridades pusieron en marcha la estrategia NAOS (iniciales de Nutrición, Actividad física y prevención de la Obesidad) con el fin de mejorar los hábitos alimenticios e impulsar la práctica regular de actividad física, poniendo especial atención en la prevención durante la etapa infantil y juvenil. Han pasado ya unos años y aún no sabemos a ciencia cierta si la estrategia ha servido para algo.

Se trataba de invertir la tendencia actual gracias a la suma de esfuerzos en una iniciativa sin precedentes. Se formó una plataforma con más de 80 organizaciones universitarias, colegios profesionales, sociedades científicas, fundaciones y asociaciones, y se adoptaron una serie de medidas para esas instituciones. Por ejemplo, no instalar máquinas expendedoras de comidas y bebidas en lugares de fácil acceso a los alumnos de infantil y primaria, y en las demás no permitir que llevaran publicidad o incluyeran productos que favorecieran una dieta desequilibrada. Además, se redujo gradualmente la cantidad de sal en el pan de los restaurantes de esas instituciones (el porcentaje pasó del 2.2 % al 1.8 %), se rebajó el contenido de sodio y grasas de los alimentos y se incluyó información nutricional en las etiquetas de los productos a la venta.

De todos modos, no parece que las medidas hayan dado el resultado que se buscaba, ya que la obesidad infantil sigue progresando. Aunque son muchos los factores que influyen en la obesidad infantil, vamos a destacar dos que conviene atender con particular interés:

✔ **El deterioro de los hábitos dietéticos.** Nos hemos ido alejando de una dieta sana porque ha aumentado el consumo excesivo de productos cárnicos, lácteos, pan y bebidas carbonatadas, al tiempo que ha disminuido la ingesta de pescado, frutas, verduras y cereales.

Por otra parte, es preocupante que el 8 % de los niños acuda al colegio sin haber desayunado, cuando se ha demostrado que la obesidad es superior en aquellas personas que toman un desayuno escaso o lo omiten. Porque entre los que van al colegio sin desayunar y los que desayunan de forma incorrecta suman el 80 %.

✔ **El estilo de vida sedentario.** Todo se agrava más por la tendencia creciente al sedentarismo en los juegos. El ejercicio físico se ha sustituido por pasar horas delante de la televisión o de la computadora. México es, además, uno de los países donde se practica menos deporte. Y hay que ser conscientes de que una hora diaria de televisión aumenta el riesgo de obesidad en un 12 %.

A lo anterior se suma que los padres dedicamos poco tiempo a transmitir hábitos saludables de alimentación a nuestros hijos porque el actual estilo de vida lo dificulta. No se estimula el consumo de frutas y verduras, y se prefieren platos de contenido energético poco beneficioso desde el punto de vista nutricional. Bebemos poca agua y abusamos de las bebidas azucaradas, las golosinas y los dulces; consumimos pocas verduras, cereales y frutas y, sin embargo, abusamos de las grasas saturadas de origen animal.

Aunque parezca difícil inculcar al niño hábitos alimentarios sanos, conseguirlo no es tan complicado, porque estos se adquieren en la infancia. Es entonces cuando debemos insistir en nuestro papel de padres para inculcar prácticas saludables. Y hay un ejemplo ilustrativo: un niño japonés come pescado crudo y le gusta. No es una cuestión genética: es una costumbre. Lo ve en su entorno desde que nace.

Es cierto también que hay que poner imaginación en la elaboración de los menús para hacerlos más atractivos. Estaría bien hacer participar a los niños en la cocina para que, de forma divertida, comiencen a interesarse en la alimentación por el camino de la gastronomía. Es clave que sepan que comer sano, variado y equilibrado no tiene por qué ser sinónimo de aburrimiento o alimentos poco atractivos.

Por regla general, la batalla contra la obesidad infantil debe asentarse sobre esos pilares de los que ya hemos hablado:

Enemigos de la dieta

El aburrimiento es uno de los grandes enemigos de la dieta. Al cabo de unas semanas uno está harto de comer siempre lo mismo. Sin embargo, si conoces la composición de los alimentos y el número de calorías que tienen, puedes jugar y combinarlos para que la dieta resulte más atractiva. Este consejo es particularmente válido en el caso de los niños. ¿Que a tu hijo le gusta mucho el queso? Calcula qué tipo de queso es, cuánta grasa tiene, y obra en consecuencia. Ese día no le ofrezcas huevo, elimina el filete o no eches aceite a la lechuga. Así podrás darle una alegría a su estómago y motivarlo para que siga atento con su dieta; se trata de un juego de equilibrios.

- ✔ **Apoyo.** No culpabilizar al chico.

- ✔ **Planificación.** Darle un buen desayuno para prevenir que tenga hambre a media mañana y la satisfaga con alimentos muy calóricos.

- ✔ **Regularidad.** Repartir sus comidas en cinco raciones al día.

- ✔ **Variedad.** Preparar menús atractivos

- ✔ **Actividad física.**

Comer cuidándose no tiene por qué dejar de ser un placer. Es una de las actividades más placenteras que hay. Lo deseable es que todas las familias puedan comer dedicando tiempo suficiente a ello, y eviten comer apresuradamente lo primero que hay en la nevera o en el congelador. Es verdad que muchas veces nuestra actividad laboral impide disponer de tiempo, pero entonces hay que buscar menús equilibrados y estar al tanto de lo que han comido los niños en el colegio. Y hay que recuperar también el placer de contribuir todos a hacer una cena rica. Sencillo y rápido no quiere decir calórico y poco saludable. Una ensalada puede ser deliciosa y lleva poco tiempo prepararla.

La dieta de un niño sano

Evitar el sobrepeso en el niño es uno de los pilares de una buena salud. La infancia constituye una época determinante para el crecimiento, pero eso no significa que deba comer de manera descontrolada. Todo lo contrario, se puede decir que un niño tiene una buena alimentación cuando, al final de la semana, ha tomado unos 32 alimentos diferentes.

La dieta de un niño sano debe contar con unas 2500 calorías repartidas en varias comidas. El desayuno debe comprender entre el 20 y 25 % del total de las calorías diarias que ingiere. Un desayuno sano debe incluir una pieza de fruta o un zumo, un vaso de leche (hasta los veintiún años debemos beber medio litro al día de leche o derivados) y una tostada con aceite. Y se sabe que todo lo que se toma a primera hora de la mañana se pierde antes de llegar al mediodía.

Las otras comidas que nunca deben faltar en la dieta durante la infancia son algo a media mañana, el almuerzo, la merienda y la cena, procurando que en la suma de todas ellas el niño consuma los aportes necesarios de hidratos de carbono no refinados, vitaminas, proteínas y grasas. La dieta debe adaptarse conforme el niño va creciendo y su actividad diaria aumenta.

Las necesidades en esta etapa son grandes y el riesgo de carencias es, por lo tanto, alto. No hay alimentos buenos o malos. Se debe valorar el conjunto:

- ✔ **Lácteos.** Se debe tomar 2-3 raciones diarias (se entiende por ración 200 ml de leche, 125 g de yogur o 30 g de queso).

- ✔ **Frutas.** Entre 2-4 raciones al día (una ración es un vaso de zumo o una pieza mediana).

- ✔ **Cereales y legumbres.** Hay que comer 6-8 raciones al día (una ración son 35 g de pan o 35 g de cereales en el desayuno. O ya cocinados, 125 g de arroz o de pasta o legumbres).

- ✔ **Verduras y hortalizas.** Tres o cuatro raciones de 150 g al día.

- ✔ **Proteínas.** Dos o tres raciones al día (una ración es 1 huevo o 125 g de carne o pescado).

Parte IV

Dietas milagrosas y otros sistemas para adelgazar rápido

—PUES YO, EL MARISCO, NI PROBARLO
—¿POR LA DIETA?
—¡NO! POR EL PRECIO. ¡ESTÁ CARÍSIMO!

En esta parte...

Todos sabemos que para bajar de peso existe una receta infalible: un régimen dietético equilibrado y la costumbre disciplinada de hacer ejercicio. Sin embargo, con frecuencia seguimos otros sistemas porque nos prometen conseguir la meta sin mayor esfuerzo; y es que solemos preferir lo rápido y fácil.

En los siguientes capítulos vamos a analizar las dietas al uso, con una mirada racional sobre ellas. También veremos otros sistemas para adelgazar, como lo son los fármacos, el balón intragástrico, la liposucción y el ejercicio. Así sabrás cuándo te quieren engañar y cuándo es realmente posible usarlos para adelgazar.

Capítulo 12

Las dietas más usadas

La tentación del adelgazamiento fácil siempre está ahí, y la esperanza de que se descubra algo para adelgazar sin esfuerzo lleva a probar casi todo. Ahí radica el éxito de las llamadas "dietas milagro", que ni hacen milagros ni son dietas adecuadas. Aunque siempre hay gente —y mucha— dispuesta a probarlas. Son personas que, íntimamente, piensan igual que esa compañera mía que decía: "Antes muerta que gorda".

La sopa quemagrasa

La lucha contra la grasa tuvo su máximo representante en una sopa que estuvo muy de moda. No es que fuera nociva, ni mucho menos. La gran mayoría de la población la conoce. Es un puré de col, apio y cebolla, que hay que comer durante una semana. Y te promete adelgazar ¡hasta siete kilos!

Hay que reconocer que, en el fondo, quien quiere adelgazar, por lo general, sabe cómo hacerlo. Pero le atrapa la tentación de lograrlo sin esfuerzo, sobre todo cuando se encuentra con alguien que ha perdido unos kilos y comenta: "Sé de un régimen a base de...", y en esos puntos suspensivos pueden ponerse plátanos, cebollas, patatas... o sopa de col.

Esta mal llamada *sopa quemagrasa* se basa en que tienes que comer todos los días —de los ocho que dura el régimen— esa sopa al menos una vez. El primer día se come la sopa y fruta; el segundo, la sopa y verduras; el tercero, la sopa, verduras y fruta; el cuarto, la sopa y plátanos (porque se supone que falta potasio); el quinto, la sopa y algo de carne; el sexto, la sopa y arroz integral, y el último día, la sopa y toda la carne que se quiera. Más o menos, así es esa dieta. El resultado —dice la información que circula— es un adelgazamiento de hasta siete kilos. La realidad es que se adelgaza de dos a tres.

Una vez más, se crea la confusión entre perder peso y adelgazar. Pero no es lo mismo, porque la verdad es que esta dieta es sumamente diurética y lo que al final se pierde es agua.

El profesor Juan Pedro Marañés, especialista en endocrinología, nutrición y diabetes, nos decía que se trata de una sopa que es aceptable siempre que se condimente bien. Pero es que la sopa no tiene relación con las recomendaciones que después se hacen y que no tienen base científica alguna. El hecho de prohibir las bebidas gaseosas o de llevar un orden determinado en los alimentos que pueden añadirse no tiene ninguna explicación racional. Si el plato en cuestión (la sopa) está bien cocinado no tiene ningún inconveniente, porque es una sopa o un puré de col, como podría serlo de pescado. Es muy probable además que, al no llevar añadida ninguna cantidad de hidratos de carbono ni grasa, permita una ingesta calórica menor que la habitual. Como además tiene alguna acción diurética, puede permitir adelgazar algún kilo. Pero una dieta así se mantiene mal y, desde luego, muy poco tiempo.

Lo que los especialistas en nutrición rechazan plenamente es que pueda difundirse como dieta milagrosa, porque da lugar a que algunas personas puedan caer en poco tiempo en un auténtico déficit de calorías, de proteínas y de todo tipo de nutrientes.

Principales tipos de dietas

Las dietas más usuales se pueden agrupar en cinco categorías principales.

✔ **Dietas carenciales.** Intentan eliminar alguno de los nutrientes básicos para lograr el adelgazamiento. Las hay que suprimen los hidratos y otras aumentan las proteínas y las grasas. En definitiva, tratan de forzar una carencia. A veces se logra con ellas la meta de adelgazar, pero comprometiendo el buen estado de la salud, razón por la cual en ningún caso deben prolongarse. Además es preciso vigilar el colesterol y el ácido úrico mientras se siguen.

✔ **Dietas disociadas.** Parten del principio de que el cuerpo segrega un tipo de sustancia gástrica diferente con cada tipo de alimento y de que no conviene mezclar determinados nutrientes. Pero estas dietas no tienen ninguna base científica. Adelgazan porque ayudan a adoptar un orden antes inexistente en la ingestión de la comida a individuos que no tenían esa rutina, especialmente en cuanto al consumo de grasas y alcohol.

✔ **Dietas ideológicas.** Incluimos en esta definición todas aquellas dietas que, además de promover cierto estilo de nutrición, aportan sobre todo unos principios ideológicos que lo sustentan. Corresponden a esta categoría los extremos vegetarianos, el crudivorismo y la dieta macrobiótica.

✔ **Dietas químicas.** Aquí incluimos esas dietas a base de sobres, barritas y sándwiches, que están perfectamente equilibradas y que aportan, de forma controlada, todos los nutrientes que necesitamos. Son efectivas y útiles. Pero también son aburridas.

✔ **Dietas psicológicas.** Añaden a la dieta que equilibra la ingesta, el estímulo que supone la psicología de grupo. Son muy interesantes y se ponen de moda cada cierto tiempo.

En palabras del profesor Marañés, "es una barbaridad llamar a esa sopa 'quemagrasas' porque para metabolizar las grasas sólo existe el camino de liberar la grasa almacenada gastándola como energía". No es posible quemar, pero sí podemos impedir el almacenamiento de grasas disminuyendo su ingestión y, además, la de hidratos de carbono y alcohol que, de forma fisiológica, se transforman en grasas.

La dieta de las pastillas "homeopáticas"

Otra dieta que estuvo muy en boga y que de vez en cuando vuelve a cobrar vigencia es la de esas píldoras que se intenta identificar con la homeopatía, aunque nada tienen que ver con ese tipo de terapia. Son pastillas grandes que deben tomarse a horas fijas. Se venden como fórmula magistral —son preparadas por el farmacéutico o bajo su dirección— y pueden ser peligrosas. Prácticamente no hace falta una dieta, basta con las pastillas.

Muchos países, México incluido, han alertado sobre el riesgo de las pastillas milagrosas. Por ejemplo el Ministerio de Sanidad español se publicó un informe sobre estas pastillas que nos parece del mayor interés:

✔ **Polvos de extractos de órganos.** Suelen ser de hipotálamo, hipófisis y páncreas; a modo de ejemplo, el boletín del ministerio indica que algunas de ellas, como las hipofisarias, se inactivan al ser ingeridas.

✔ **Polvo de páncreas de oveja o de vaca.** Para tener algún efecto sobre la digestión tendría que estar presente en buena cantidad, lo que no ocurre. Y además no tiene ninguna utilidad en el tratamiento de la obesidad.

✔ **Polvo de tiroides.** Suele ser polvo de hormona tiroidea de cerdo. La función tiroidea acostumbra a ser normal en muchos obesos y puede alterar el ritmo cardíaco. No es aconsejable aportar estas hormonas para controlar el peso, porque cuando proporcionamos externamente hormona tioridea, la glándula deja de funcionar y de producirla, Eso hace que cuando se suspende la ingestión de la hormona, la glándula tarde en reaccionar, no actúa, y, entonces, engordamos.

✔ **Extractos vegetales. Por ejemplo, de fumaria,** aunque no hay ninguna prueba de que sean útiles.

✔ **Sedantes.** Como estas pastillas tienen inhibidores del apetito con componentes de anfetaminas, que producen nerviosismo, se trata de proporcionar sedantes para evitarlo. Pueden llegar a crear dependencia y tolerancia.

✔ **Anorexígenos.** Quitan el apetito con componentes anfetamínicos y al mismo tiempo excitan. Para evitar esa excitación se aportan sedantes, de manera que el sistema nervioso central está sometido a dos fármacos que le afectan en sentido opuesto.

✔ **Diuréticos y laxantes.** Y por si fuera poco, para completar el cuadro se proporcionan diuréticos (cuando lo que se busca es perder grasa, no agua) y laxantes, de manera que se fuerza la maquinaria digestiva.

Como se puede comprobar, se trata de un cóctel farmacológico contraindicado, que no debe ser prescrito ni dispensado. Estas pastillas tuvieron una enorme polémica. Comenzaron como fórmula magistral, y su éxito fue tan grande que se llegaron a fabricar de manera industrial. En España, por ejemplo, el Ministerio de Sanidad tuvo que intervenir de manera directa y cerrar el laboratorio fabricante porque al parecer el contenido de las pastillas no coincidía con lo que decía la formulación de los envases. Las pastillas eran peligrosas.

La dieta del doctor Atkins y otras dietas proteicas

La dieta del doctor Atkins, que estuvo muy de moda hace unos años, se basa principalmente en eliminar la ingestión de hidratos de carbono. Esta dieta originó una fuerte polémica y tuvo grandes detractores. Oficialmente correspondió al profesor Francisco Grande Covián señalar ante la Academia Médica Americana los desequilibrios que la dieta proponía.

En síntesis, se elimina todo aquello que contiene hidratos de carbono —verduras, legumbres, cereales, azúcares y frutas— y se permite un consumo libre de grasas y proteínas.

Se trata de provocar un déficit de hidratos de carbono (cetosis) en los primeros días. Para ello, por ejemplo, en el desayuno puede tomarse un huevo frito con chorizo, y en vez de pan, chicharrón de cerdo. Eso sí, nada de pan o fruta. La comida podría ser una lata de sardinas como aperitivo, y después una pierna de cordero, y de postre un taco de queso curado. El alcohol está prohibido en una primera etapa, aunque luego, a las dos semanas, se puede ya tomar algún licor destilado —que no tenga azúcar— y vino de más de dos años de envejecimiento o cava brut nature. La idea, en definitiva, es eliminar todo aquello que no sea proteína o grasa.

El doctor Atkins pretendía hacer olvidar la energía de los alimentos y prescindía del recuento de calorías. Según su teoría, sin hidratos de carbono no hay asimilación y el adelgazamiento es rápido.

La sobrecarga a que somete esta dieta es notable. Inmediatamente se producen cuerpos cetónicos. Incluso se aconseja el uso de tiras para medir la acetona en la orina y se llega al absurdo de desear que aparezca, como señal de que se está adelgazando.

Se pierde apetito y se siente un cansancio grande. Es imprescindible complementar con complejos vitamínicos y minerales. Atkins publicó un libro de gran éxito con el título de *La revolución dietética*.

Debe decirse que, en realidad, la dieta de Atkins no es una dieta original, y tiene antecedentes en un tal William Banting, que en 1863 intentó adelgazar por todos los medios. Eliminó de su dieta todo lo que no fueran proteínas y grasas, y perdió 16 kg.

Grande Covián es radical al criticar este tipo de dietas: "Una dieta rica en grasa no tiene ventaja alguna sobre una dieta mixta del mismo valor calórico. La mayor pérdida de peso obtenida con la dieta rica en grasa en un experimento de corta duración se debe a la pérdida de agua corporal y proteínas. Ninguna de estas dos consecuencias es ventajosa para el sujeto". Pero es que además hay aumento notable de colesterol y de ácido úrico.

A raíz de la dieta de Atkins, y con distintos nombres, se han propuesto otras dietas similares. Grande Covián hizo una crítica amplísima a este tipo de dietas. Incluso la Sociedad Médica de Nueva York quiso quitarle a Atkins el permiso para ejercer la medicina. Entre otras cosas, el profesor Grande Covián dijo: "Estas dietas me parecen un desatino. Es una cuestión de aporte de energía, no de comer tal o cual cosa. Yo he criticado mucho la dieta de Atkins porque parte de una base falsa. Ojo: no estoy diciendo que usted no pueda adelgazar. Lo hace, pero a base de perder agua".

La dieta de Atkins produce cetosis, por lo que tiene que aumentar el volumen urinario y se pierde más agua. Pero cuando alguien quiere adelgazar, quiere perder grasa. Perder agua no es ninguna ventaja, sólo un inconveniente. Además, la dieta grasa que propone Atkins provoca alteraciones en la tasa de colesterol y triglicéridos.

Y otro problema: en las propuestas de Atkins no hay ni un solo dato cuantitativo. Grande Covián así lo afirma: la gente adelgaza por la cetosis y por la sensación de saciedad que produce. En Estados Unidos aparecieron tres trabajos muy importantes, que se aceptaron sin que nadie se tomase la molestia de analizarlos. Con un poco de tiempo me decidí a estudiarlos a fondo para ver qué había de verdad en aquello. En alguno —como el de Benoit— llegan a comparar el ayuno absoluto con la dieta cetógena. Incluso llegan a suponer que con la dieta cetógena se pierde más grasa que con el ayuno. Una pérdida grasa de 3 kg con ayuno y de 5.7 kg con la dieta cetógena. Eso es, naturalmente, imposible, porque con el ayuno absoluto una persona no recibe calorías y la dieta cetógena propuesta aportaba 1000 calorías.

Grande Covián, con todos los datos, llegó a la conclusión de que la dieta contabilizaba como pérdida de grasa lo que era, ni más ni menos, pérdida de agua. Porque según sus cálculos, perdían más peso los que recibían 1000 calorías que los que no recibían ninguna, lo que era matemáticamente imposible.

La dieta Scarsdale

Esta dieta proviene de Estados Unidos y llegó con la fama de que era una dieta comprobada por muchos pacientes cardíacos a los que el doctor Scarsdale había puesto a régimen. Se dijo que era muy efectiva. No obstante, es muy dura de llevar. Sobre todo, porque da la impresión de que está pensada para el sistema de vida estadounidense, ya que a mediodía se come poco y en la cena se come mucho.

Una serie de alimentos están prohibidos, como azúcar, crema, leche, helados, golosinas, pastas, arroz, habas, espaguetis, macarrones, fideos, harina, embutidos, salsas ricas en grasa, aceites, mantequillas y margarina. Y no se debe tomar más de un par de tostadas de pan al día. Por otra parte, permite todo tipo de pescado fresco o congelado. "Cocínelo a su gusto —dice— pero no use manteca, margarina, aceites o grasas para su preparación."

Se advierte de que es una dieta que no hay que prolongar más de catorce días, y establece un sistema para mantenerse siempre delgado a base de hacer el régimen dos semanas, mantenerse otras dos y volver a hacerlo nuevamente.

Se desayuna una fruta —pomelo o melón—, una rebanada de pan y café o té (sin leche ni azúcar).

La comida y la cena de la primera semana varían. Por ejemplo, para la comida del martes, se recomienda una ensalada de frutas frescas —las que se quieran, evitando uva y plátano—, una rebanada de pan y una tacita de café solo. Y para la cena de ese mismo día, ternera asada en buena cantidad quitando toda la grasa, sin aceite, manteca o margarina, setas a la plancha, media lechuga con limón, y café. Para la cena del miércoles propone cordero. Puede apreciarse que la cena es siempre mucho más abundante que la comida.

En definitiva, trata de eliminar buena parte de los hidratos de carbono y aumentar la proporción de proteínas. Es dura de llevar porque debe establecerse en periodos de catorce días seguidos, sin alteración. Se recomienda no sustituir ningún alimento por otro y tomar siempre el aconsejado. Si se tiene hambre a media tarde o a media mañana, se sugiere tener en el frigorífico alguna zanahoria pelada para poder picar algo. No se puede beber nada de alcohol, y para las ensaladas sólo se puede añadir vinagre, limón o mostaza. Las críticas a la dieta se resumen en cinco puntos principales:

✔ Hay un exceso de proteínas que no es aconsejable.

✔ Posiblemente conduce al estreñimiento.

✔ Produce una pérdida aparente de peso por pérdida de agua, aunque también se pierda músculo y grasa.

✔ Produce cansancio.

✔ Es dura de hacer.

La dieta de la sopa de jitomate

Esta dieta llegó procedente también de Estados Unidos y con el respaldo de un célebre hospital que sometía a esta dieta a los pacientes que debían ser intervenidos quirúrgicamente. Se pretendía con ella, además de bajar de peso con celeridad, depurar el organismo.

Se basa, como su nombre indica, en la sopa de jitomate, que se debe ingerir a diario y sin limitación. Tampoco importa que se haga con jitomate industrial o natural, cosa sospechosa.

Sin duda la dieta puede ser efectiva porque, además de ser muy poco calórica, es diurética. Y puede ser efectiva si lo que se pretende es perder unos kilos antes de someterse a una operación; pero plantearla como un sistema de adelgazamiento, además de falaz es peligroso: se pierde agua y, por lo tanto, peso, pero debemos recordar que el adelgazamiento ha de basarse en la pérdida de grasa.

La dieta de los puntos

Esta dieta circuló en fotocopias hace algunos años con muy distintos grados de éxito. Se basa en otorgar una puntuación a cada alimento, de manera que cada persona pueda elaborar su propio menú, siempre que no se sobrepasen los 60 puntos.

El sistema, con otra forma de contar, es similar al de prescindir de los hidratos de carbono en favor de las proteínas y grasas. Los alimentos con hidratos de carbono o azúcares tienen muchos más puntos que el resto. En los entremeses los puntos van de 0 a 3, mientras que en las sopas van de 0 a 19, excepto la sopa de pasta, que puede llegar a los 100 puntos. Pan y pastas puntúan entre 25 y 125 cada 250 g. Las hortalizas se sitúan entre 1 y 30 puntos. Los pescados y mariscos están entre 0 y 12 puntos, igual que las carnes. Fiambre, embutido y caza no pasan en ningún caso de 3 puntos, lo que quiere decir que se podrían comer tres chorizos, con la misma puntuación que una rebanada de pan. Bebidas, vinos y licores sólo tienen 0 o 1 punto.

Por poner ejemplos más prácticos: 100 g de salmón ahumado tienen 0 puntos, y 100 g de *foie-gras* tienen 1 punto; una taza de sopa de pasta tiene 100 puntos; 250 g de pan, 125 puntos; un trozo de tomate crudo, 6 puntos; 100 g de guisantes, 21 puntos. En pescados, la carpa al horno suma 12 puntos, aunque la mayoría, incluso estando en aceite, no tiene ningún punto; 100 g de anchoas en aceite suman 1 punto, y si es atún, ninguno. De entre los embutidos, 100 g de salchichón, 1 punto; 100 g de tocino crudo, 1 punto, y 100 g de tocino frito, 3 puntos.

Sin embargo, las frutas están prácticamente prohibidas: 1 plátano son 23 puntos; media pera, 25; una raja grande de melón, 22 puntos; un vaso de zumo de pomelo con azúcar, 30 puntos; avellanas tostadas (250 g), 27 puntos, y un vaso de zumo de tomate, 10 puntos.

Los dulces suman muchos puntos, de manera que una ración de postre equivale a los puntos de toda una jornada. Los quesos prácticamente no suman, excepto si son frescos. La harina suma 84 puntos por cada 250 g. Y recuérdese que el menú de todo el día no debe sobrepasar los 60 puntos.

Es evidente que se trata de una dieta tipo Atkins, aunque con una forma distinta de valorar los alimentos. Por supuesto, es presumible un aumento en la concentración de ácido úrico y colesterol. También aparece cansancio.

La dieta de Montignac (o cómo adelgazar en comidas de negocios)

Tuvo mucho éxito a raíz de la publicación del libro de Michel Montignac *Cómo adelgazar en comidas de negocios*. El autor, a partir de su experiencia personal, elabora un sistema para adelgazar en dos fases. En una primera fase trata de buscar cómo perder peso, y en una segunda intenta que quien lo ha perdido se mantenga.

Clasifica los alimentos por grupos, y nada cuenta aquí el concepto de caloría. Al contrario: los primeros capítulos de su libro están dedicados a desterrar el cómputo de calorías en la dieta y a demostrar que las teorías sobre las que se basa ese concepto son falsas. Divide los alimentos en glúcidos, lípidos, glúcido-lipídicos y fibra:

✔ **Glúcidos.** Dentro del grupo de glúcidos cita harina, pan, tostadas, patatas, arroz, pastas, sémola, frijoles, lentejas, garbanzos, azúcar, miel, alcohol, maíz, fruta, frutos secos, tapioca, chícharos y cereales.

✔ **Lípidos.** Llama lípidos, por ejemplo, a las carnes (cordero, ternera, cerdo y buey), aves, conejo, pescado, mariscos (excepto ostras y vieiras), huevos, charcutería, mantequilla, quesos y aceites.

✔ **Glúcido-lipídicos.** En el grupo de los glúcido-lipídicos sitúa a la leche, frutos secos, sesos, hígado, harina de soja, coco, chocolate, aceitunas, castañas, vieiras, ostras, aguacate, germen de trigo y pastas de huevo.

✔ **Fibra.** En el grupo de las fibras incluye espárragos, ensaladas verdes, espinacas, tomates, berenjenas, calabacines, alcachofas, apio, col, coliflor, puerros, zanahorias, pimientos, endibias y champiñones.

Para adelgazar, el autor propone comidas como éstas:

✔ **Desayuno.** Un desayuno sólo a base de glúcidos de digestión lenta (sobre todo fruta, ningún lípido), o sólo a base de lípidos, pero nunca mezclando.

✔ **Comida.** Charcutería o ensalada de hortalizas, pescado, carne, queso y agua sin gas.

✔ **Cena.** Algo muy parecido a la comida: carne, huevos, queso (es decir, una dieta lipídica, o bien todo lo contrario: a base de glúcidos, como legumbres, patatas hervidas, requesón sin grasa).

Montignac se apoya en la filosofía de la dieta disociada, es decir, donde no se mezclan ciertos ingredientes. Para la fase de mantenimiento insiste en adoptar los siguientes hábitos:

✔ Nunca mezclar glúcidos y lípidos.

✔ No consumir nunca azúcar ni comer féculas.

✔ No comer pan en comidas y cenas, pero sí en desayunos.

✔ No comer salsas elaboradas con harina.

✔ Preferir la margarina a la mantequilla y, siempre, leche descremada.

✔ Comer preferentemente pescado.

✔ Nada de repostería.

✔ No beber alcohol en ayunas, evitar los aperitivos, beber agua o vino tinto, beber fuera de las comidas, no tomar sodas, ni colas o bebidas gaseadas. Café descafeinado o té.

✔ Distribuir las comidas sin saltarse ninguna.

La posibilidad de hacer todo lo que recomienda en las comidas de negocios es escasa. De ahí que la dieta suela ser útil, porque normalmente la incompatibilidad que intenta proponer acaba por limitar. En definitiva, se acaba comiendo menos.

Alimentos incompatibles o dieta disociada

Este sistema se pone en boga cada temporada con distintos nombres. Es la dieta de alimentos incompatibles, la dieta separada de Hay, la dieta de Demis Roussos, la llamada *antidieta*.

Y en buena parte también la de las comidas de negocios. Cada una incorpora un punto de vista filosófico sobre algún alimento. Desde quien afirma que la leche de vaca es un auténtico veneno hasta quien sostiene que el azúcar debería estar proscrito de nuestra civilización. Como son muchas las dietas de este tipo, nos detendremos en la que sido el origen de todas ellas: la llamada *dieta de Hay*.

Grande Covián ha estudiado a fondo este tipo de regímenes, y dice que suponer que las proteínas y los hidratos de carbono no pueden ser digeridos y asimilados cuando se encuentran juntos en una misma comida, porque las primeras requieren para su digestión un medio ácido, mientras que los segundos requieren un medio alcalino, es un error. Porque nosotros digerimos y asimilamos toda la variedad de lo que llega al organismo. No hay ninguna razón para pensar que haya problemas por digerir a la vez hidratos de carbono y proteínas. Prueba de ello es que la misma naturaleza nos da alimentos que son a la vez abundantes en proteínas y en hidratos de carbono, como puede ser la propia leche materna. Otro ejemplo es la leche de vaca, que en esta dieta se define como alimento proteico y, sin embargo, tiene más hidratos que proteínas.

Los apóstoles de este tipo de dietas, y esto es lo más grave, sostienen que no seguirlas es la causa de los males de nuestro tiempo. Y achacan a los desórdenes dietéticos muchas de las enfermedades actuales. Incluso hay quien sostiene que el cáncer podría curarse siguiendo los dogmas químicos de esta dieta.

El problema es que este tipo de dietas dan resultado. No son muy difíciles de seguir y ponen un poco de orden en la rutina de quienes nunca se han sometido a un régimen; no exigen un gran sacrificio y, por lo tanto, seguirlas resulta bastante sencillo. Basta ordenar el consumo y prescindir del alcohol. Con otra dieta se encontrarían igualmente bien. Grande Covián termina diciendo que la dieta disociada de Hay puede considerarse inofensiva, pero no se le pueden atribuir virtudes terapéuticas que no tiene.

La dieta del arroz

Con aire de milagro llegó la dieta del arroz, con el anuncio de que se podían perder hasta tres kilos en una semana, ¡y comiendo arroz!

En síntesis, está permitido comer 75 g de arroz hervido en la comida y otros 75 g en la cena. Una vez a la semana se pueden tomar 250 g de arroz con leche. Es posible comer ese arroz con lechuga, tomate, pimientos, cebolla, soya y maíz. Arroz con todo.

También se puede comer algo de pescado o carne a la plancha. Por la mañana se recomienda, por ejemplo, un yogur desnatado, pan con mantequilla, requesón y fruta. No se puede probar el azúcar y sólo se puede tomar un edulcorante líquido. Hay que comer pan integral.

Por ejemplo, el primer día (la dieta dura una semana) se desayuna una rebanada de pan integral con un poco de mantequilla o margarina, dos cucharadas de requesón fresco, un poco de tomate, cebolla, etc. Se trata de hacer una especie de tosta untando todo eso sobre la rebanada. Para la comida, 75 g de pechuga de pavo, un pimiento rojo, una cucharadita de aceite, media taza de caldo de carne, sal, pimienta, brotes de soya y los 75 g de arroz cocido (que son aproximadamente 25 g sin cocer). Se hace un plato con todo ello. Para la cena, una ensalada con los 75 g de arroz, 100 g de tomate, maíz, una loncha de queso cortada en pedacitos, vinagreta con muy poco aceite, yogur desnatado, sal, pimienta, perejil y algo de lechuga.

El segundo día el desayuno es a base de yogur. La comida es un guiso a base de verdura, los 75 g de arroz y queso desnatado. La cena es una ensalada de arroz con gambas.

El tercer día se puede desayunar la rebanada de pan con 50 g de jamón en lonchas finas, y para comer, una tortilla de arroz, añadiendo un huevo a los 75 g preceptivos. Para la cena se sugiere rellenar tomates con huevo, maíz, sal, pimienta y los 75 g de arroz.

La dieta así leída parece muy variada, pero realmente no lo es. Por otra parte es una dieta hipocalórica. El arroz es siempre hervido, y tanto para comer como para cenar hay un solo plato. Resulta efectiva, eso sí, porque se come mucho menos que de costumbre y se introduce orden en las comidas.

Adelgazar con papas

Esta dieta tiene la misma base que la anterior. Trata de combinar alrededor de 150 g de papas con otros ingredientes, procurando al mismo tiempo la menor ingestión posible de grasas. Según su publicidad, se pierden entre 2 y 2.5 kg en cinco días.

Se puede comer la patata con carne a la plancha, cebolla, pimientos, verdura cocida, pescado y fruta.

Las papas deben echarse en agua fría, que habrá de calentarse poco a poco hasta que hierva. Se recomienda cocer las papas con piel para que no pierdan nutrientes.

Para dar una idea, relatamos la comida del primer día: 150 g de papas, dorarlas con un poco de aceite, añadir una taza de caldo. Dejar que las papas hiervan, añadir dos cucharadas de nata y sal y pimienta. Servir con un filete de 250 g de carne. Para la cena, nada menos que una tortilla de patata, con cebolla y pimientos. Pero ¡cuidado! no se trata de papas fritas, sino de patata cocida. Dorar en muy poco aceite un poco de cebolla y pimiento, añadir tomate en cuartos y dejar que cueza unos minutos. Partir en dados los 150 g de papas y agregar a la verdura cocida. Batir dos huevos para incorporar a las papas. Cuajar después en el horno o en una sartén con tapadera, sin añadir aceite.

Como en la dieta anterior, estamos ante una dieta que reduce calorías, pero que actúa con el reclamo de que se pueden comer papas. No olvidemos que la papa cocida aporta, a igualdad de peso, la mitad de calorías que la grasa. Un gramo de papa aporta cuatro calorías, uno de aceite aporta nueve calorías y uno de alcohol aporta siete calorías.

La dieta de la toronja

Se publicita como una dieta de choque, y realmente lo es porque parte de un principio estricto: sólo se puede comer toronja durante tres días. Pero además, en cantidades importantes: 2.5 kg diarios.

Cuando no hay más ingesta que toronja parece que se produce una diuresis grande. Prácticamente es como si estuviéramos tres días tomando dos litros de agua, y nada más. Claro que se pierde peso, pero insistimos en esa realidad de la que tenemos que convencernos: perder peso no es adelgazar. Se pierde peso como en una sauna, a base de perder agua, que lógicamente tenemos que reponer en los días siguientes, con lo que la pérdida aparente ante la báscula se recupera casi a la misma velocidad.

Como lo que se pierde es agua, una de las ilusiones es ver cómo se disminuye de volumen o como la tripa parece que ha disminuido.

Es, evidentemente una dieta con muchas carencias, que nos hace perder agua y nutrientes. Pero como se dice que la toronja tiene muchas vitaminas y minerales y que además aporta fibra, parece que es una solución válida, pero no lo es.

Otra variante pretendía efectos casi milagrosos con la sola condición de ingerir una toronja en ayunas. Si se basa solamente en la ingestión de toronjas, no es una dieta correcta. Tiene como valor —igual que una dieta que consista en comer sólo plátanos— que así no se come otra cosa. Pero choca con un principio básico de la nutrición, que es la variedad. No hay un alimento completo, de manera que si se come sólo pomelo habrá deficiencia de proteínas, y aunque aporte vitamina C en cantidades notables, resultará una dieta poco energética y sumamente desquilibrada. Por otro lado, no deja de ser una fantasía pensar que se va a adelgazar tomando una toronja en ayunas y después haciendo una dieta normal.

La dieta del grupo sanguíneo

Es evidente que varias personas sometidas a la misma dieta no adelgazan por igual. Partiendo de este hecho, el nutricionista que propuso esta dieta, Peter D'Adamo, pensó que podía deberse a la diferencia de grupo sanguíneo de cada individuo. Entonces dedujo que según el grupo de cada uno, así debían ser los alimentos recomendados.

En principio, no parece que el grupo sanguíneo tenga relación alguna con la dieta y, sobre todo, no parece que un determinado tipo de sangre deba reaccionar de manera distinta ante una carne o un trozo de pan. Pero en síntesis, el planteamiento de D'Adamo es así:

✔ **Grupo A.** Es el más numeroso. Las personas que tienen este grupo sanguíneo no deberían tomar carne, ni leche, ni lácteos.

✔ **Grupo B.** Estas personas tienen tendencia a engordar si consumen pan y lentejas.

✔ **Grupo AB.** Si quieren adelgazar, las personas que tienen este grupo sanguíneo deben prescindir también de la carne y el pan.

✔ **Grupo O.** Son los que más pueden adelgazar, según esta dieta, ya que tienen prohibido el pan, las lentejas y los lácteos.

Es de suponer que como el grupo sanguíneo es permanente, la limitación de estos alimentos debe serlo también; por lo tanto, puede haber carencias importantes. No parece que esta propuesta tenga validez científica.

La dieta de la alcachofa

Ha sido muy popular porque algún personaje famoso adelgazó visiblemente y atribuyó su pérdida de peso a esta dieta.

La recomendación es ingerir alcachofas y agua abundante en las cinco comidas del día. Y además, se debe mantener esta dieta durante tres días seguidos, por lo menos. Después ya se pueden comer otras cosas, pero siempre ayudando con las alcachofas que, como es lógico, uno ya detesta. Pero entonces se recomienda no cejar en el empeño y tomar la alcachofa reducida a ampolla, pastilla o cápsula.

En los tres primeros días se adelgaza, según cuentan, un kilo diario.

Es evidente que se trata de una dieta de muy pocas calorías y que además, debido a la alcachofa y al agua, es sumamente diurética. Así que, como suele ocurrir con muchas de las dietas que aquí citamos, no se adelgaza: se pierde peso al perder agua.

Las dietas de Figurama

Otro tema importante son las clínicas para bajar de peso que son tan populares en México. Por ejemplo, en España se dió el caso de la red de clínicas Figurama, tan popular en España hace algún tiempo, hoy ya no funciona. Pero su tipo de dieta sigue vigente y, con otros nombres o asociada a otras marcas, sigue recomendándose. Esta dieta se basa en eliminar en buena medida los hidratos de carbono y potenciar el consumo de proteínas o de grasas.

En las primeras semanas de dieta, o período de *dieta libre*, el sistema de comidas recuerda mucho al del doctor Atkins. Se puede desayunar, por ejemplo, un café y una rebanada de jamón. Para comer, nada impide tomar una lata de atún en aceite y un buen solomillo frito. Para la cena, el pescado frito, a la plancha o cocido, con mayonesa casera. Nada de hidratos de carbono.

La ventaja que ofrece la dieta es que se pueden comer al día varias rebanadas de un pan especialmente fabricado, fermentado con aire caliente y muy bajo en hidratos de carbono. El pan da la sensación de que no se está a dieta. Poco a poco, con la vigilancia y visita semanal al médico, se va cambiando esa dieta por otra más variada.

Desde luego, cientos de miles de casos testimonian su efectividad. Por un lado, la visita obligatoria y semanal al médico permite una vigilancia y un estímulo. Se hace terapia psicológica. Por otro lado, establece la necesidad de un análisis mensual para revisar permanentemente las constantes, sobre todo, el colesterol y el ácido úrico.

Muchas de las críticas que se hicieron a la red de clínicas Figurama no eran de tipo científico, sino económico. La visita obligatoria, el análisis y el pan, todo estaba bajo control directo de la red. También se denunció algún caso de efectos indeseados, pero como se dijo en su momento, entre cientos de miles de casos siempre pueden darse algunos problemas. En definitiva, es un tipo de dieta efectivo si se hace bien y no se prolonga mucho tiempo. Podría considerarse una dieta de choque. Mantener la llamada *dieta libre* durante más de un mes es hacer, con otro nombre, una dieta parecida a la de Atkins. Y, por lo tanto, con los mismos inconvenientes.

La dieta de los astronautas

Se basaba, en algo muy similar a la dieta de los puntos que citábamos líneas antes. Pero debe decirse que es una falacia hablar de los astronautas, cuando éstos no necesitan ninguna dieta para adelgazar. Los astronautas necesitan una dieta de fácil ingestión y sencillo transporte, que no pese y ocupe el menor espacio posible. Su dieta es distinta por su forma, pero no por su contenido.

Lo único que esta dieta ha demostrado a todos los estudiosos de la nutrición —nos decía en una ocasión Grande Covián— es que se pueden meter en un sobre todos los principios básicos de la alimentación. Es lo que técnicamente se llama *dieta química*; es artificial y se emplea ahora en medicina. Es correcta desde el punto de vista de la nutrición, puesto que aporta lo necesario, pero es aburrida y, sobre todo, cara. La única diferencia entre esta dieta y otras es que, además de la presentación, debe contener mucho más calcio, puesto que los astronautas pierden gran cantidad de este mineral en la ingravidez.

La dieta de la Clínica Mayo

Esta dieta, que daba un valor específico a cada alimento, fue muy popular durante una larga temporada.

Adquirió fama y se atribuyó a la célebre Clínica Mayo estadounidense, que nada tiene que ver con la dieta. La propia clínica ha desautorizado repetidamente este régimen, e insiste en que no apadrina ninguna dieta. Es fácil suponer que un centro de tanto prestigio disponga no sólo de un tipo de dieta, sino de una enorme variedad adaptadas a las necesidades de cada paciente.

En el fondo, se trata de una dieta hipocalórica (unas 800 calorías). Sólo se pueden comer algunas verduras. La leche y el queso son vistos como algo nocivo.

El ácido úrico y el colesterol pasarán factura por esta dieta. El cansancio que sufren quienes la siguen es notable. Aunque, eso sí, adelgaza. No olvides lo que decíamos al principio: cambiar la "enfermedad" de unos kilos por enfermedades más serias es un cambio poco favorecedor.

La dieta de la computadora

Como dieta no ofrece más novedad que el sistema que se emplea para calcular el valor calórico de los alimentos. Partiendo de la base de lo que uno debe pesar, el médico aconsejará el número de calorías que debemos ingerir. Pero lo que tiene de interesante es que el médico puede preguntar por los gustos del paciente: qué le gusta, qué no le gusta, qué no le importaría comer y de qué le costaría mucho trabajo prescindir. Con esos datos, la computadora se encarga de elegir el régimen con las calorías necesarias, pero escogiendo aquello que al paciente más le satisface. La computadora no es más que un modo de expresarse y de encontrar las equivalencias de alimentos que permitan, con las mismas calorías de otros, gozar de enorme variedad.

Si hoy, por ejemplo, te corresponde tomar pescado cocido y no te apetece, la computadora te dará varias alternativas que te proporcionarán las mismas calorías. Un huevo equivale a una cantidad determinada de leche descremada. La computadora facilita los cálculos en la sustitución de alimentos, lo que permite una diversidad que impide el aburrimiento.

LeDiet

Es nueva en España, y es posible que adquiera una gran relevancia. En síntesis, utiliza la computadora, pero con una inmensa base de datos. Propone respetar los hábitos nutricionales de la persona que va a seguirla.

Quienes quieren someterse a esta dieta deben rellenar un cuestionario donde anotan sus datos: edad, estatura, medidas, peso, estado de salud, cuántos kilos quieren perder, hábitos de comida, alergias, alimentos que no les gustan y estilo de vida. Es decir, se trata de que el individuo trace su perfil. Una vez obtenido, con la inmensa base de datos de que dispone el sistema, se analizan los gustos y el estilo de vida del individuo y se establece con esos parámetros su plan de nutrición.

Como cada persona es distinta, se va comprobando de manera continua la situación y a partir de los datos globales se van adaptando al individuo. Es decir, todos esos análisis van a conducir a la dieta que más se ajusta a las características personales de cada uno. La evaluación es constante y por eso se le pide al paciente que todos los días rellene un cuestionario. Según comunican sus promotores, LeDiet permite mantener intactos hasta alrededor del 50 % de los hábitos alimentarios del individuo y hasta el 40 % más con algunos ajustes. Sólo entre el 10 y el 15 % de los hábitos originales se eliminan o se sustituyen.

Esta dieta tiene la ventaja de que no se ponen plazos y de que el individuo no tiene la sensación de estar a régimen, porque la mayoría de las veces come lo que quiere.

La dieta de la zona

Esta dieta fue creada por el bioquímico estadounidense Barry Sears. Se basa en el concepto de *estar en la zona*, que no es otra cosa que alcanzar ese estado óptimo en el que el cuerpo y la mente funcionan al máximo de su eficiencia y se siente un bienestar global. Para conseguirlo, sus creadores se inclinan por un sistema similar al de Montignac (descrito en el apartado "La dieta de Montignac" de este capítulo), aunque sostienen que se debe mantener una dieta variada a base de proteínas, hidratos de carbono y grasas (como recomienda cualquier buen régimen dietético). Pero enseguida advierten que hay ciertos hidratos buenos (las frutas y las verduras) y otros que se deben suprimir (los cereales, la pasta, el pan y las patatas).

La crítica de los nutricionistas es clara: se trata de una dieta que no es equilibrada pero que pretende, no obstante, lograr el equilibrio.

Entre otras cosas, se propone luchar contra el concepto de que el deportista necesita hidratos de carbono, como la pasta. Los promotores de la dieta sostienen que se trata de un mito falso. Dicen que esos carbohidratos proporcionan glucosa de forma rápida, lo que parece positivo, pero no es así porque cuando hay mucha glucosa en la sangre, la insulina la recapta para el hígado. Y cuando el hígado ya no puede guardar más, se va al tejido adiposo, donde se acumula en forma de grasa. Se derivan de este dato dos hechos importantes: el primero, que la glucosa en la sangre disminuye hasta valores muy bajos, y eso provoca hipoglucemia; y el segundo, que cuando no se utiliza como energía, se acumula en el tejido adiposo y la persona engorda. No parece muy cierta esta segunda idea, ya que es difícil ver a un deportista de elite —de los que se atiborran de pasta tras un partido de fútbol— con lonjas.

Como puede tener muchos adeptos, veamos lo que se aconseja en la dieta: lácteos desnatados, pollo, pescado, clara de huevo, verduras y frutas variadas y frescas. Se recomienda además mantener en la despensa no sólo pan integral de molde, sino también aceite de oliva, verdura en lata (alcachofas, frijoles y espárragos), proteína en lata (atún, sardinas y anchoas) y toda una serie de productos fabricados por los representantes comerciales de la dieta, que van desde proteína de suero de leche hasta barritas nutritivas, pasando por proteína de soya y ácidos omega 3 en líquido y cápsulas.

En resumen, se basa en reducir los hidratos de carbono más complejos en favor de las frutas y verduras. Y se suprimen los cereales. Los complementos se venden en los establecimientos propios de la marca.

La dieta de las horas

También estuvo de moda una dieta a base de ingerir en cada comida un tipo distinto de nutriente. El fundamento de la dieta se encontraba en la teoría de los reflejos condicionados de Pavlov, quien comprobó que los jugos gástricos y pancreáticos de un individuo pueden cambiar en función de la comida disponible. De ahí surgió la idea de ingerir un tipo de nutriente por la mañana (hidratos de carbono, por ejemplo), otro a mediodía (proteínas sin hidratos de carbono, digamos) y verduras y vitaminas por la noche.

Con este argumento científico se ha intentado convencernos de que en cada comida sólo se debe activar un tipo de secreción. Hay que disociar, pues, los alimentos. Así, esta dieta entra a formar parte de las llamadas dietas disociadas, como la antidieta, la de Hay y la de Demis Roussos. También participa de este principio la dieta que propone Montignac, de cómo adelgazar en las comidas de negocios. (Sin embargo, desde el punto de vista de la nutrición, parece que las necesidades del organismo no tienen un horario determinado.)

Herbalife

La dieta Herbalife estuvo muy en boga y sigue vigente. Sus vendedores son muy reconocibles porque llevan pegatinas con esta publicidad: "¿Quiere adelgazar? Pregúnteme cómo". Incluye —y también contribuye al éxito de su difusión— el sistema de ventas piramidal, al estilo americano; es decir, que cada cliente puede hacerse distribuidor y establecer su propia cadena de vendedores de los productos de la dieta.

El régimen se basa en sustituir una comida por un batido de la marca y tomar unas pastillas elaboradas por la empresa. Las pastillas sólo contienen, según se afirma, elementos naturales. Hay que insistir en que eso no quiere decir nada; es sabido que hay muchas sustancias absolutamente naturales y seriamente nocivas. Sin embargo, en alimentación existe la tendencia a aceptar que lo natural es, en sí, bueno; es un error.

Incluye además la toma de una pastilla de guaraná, que recuerda a la planta natural de Sudamérica y que tiene un efecto suavemente euforizante y energético. El régimen surte efecto porque se come menos y se soporta bien. No olvidemos que se trata de prescindir de una comida.

Dieta del alimento único al día

Otros sistemas para adelgazar se complementan con algunos de los ya citados, como, por ejemplo, el del arroz o las papas. Los hay que tratan de incluir un único alimento para cada día de la semana. Un día sólo verduras; otro día, sólo frutas; otro, sólo pescado; otro, sólo carne. Por supuesto, son cantidades limitadas y deben distribuirse a lo largo de la jornada.

Los regímenes así suelen ser buenos, pero funcionan a costa de carencias importantes. Se adelgaza, pero no por efecto directo de la dieta sino porque son aburridos y resultan angustiosos. Tras una jornada de comer sólo carne, cuando uno está pensando en comer algo más variado, al día siguiente sólo toma fruta. Y claro, tras un desayuno de fruta, a media mañana el hambre es notable. No digamos nada cuando el día es sólo a base de leche o yogur. Se come poco, con poca gana, y se adelgaza. Pero se produce irritabilidad y cierto cansancio. Es una dieta para masoquistas o para quienes pretenden un rápido adelgazamiento.

La dieta de la fruta

Esta dieta suele proponerse como un plan de choque; es decir, días para romper la dieta habitual y someterse durante unas jornadas a comer sólo fruta. Mucha gente trata así de desintoxicar el organismo. Hay frutas, de todos modos, que contienen mucho azúcar y de las que, por lo tanto, no se debería abusar, como la uva y el plátano, por ejemplo.

Como ruptura puede ser útil, especialmente por cuanto las evacuaciones intestinales van a ser frecuentes. El régimen original es de tres semanas. En la primera semana la fruta se introduce como complemento de la dieta habitual, pero poco a poco va cobrando mayor importancia y se van reduciendo los demás alimentos. En la segunda semana sólo hay fruta. Y en la tercera semana se va reduciendo la fruta e introduciendo otra vez la alimentación habitual.

Esta dieta no está mal, siempre que se reduzca sólo a esos días. Si no, puede haber carencias.

Dietas vegetarianas

Es quizás el más popular de los sistemas de alimentación que excluyen algún nutriente, y es quizá también en el que mejor se conjugan la filosofía de la alimentación y un concepto distinto de vida. Muchos de sus seguidores sostienen que no hay que comer "cadáveres" y que, por lo tanto, la carne o el pescado deben prohibirse. Es una forma de pensar, y nada hay que oponer en cuanto al pensamiento. Desde un punto de vista nutritivo, es cierto que muchos erradican de su dieta pescado y carne, pero incluyen huevos o leche, con lo que amplían su dieta y se convierten en ovo-lacto-vegetarianos. Esta dieta, así concebida, no tiene ninguna carencia y es perfectamente aceptable (sobre todo para adultos).

El problema es que los vegetarianos suelen atribuir a su dieta una serie de virtudes que no se pueden demostrar. Y que muchas filosofías que sustentan la no ingestión de carne no se basan en un sentimiento de bondad hacia los animales, sino en el temor a comerse a alguien reencarnado en animal. No se trata pues del triunfo de la moral sobre el apetito, sino de otra cosa.

Grande Covián recuerda que la dieta vegetariana tuvo su auge en la Europa del siglo XVIII, posiblemente como protesta por la forma de alimentarse de los ricos y poderosos. También pudo triunfar por el anhelo de volver a lo natural. Es la clásica contraposición entre el campo idílico y la vida urbana. Y el propio Grande Covián comentaba que cuando él habla de vegetarianos está hablando de nutrición, y que no por comer carne se acumula maldad, ni por comer sólo productos de origen vegetal se gana en bondad, en paciencia y en tolerancia, como pretenden los filósofos del vegetarianismo. Como anécdota recuerda que cuando se enfadaba cierto líder político del siglo XX, llamaba a sus enemigos "comedores de cadáveres". Se había convertido al vegetarianismo, y no parece, desde luego, un ejemplo para exhibir las virtudes humanas: era Hitler.

Desde el punto de vista nutritivo, la dieta vegetariana sólo puede ser criticada en la etapa del crecimiento, por la posible carencia de vitamina B_{12}. No parece ideal para los niños, dada la cantidad y la calidad de las proteínas que necesitan. Pero se puede suplementar. Para los adultos la dieta vegetariana no ofrece ningún problema notable, aunque es más aceptable la dieta ovo-lacto-vegetariana.

La dieta macrobiótica

También recibe el nombre de dieta zen, porque deriva de esta disciplina budista. Sus seguidores tratan de encontrar no sólo un principio de alimentación, sino un principio vital. Son partidarios de la alimentación natural y de los productos llamados "biológicos", con oposición casi frontal a un buen número de industrias alimentarias.

Podría definirse como una dieta vegetariana estricta. El nombre macrobiótica (de *macro*, 'grande', y *bios*, 'vida') intenta presentarla como una dieta para la prolongación de la vida, cosa muy dudosa.

El *yin* y el *yang* presiden esta dieta. Hay alimentos *yin* y otros *yang*. Y en el equilibrio entre ambos elementos está la virtud. Su apóstol moderno es George Oshawa, que incluso llegó a afirmar que podría curarse el cáncer con esta dieta. Hay que señalar, sin embargo, que Oshawa comete errores de bulto en las afirmaciones que hace sobre la transformación química de los alimentos en el organismo.

Segun Oshawa, el régimen contiene diez dietas (de –3 a +7). Las primeras tienen algunos compuestos de origen animal, en cantidad menor en cada dieta. A partir de la 3 son exclusivamente vegetarianas, con más presencia de granos de cereal. La última parece un despropósito nutritivo: sólo se pueden comer granos de cereales, poco triturados y con poca agua. Para Grande Covián, cuando sólo se ingieren cereales en grano y poco molidos el asunto es grave. Las carencias son grandes en calcio y en hierro (porque además su absorción queda dificultada por la presencia del ácido fítico en las envueltas del grano), y faltan vitaminas importantes, como B_{12}, C, A y D.

En la bibliografía médica —sostiene Grande— se incluyen casos de fallecimientos de seguidores de esta dieta. Llevada al extremo puede ocasionar anemia, escorbuto, hipocalcemia e hipoproteinemia. La recomendación de beber poca agua también puede afectar al riñón. Existen testimonios suficientes como para desaconsejarla. En 1966, el Gran Jurado del Estado de Nueva Jersey sentenció que la dieta macrobiótica zen constituía un peligro para la salud de la población. Y además de peligrosa, aburrida y pesada, hace pasar hambre.

La dieta crudívora

Aporta, además de un tipo de alimentación, una filosofía. Se parte de la base de que la cocina destruye los nutrientes básicos, así que todo lo que se pueda comer crudo debe comerse así.

Analizando lo que se puede comer crudo puede observarse que la dieta es muy poco variada. Sólo en algunos casos se pueden tomar cereales cocidos. Por supuesto, las legumbres secas no tienen cabida. Y en cuanto a carnes y pescados, obviamente quedan fuera.

Se deduce que la proteína es prácticamente vegetal y, por lo tanto, en época de crecimiento, la dieta no es aconsejable. En cualquier caso, se puede constatar un déficit en calcio, hierro y proteínas.

Dietas de concentrados

Ya hay en el mercado muchas marcas de concentrados, sean sobres, barritas, batidos, sándwiches o sopas, que son una combinación perfecta y adecuada de los nutrientes necesarios. El régimen se basa simplemente en combinar esos elementos con la dieta habitual si se quiere controlar el peso, o bien en sustituir una o dos comidas por esos concentrados.

Son dietas perfectamente estudiadas y fabricadas y equivalen, a escala popular, a lo que representó la dieta química para la medicina. Es decir, abren a todos la posibilidad de tener en un pequeño espacio todos los nutrientes necesarios y con un perfecto control.

Este sistema de adelgazamiento tiene una serie de ventajas sobre otros. Por ejemplo, la variedad de sabores permite tener sensación de variedad de comidas. Por otra parte, la posibilidad de ingerir barritas de chocolate, con sabor muy logrado y dulce, logra aliviar la idea de estar sometido a régimen. A su favor tiene además que contiene bastante fibra, lo que con la ingestión de agua consigue la sensación de saciedad. Es, en definitiva, un régimen equilibrado y válido.

En su contra hay que decir que es una dieta aburrida. Para ingerir la barrita, el sobre o la galleta no es preciso ni sentarse a la mesa, con lo que no se rompe la jornada.

Es, de todos modos, una dieta científica como complemento o sustituyendo durante unos días a todas las comidas. Resulta ideal para esa pérdida de peso de pocos kilos que se puede conseguir en una o dos semanas. Lo aconsejable es combinar estas comidas con la dieta hipocalórica habitual.

El peso ideal: Weight-Watchers

Es un sistema de adelgazamiento muy adecuado por el estímulo que representa. Son varias las organizaciones que existen en este sentido. Promueven el seguimiento de una dieta baja en calorías, muy equilibrada, que incluye también una cierta incompatibilidad de alimentos (algunos sólo pueden tomarse por la noche, por ejemplo); eso hace que uno tenga conciencia permanente de que está a régimen y estimule así la voluntad. Cada semana hay una reunión con las personas que están a dieta y se establece una auténtica terapia de grupo. El apoyo que brinda la terapia es muy eficaz. Las personas se pesan en público y cada uno expone los problemas que va encontrando y cómo trata de resolverlos. La dieta es interesante y llevadera.

Dietas con ayudas naturales

Hay otras dietas que, aun planteando una ingestión baja de calorías, procuran la ayuda de elementos naturales. Ya sabes mi opinión acerca de lo natural: no tiene por qué ser sinónimo de adecuado, y hay muchos elementos naturales que son nocivos. Sin embargo, últimamente, hay mucha publicidad acerca de ciertos regímenes que proponen la ayuda farmacológica de ciertas sustancias naturales. Generalmente, y para no entrar en mayores detalles, se habla de algas. Ciertamente hay algunas —como el *Fucus vesiculosus*, por ejemplo— que tienen cierto poder saciante y reductor de grasas.

Otras veces la incorporación de principios activos se busca por vías diferentes como los parches transdérmicos.

 El consejo que se impone a la persona interesada en seguir este tipo de dietas es tratar de buscar la ayuda de un especialista cualificado que oriente, recomiende y controle.

Capítulo 13

Otras formas de perder peso

- -

En este capítulo

▶ Tipos de fármacos

▶ Sistemas naturales para adelgazar

▶ Intervenciones quirúrgicas

▶ Ejercicio físico

- -

El siguiente diálogo es habitual entre las personas que hablan de los regímenes de adelgazamiento con fármacos:

—¿Tomas pastillas para adelgazar?

—No, es que me dan miedo...

No es de extrañar. Si la obesidad representa un peligro para la salud, el tratamiento debe ser dirigido por un médico, especialmente si existe el recurso a algún fármaco. Durante años estuvieron en boga muchos sistemas de adelgazar que consistían en la toma de píldoras cuyo contenido básico eran las anfetaminas. Estas píldoras quitaban el apetito, pero al mismo tiempo podían producir adicción e incluso trastornos mentales permanentes.

Estos anorexígenos o supresores del apetito actúan sobre el sistema nervioso central provocando, además de la disminución del apetito, insomnio y un notable estado de excitación y euforia. Todo el organismo está acelerado, con lo que el consumo calórico individual aumenta.

En ningún caso es conveniente esta ayuda artificial contra el hambre, a menos que se trate de corregir cierta obesidad, y no estamos ante casos graves que exijan un adelgazamiento rápido. Este tipo de fármacos sólo debe utilizarse por prescripción facultativa y durante poco tiempo. No hay que olvidar que pueden crear adicción.

Otro tipo de fármacos frecuentes en distintos regímenes son los diuréticos. Su acción se basa en lograr que el agua filtrada por el riñón no sea absorbida de nuevo. Así se consigue una pérdida de peso por eliminación de agua. Pero eso supone una falsedad: se pierde peso, pero no se adelgaza, ya que hay que reponer el agua. Es una pérdida momentánea.

El consumo de diuréticos puede acabar lesionando el riñón y el médico suele recomendarlos cuando hay un acúmulo anormal de agua, o si, además de obesidad, hay problemas de hipertensión. El médico que los recomienda analiza las ventajas y los inconvenientes del fármaco, no el par de kilos que le sobran al paciente. La automedicación en estos casos es peligrosa.

También en ciertos casos de tiroides perezosa el médico puede incluir en el tratamiento contra la obesidad algún tipo de hormona tiroidea sintética o animal, que activa el metabolismo del individuo y, por lo tanto, produce un adelgazamiento.

El uso de esta hormona, sin embargo, plantea muchos problemas. El primero estriba en las consecuencias de tipo cardíaco que puede acarrear, porque la activación artificial de la tiroides produce excitación, insomnio y aumento del ritmo cardíaco. El segundo problema estriba en que se altera el funcionamiento normal de la tiroides. Esta glándula, que podría calificarse de vaga, se hace aún más perezosa si encuentra el aporte externo de la hormona y deja de producirla. Lo grave sobreviene cuando cesa la administración de hormona artificial. La glándula no la produce, está perezosa, y tarda en volver a segregarla. En ese tiempo puede recuperarse no sólo el peso perdido, sino también algún kilo de más.

Fármacos

La ciencia investiga continuamente para producir nuevos fármacos que puedan ayudar a los 300 millones de obesos que hay en el mundo. Son investigaciones serias que están dando muy buenos frutos. Así, el médico dispone hoy de auténticos medicamentos que, bajo su control, pueden ayudar a resolver el problema de la obesidad. Entre ellos cabe mencionar los que presentamos a continuación.

Leptina

Tal vez el lector recuerde aquella fotografía de dos ratones, uno obeso y otro normal, como ejemplo de una de las primeras experiencias con la leptina. La leptina se descubrió hace ya unos años y, pese a que no ha habido avances importantes sobre su acción, diariamente se publican en el mundo varios trabajos sobre ella.

En síntesis, podemos decir que la leptina es la "madre" de la obesidad. Fabricada en el tejido adiposo, viaja por la sangre hasta el cerebro (al hipotálamo). Allí, la recogen receptores nerviosos y el sistema nervioso central recibe la información que le lleva, que es precisamente el estado del tejido adiposo. Es decir, la leptina le indica al cerebro si el tejido adiposo está bajo (y entonces produce sensación de hambre) o si hay exceso (con lo cual aparece la sensación de saciedad).

La leptina es, pues, el termostato del hambre. Y se sabe ya que en los obesos está disminuida. Incluso en animales obesos hay una mutación que hace inefectiva la leptina como señal, y por eso se produce la obesidad. El campo que abre el manejo de la leptina es, pues, espectacular pero todavía poco conocido.

Supresores del apetito, promotores del gasto energético e inhibidores de la absorción de grasas

Dejando a un lado la gran esperanza de la leptina, los especialistas disponen hoy de tres categorías de medicamentos contra la obesidad.

✔ **Anorexígenos o supresores del apetito.** Están en el centro de la polémica. Algunos, porque se basan en anfetaminas y, por lo tanto, pueden crear adicción; de hecho, crean dependencia y, sobre todo, tolerancia. Su efecto sobre el apetito va desapareciendo con el consumo y por lo tanto no son aconsejables. Otros anorexígenos son blanco de críticas porque al parecer podrían tener algún efecto indeseado sobre las válvulas cardiacas. Son los que actúan sobre la serotonina y se basan en la fenfluramina o la dexfenfluramina. Han sido retirados del mercado al menos de forma temporal por sus propios fabricantes.

✔ **Promotores del gasto energético.** La sibutramina, por ejemplo, es uno de los principios activos que ha salido al mercado en los últimos años. Es eficaz y multiplica el efecto de la dieta y del ejercicio. Actúa reduciendo el apetito, ampliando la sensación de saciedad y aumentando el gasto energético.

Sus mismos fabricantes advierten de posibles riesgos y recomiendan vigilar la tensión de manera casi constante. No se debe tomar si hay antecedentes de cardiopatía o hipertensión no controlada o si se están tomando antidepresivos, entre otras consideraciones. Uno de los efectos adversos de estos fármacos es la reducción del sueño. Inhiben la receptación de serotonina y noradrenalina, y quien los toma debe estar siempre bajo control del médico.

✔ **Inhibidores de la absorción de grasas.** El otro gran fármaco a disposición de los especialistas en nutrición y endocrinología es el orlistat, que debe tomarse bajo prescripción y control médico especializado, y que ataca directamente la absorción de grasa.

Este fármaco actúa inhibiendo la lipasa, la enzima que permite la disolución de la grasa y por lo tanto hace posible su absorción. Al inhibirla, un alto porcentaje de esa grasa (30 %) no se absorbe.

Algunos pacientes comentan que la grasa que no se asimila se expulsa con las heces y eso provoca diarreas y a veces una imperiosa necesidad de evacuar. El paciente debe tomar conciencia de que cuando deje de tomar el medicamento, si no varía sus hábitos dietéticos, volverá a ganar peso.

Sistemas naturales para adelgazar

También han llegado al mercado algunos sistemas que se autotitulan "naturales". Los principales se mencionan a continuación.

Camellia sinensis

Su principio activo es el extracto etanólico seco estandarizado de hojas de *Camellia sinensis*. Puede provocar nerviosismo, insomnio y trastornos gastrointestinales.

Chitosano

Es otro de los productos nuevos que se obtiene de plancton marino. Parece que capta la grasa e impide su absorción.

Tungstato

Un reciente descubrimiento ha tenido su origen en el Hospital Clínico de Barcelona. Parece que el tunsgtato sódico es una sustancia antiobesidad en organismos no diabéticos. De momento es una investigación tan nueva que una empresa farmacéutica ha adquirido la patente no hace mucho. El estudio ha sido coordinado por el doctor Ramón Gomis, jefe de la Unidad de Endocrinología y Diabetes, y el doctor Joan Guinovart, director del Institut de Recerca Biomèdica de la Universitat de Barcelona.

El balón intragástrico

La agresiva publicidad puede hacer creer que la colocación del balón intragástrico es la panacea para adelgazar sin sufrir.

Los especialistas suelen referirse a él por sus iniciales, es decir, el BIG. El principio del balón es de lo más elemental: bajo sedación se introduce por la boca un pequeño balón que, una vez situado en el estómago, se hincha. Como resultado, el individuo tiene, en cuanto ingiere algún alimento, una rapidísima sensación de saciedad.

Aunque inicialmente los especialistas que llevan a cabo el procedimiento proponen una dieta adecuada con la idea de enseñar a comer mientras se porta el balón, la realidad es que, mientras se lleva, el individuo puede hacer comidas normales ya que muy pronto tiene sensación de saciedad. Es decir, come muy poco. Y se ve alegre porque comprueba que el peso va disminuyendo.

Los especialistas —muchos instalados en clínicas estéticas, otros en hospitales para tratar obesidades que deben reducirse por imperativo médico— advierten que debe llevarse por

El balón no se tolera

Los primeros días después del procedimiento es normal que el paciente tenga náuseas y vómito, ya que tiene un cuerpo extraño en el estómago. Pasada esa primera etapa pueden ocurrir dos cosas: que su cuerpo acepte plenamente el balón y pase esos meses comiendo poco y sin echar nada en falta, o que tenga continuas náuseas y sea víctima de regurgitación casi constante. En ese caso, está claro que no lo tolera y debe extraerse.

¿Y si el balón se rompe? No hay problema. En su interior tiene un colorante que, de manera inmediata, teñirá la orina y advertirá de que es el momento de acudir al médico.

En muchos casos, aunque de forma lenta, el individuo recupera el peso perdido cuando se le extrae el balón, ya que vuelve a comer cantidades excesivas.

Figura 13-1:
Colocación
del balón
intragástrico

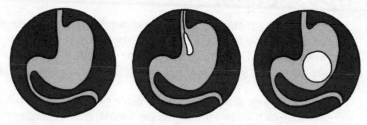

término medio unos seis meses. En ese tiempo la pérdida
de peso puede rondar los 20 kg. Sostienen que se adelgaza
alrededor de un kilo a la semana, aunque puede haber tasas
mayores y menores.

Quizá lo que más pueda inquietar a quien se somete a esta
intervención (se hace bajo sedación y el paciente se va a su
casa a los 20 minutos) es si se volverá a ganar peso después
de llevar el balón durante los seis meses de prescripción. Sólo
hay una respuesta válida: si se vuelve a comer como antes,
se ganará otra vez ese peso. Porque aunque se pretende
plantear una educación nutricional mientras se lleva el balón,
la realidad es que no se realiza porque el individuo no la echa
en falta. Y cuando también bajo sedación se le quita el balón,
queda vacío el espacio que ocupaba y el paciente vuelve a
comer con la misma gana que antes.

Lo último: el marcapasos digestivo

Se experimentó en Alemania y acaba de llegar a España. Se trata
de implantar en el estómago un auténtico marcapasos, similar
al del corazón, con el fin de estimular las paredes del aparato
digestivo y así, cuando se ingiere un alimento, provocar una
sensación amplia de saciedad. Se implanta por laparoscopia y el
equipo médico debe regular la estimulación ya que no todos
los pacientes reaccionan de la misma manera. Se puede llevar
durante un tiempo largo, tiempo que se aprovecha para reedu-
car al individuo acerca de una correcta alimentación.

La liposucción

Cuando la presión es grande y el adelgazamiento exige esfuerzo, se piensa con frecuencia en la cirugía, concretamente en la liposucción. Consiste en practicar mínimas incisiones a través de las cuales se accede a la grasa para extraerla por absorción.

La técnica es sencilla: un aspirador potente, unos tubos metálicos finos y unas incisiones pequeñísimas. ¡Y aspirar! Pero no todos pueden beneficiarse de esta técnica. La liposucción no es la panacea ni el sustituto de la dieta.

Debe decirse que la liposucción es útil pero con condiciones. La primera es la edad y, con ella, la calidad de la piel. Para entenderlo fácilmente: si se quita grasa y se deja la piel medio vacía, esta deberá tener la suficiente elasticidad para recuperarse y adaptarse al nuevo y menor volumen. Como es lógico, la piel joven hace eso mucho mejor que la piel de los cuarentones, y este es el primer límite. No es aconsejable la liposucción en personas mayores de cuarenta y cinco años, aunque, como es natural, hay excepciones.

El siguiente condicionamiento estriba en la propia técnica: no se puede rebajar, al menos con garantía de buenos resultados estéticos, la grasa distribuida masivamente por todo el cuerpo o las piernas. En cambio, la liposucción funciona muy bien para los acúmulos en lugares precisos. Son esos lugares que se comentan con el cirujano: "Sí, pierdo peso, doctor; adelgazo de todos los sitios, menos de aquí...". Ese "aquí" es el lugar idóneo para la liposucción.

Los mejores resultados se obtienen con personas jóvenes, no obesos, y con zonas concretas de grasa en caderas, rodillas, abdomen o trasero. Cuando se calcula que se pueden extraer más de dos kilos de grasa, se programa la intervención con antelación suficiente. Eso permite extraer sangre del paciente (autotransfusión), esperar a que él mismo la reponga y después operar.

La liposucción

Lo primero que debe precisarse es el tipo de anestesia en función de los deseos del paciente y la conveniencia de la liposucción. También depende del lugar donde se vayan a hacer las incisiones. Si son varias y por debajo de la cintura, puede plantearse la anestesia epidural. Pero si la grasa está localizada en un único punto, puede hablarse de anestesia local, incluso sin inyección, gracias a la aplicación de bolsas de frío. Si es mucho el volumen de grasa o está muy extendida, es aconsejable la anestesia general.

Se hacen incisiones de menos de un centímetro. Estudiando bien su colocación, serán necesarias dos o tres para los acúmulos de muslo. Pero no importa si se hace alguna incisión más, ya que no se va a notar.

La operación es sencilla. Imagina un queso blando y grande al que con unos tubos del tamaño de un lápiz se le hacen unos túneles desde un lado, extendidos en forma de abanico. Lo mismo se repite del otro lado del queso. Así, los túneles quedan entrecruzados y se reduce el grosor del queso (y más cuantos más túneles se hagan). A continuación se aspira, se extrae la grasa y se acumula en un frasco donde se mide. Se rea-lizan varios "pisos" de túneles hasta que desaparece la acumulación de grasa. La experiencia del cirujano irá calibrando cuánta hay que extraer para que el paciente quede con una fisonomía natural. Los huecos se llenan, en parte con sangre, se cierra la herida con un punto y se presiona la zona operada con unas fajas especiales o con un vendaje.

Las molestias son mínimas y dependen de la cantidad de grasa extraída. Si bien algunos pacientes se quejan de dolor, muchos se van a trabajar al día siguiente. Es importante el uso de una faja apretada y durante dos meses. Al principio es para evitar coágulos de sangre en esos túneles abiertos; después es para ayudar a que la piel se consolide en su nuevo tamaño.

Aunque evidentemente hay que vigilar el peso, el efecto de la liposucción es duradero. Y es duradero porque se extraen las células grasas de la zona, que son las que se hinchan con la obesidad. Si se quitan esos tres centímetros extra de la zona de las caderas, por ejemplo, queda con el centímetro de grasa que tiene todo el cuerpo. Si la persona engorda, la grasa se reparte a lo largo de todo el contorno y no sólo en esos tres centímetros que antes tenía.

Cuándo te engañan

El anhelo de perder peso suele ser aprovechado por un ejército de charlatanes que ofrecen métodos milagrosos, rápidos, naturales y sin efectos secundarios a cambio de una considerable cantidad de dinero.

Son dietas y sistemas de adelgazamiento que, además, se ponen de moda y contra los que poco pueden los expertos. Hay un público siempre propenso a probar nuevas dietas y, por lo tanto, muchos desaprensivos tienen una clientela potencial asegurada.

Habría que decir lo que Grande Covián me contestó al hablar de todas esas dietas:

"Mire usted: si de verdad hubiera una dieta que hiciera adelgazar sin esfuerzo, no saldría una nueva cada año".

El Consejo Europeo de Información sobre Alimentación ha establecido un decálogo que debemos tener presente a la hora de valorar una dieta. Las señales de alerta son:

1. Recomendaciones que proponen soluciones rápidas. El adelgazamiento rápido se produce por pérdida de agua. Es, por lo tanto, ficticio. Eso no es adelgazar sino perder algo de peso.

2. Avisos alarmantes sobre peligros de un alimento o un régimen determinado. Suelen ser más producto de creencia que de ciencia.

3. Afirmaciones que suenan demasiado bonitas para ser verdad. Siempre tiene que haber esfuerzo y es imposible adelgazar sin dejar de comer.

4. Conclusiones simplistas elaboradas a partir de estudios complejos. Las cosas no son blancas o negras. Siempre hay matices.

5. Recomendaciones basadas en un único estudio. Por experiencia sabrás que la obesidad es muy compleja, y luchar contra ella, también.

6. Declaraciones categóricas pero rebatidas por organizaciones científicas conocidas.

7. Listas de alimentos buenos y malos. El valor reside en el conjunto de la dieta, no en los alimentos aislados.

8. Recomendaciones realizadas con el propósito de vender un producto. Debes sospechar que hay más interés comercial que sanitario.

9. Recomendaciones basadas en estudios sin revisión científica.

10. Recomendaciones procedentes de estudios que no tienen en cuenta las diferencias entre individuos o grupos.

El ejercicio físico

Que el ejercicio físico es uno de los pilares de la medicina preventiva está fuera de duda. Pero en el caso de la obesidad, aunque parezca una incongruencia, el ejercicio resuelve menos de lo que habitualmente se piensa. Un obeso debe hacer ejercicio, pero moderado, al menos al principio. Muchos obesos plantean que, además, el ejercicio les abre más el apetito, con lo que se establece un círculo vicioso.

El doctor Bayeds nos da un claro ejemplo del efecto del ejercicio en el tratamiento de la obesidad. Se trata de una tabla de equivalencias en la que se relaciona la ingestión de un alimento determinado con el ejercicio que hay que realizar para neutralizar su efecto *engordante*. La tabla 13-1 presenta esas conclusiones.

Tabla 13-1: Ingesta de alimentos y ejercicio físico

Alimento	Equivalente
2 nueces	Pasear durante tres cuartos de hora.
Té con leche con una cucharadita de azúcar	Seis horas de trabajo intelectual.
100 g de pastel	Lavar ropa a mano durante una hora y media.
2 dátiles	Leer en voz alta durante dos horas.
1 cucharadita de azúcar	Planchar durante una hora.

No debemos engañarnos: para eliminar un kilo de grasa hay que caminar con paso vivo y cuesta arriba una media de 20 km. Pero es innegable que debemos hacer ejercicio. Además, no se puede medir sólo el gasto calórico en el momento de efectuarlo, porque el ejercicio acelera todo el proceso energético, de manera que sigue actuando aun cuando estamos descansando. El ejercicio físico es el complemento ideal de una dieta.

Además, el ejercicio es el único recurso capaz de romper ese círculo de inercias que provoca que la obesidad se alimente a sí misma. La persona que practica deporte es más ágil. Sus movimientos son más precisos y le resulta menos penoso realizar cualquier esfuerzo. Y todo ello tiende a romper la costumbre del sedentarismo. Hay que tener en cuenta que el deporte no es más que una forma de ejercicio físico reglamentada, competitiva en muchas ocasiones y, por ende, participativa. En cambio, el ejercicio precisa ante todo constancia: no tomar el autobús cuando no tenemos prisa; no subir en ascensor cuando son pocos pisos... Hacer deporte exige disponer de un lugar adecuado, hacer ejercicio físico no.

La tabla 13-2 presenta el peso que puede perder una persona mediante diversos tipos de ejercicio físico.

Tabla 13-2: Pérdida de peso en un mes*

Mujer			Hombre	
55 kg	70 kg	80 kg	65 kg	80 kg
Ejercicio ligero: marcha normal, trabajo de pie				
220 g	370 g	540 g	270 g	700 g
Ejercicio moderado: bicicleta, tenis, natación, esquí				
590 g	740 g	890 g	720 g	1060 g
Ejercicio intenso: fútbol, baloncesto, escalada, escalera				
950 g	1000 g	1100 g	1150 g	1250 g

* Con una hora diaria de ejercicio y manteniendo el régimen actual de alimentación.

Parte V

Entonces, ¿existe alguna dieta correcta?

—CREO QUE DEBERÍAS DEJAR YA LA DIETA
DE LA ALCACHOFA, PURI...

En esta parte...

Hay dos cosas que debemos tener muy claras: la primera, que lo que nos engorda o nos adelgaza es la dieta completa, no algunos alimentos aislados. Por eso debemos plantearnos el adelgazamiento como un concepto y no como un régimen. Y la segunda, que la obesidad es una enfermedad crónica con un tratamiento sencillo.

Visto como un concepto, un plan de adelgazamiento es algo que nos ayuda a decidir qué actitud adoptar ante la comida, de tal modo que más que un concepto acaba siendo un estilo de vida. Y vista como una enfermedad, la obesidad es algo que hay que tratar, pero sin obsesionarse con ello. Es cierto que, cuanto más comemos, más queremos seguir comiendo. Pero el tratamiento es sencillo, y renunciar a algunos alimentos no impide que podamos seguir disfrutando plenamente de la vida.

Los tres capítulos que componen esta parte nos presentan las etapas de ese nuevo estilo de vida que nos hemos propuesto adoptar: antes de iniciarlo, una vez convencidos de que vale la pena intentarlo, y que el resultado es rentable a largo plazo.

Capítulo 14

Si quieres ponerte a dieta... (antes de empezar)

Lo primero que debes hacer si quieres someterte a un tratamiento para adelgazar es analizar por qué deseas perder peso. En demasiadas ocasiones se antepone el interés estético al de la salud, con el único objetivo de conseguir la figura deseada. Es entonces cuando se cometen verdaderas aberraciones dietéticas. Por eso, si lo que realmente quieres es adelgazar, no lo dudes un solo instante y ponte en manos de un especialista con experiencia.

Recuerda además que cualquier dieta para adelgazar debe tener en cuenta todos los nutrientes esenciales. Lo habitual es reducir el número de calorías, bien sea comiendo menos (hablamos entonces de la "dieta plato de postre": comer de todo, pero en plato pequeño y sin repetir) o bien tomando alimentos que contengan pocas calorías y nos dejen satisfechos.

Las mejores dietas son las que permiten una variedad grande en lo que se ingiere, al alternar todo tipo de alimentos bajo control periódico del médico. En estos casos también adquiere importancia la terapia de grupo. Porque para el obeso la ayuda psicológica es fundamental.

La dieta no tiene por qué llevar consigo un consumo de medicamentos. Un régimen variado es siempre lo más seguro y recomendable.

Vamos a tomar la decisión

Por lo general, quien recurre a un libro como este es alguien que tiene una tendencia clara a engordar. Y, por lo tanto, lo más seguro es que haya ya acometido dietas y regímenes diferentes con resultados poco gratificantes cuando no directamente desalentadores. La teoría, pues, la conoces. Pero en este caso va a ser distinto. Seguro.

Abandonar antes de empezar

Una de las tentaciones que suelen surgir cuando llega el momento de enfrentarse en serio a la decisión de perder peso es la del abandono. Y eso antes incluso de iniciar ningún tipo de régimen. En esos casos aquello tan manido de que "cada uno es como es" suena como la principal excusa.

Pero eso no es verdad. Falsa, sin duda, esa frase puede ir contagiándote hasta hacerte desistir de tu empeño de adelgazar. Hay quien llega a apelar a su constitución genética para decirse a sí mismo que toda lucha es inútil, que existe una especie de determinismo de los genes que aboca al fracaso cualquier empeño de rebeldía. Pero tampoco eso es cierto. Hay que reconocer que puede haber sobrepesos motivados por ese problema, pero en la mayoría de los casos la situación real es como la de aquel chiste de la chica que queda embarazada y no se explica cómo... Pues, en este caso, el cómo no es otro que el comer; y el comer demasiado, no hay vuelta de hoja...

La realidad es que sea por falta de voluntad, sea por esa tesis de que cada uno es como es, o sea por el hartazgo que supone

Los milagros no existen

Ya estarás convencido de que hay algunas maneras de perder peso que no adelgazan. El empleo de diuréticos, por ejemplo. (Está explicado en "Otras formas de perder peso", en el capítulo 13.) Aparte de los problemas que puede causar en el riñón, este sistema de adelgazamiento por pérdida de agua y sales es puramente ilusorio porque el organismo recupera su equilibrio al cesar la administración del diurético y beber agua. Ocurre lo mismo que con la sauna: una sudoración excesiva hace perder peso momentáneamente, pero eso no es adelgazar. Basta con reponer el líquido (la sed que se siente así lo exige) para recuperar el peso perdido.

Otra forma de perder peso es no comer. Ciertamente es efectiva, pero peligrosa. Todo lo que no incluya un aporte suficiente de proteínas puede ser nocivo. El cuerpo necesita un mínimo de 50 g de proteínas cada 24 horas. Un aporte menor crea un estado depresivo, desnutrición, sensación de fatiga y cansancio.

El único adelgazamiento verdadero está en la pérdida de grasa, fundamentalmente mediante una menor ingestión de calorías, pero cuidando que el índice de proteínas sea el adecuado. Por eso es importante reducir el volumen de las grasas ingeridas. Para adelgazar un kilo, es decir, para perder un kilo de grasa, es necesario ingerir 9000 calorías menos de las que se gastan.

No hay que perder de vista que no es posible adelgazar más de 200-230 g diarios porque nuestro organismo, que es tan equilibrado, puede llegar a tomar hasta 2000 calorías de sus propias reservas cuando está en reposo. Por lo tanto, ayuda aumentar el gasto calórico del cuerpo a base de ejercicio físico. El nutricionista francés J. Tremolières, uno de los grandes especialistas del mundo en este tema, señalaba que para adelgazar 230 g cada 24 horas, y sin riesgo, es necesario:

✔ Hacer regularmente por lo menos tres comidas al día.

✔ Organizar un régimen de 800-1000 calorías/día.

✔ Ingerir 55 gramos de proteínas.

✔ Beber por lo menos un litro y medio de agua.

No te abandones. Piensa que un exceso diario va añadiendo peso. Si diariamente tomas 70 g de mantequilla o aceite, o 250 g de pan, 20 cl de whisky, o un litro de vino, ingieres además de la comida normal entre 500 y 700 calorías extras. Y eso supone alrededor de 2 kg al mes. Es decir, 24 kg al año.

Recuerda que en esto no hay milagros.

renunciar a los más atractivos caprichos culinarios sin que ello se traduzca en resultados, mucha gente acaba impregnándose de un sentido fatalista de la vida. Y así es cuando se llena de razones que suenan a disculpas: "toda la vida conteniéndome", "es mi constitución, yo soy así" o "¿por qué no puedo comer lo que me apetece?".

La edad no es motivo de disculpa

Otra excusa más grave es la que se proyecta sobre la edad. Como si haber superado un determinado tope de años concediera permiso para liberarse de ataduras: "ya va siendo hora de disfrutar de cosas sin que el peso importe", arguyen los que caen en esta postura no menos errada.

Y es así como poco a poco se van añadiendo kilos y el cuello de la camisa ahoga y abrocharse la cintura del pantalón es una ímproba proeza (y se acaba abrochando bajo la tripa para poder respirar). Sobre los habituales kilos de más se van superponiendo primero uno, luego otro, y otro... Y a más edad, peor. "La tensión, la tensión", dice en voz baja la conciencia...

La preparación psicológica

Pero metámonos ya en faena. Verás que a lo largo de este apartado repito muchos conceptos. Lo hago intencionadamente para recalcar una y otra vez las ideas a fin de que queden bien claras.

Si te has sometido ya a alguna dieta podrás hacer esta afirmación, aunque al principio te resulte extraña: "Todos los regímenes funcionan". Y con la misma rotundidad podrás afirmar también: "Todos los regímenes fallan".

Y bien, ¿cómo puede ser cierta una cosa y a la vez su contraria?, me preguntarás. Pues muy sencillo, porque el régimen no puede basarse sólo en organizar las comidas. Debe ser algo que vaya más allá. Por desgracia, en muchas ocasiones no es así y con facilidad se olvida un detalle tan trascendental como la personalidad de quien se somete a dieta, cuando la parte psicológica de este proceso es más que importante; importantísima. Más, incluso, que las propias normas dietéticas.

Por lo tanto, proponerse un sistema de adelgazamiento a largo plazo exige más mentalización que recetas y más estímulo que recomendaciones sobre los distintos alimentos. Así que prepara bien tu trinchera psicológica. Y parte de algo que parece sencillo: comprender la obesidad. No te impacientes. Ya sé que quieres cuanto antes una serie de normas para empezar tu dieta; pero eso no te serviría ahora de nada. Ten calma y, de momento, refuerza tu voluntad.

Milagros que no llegan

La mayoría de especialistas en dietética y nutrición, esos que en el lenguaje popular llamamos *gordólogos*, tienen siempre los mismos pacientes. Son esos que van rotando de un médico a otro, los mismos que ante el perceptible adelgazamiento de un conocido le piden de inmediato que les pase las claves de su régimen.

En el fondo, estas personas no están solicitando una dieta, sino un milagro. Buscan, con la mejor voluntad, una directriz que haga realidad sus deseos de adelgazar. Pero al poco tiempo, tras unos días, o incluso algunas semanas de sacrificio, aquella cena, aquel compromiso, aquel instante de debilidad les hace finalmente sucumbir, sobre todo porque no han visto resultado alguno en su lucha que los anime a persistir en ella. Y el problema serio —ya veremos por qué— es que entonces, en la psicología del obeso, surge la teoría de la compensación: "Bueno, ya que me lo salté...". Y entonces no es que haya una trasgresión puntual, sino casi un ataque de bulimia.

Por eso, para ir construyendo un soporte psicológico apropiado para asentar sobre él un régimen dietético, hay que saber por qué se engorda. Independientemente de los problemas metabólicos u hormonales —que los hay, pero en una proporción mínima—, todos engordamos por la misma regla: ingerimos muchas más calorías de las que gastamos. Y el organismo las guarda en forma de grasa. Esa es la clave de la obesidad.

No se cura, pero se trata

Una propuesta inicial. Anota esta frase que está destinada a que la repitas de manera casi continuada como si de un mantra se tratara: "La obesidad es una enfermedad crónica y, por lo tanto, no se cura; pero tiene tratamiento". Así de directo, serio y claro. Escríbela, pues, en un papel y tenla siempre a mano.

La obesidad no se cura. Y por suerte es una enfermedad que no plantea mayores problemas siempre que se sigan las recomendaciones adecuadas. Imagínate que un día te descubren por ese picor en la ingle, por esa sed permanente o por cualquier otra causa que eres diabético. Eres, por lo tanto, un enfermo crónico, con una enfermedad que no se cura, pero que con el tratamiento adecuado se controla perfectamente.

Pues ese es el punto de partida. Los gordos, vamos a llamarnos así sin más eufemismos, tenemos una enfermedad crónica que no se puede curar. Y eso lo demuestra el hecho de que si, tras un régimen más o menos largo volvemos a comer lo mismo que comíamos antes, al poco tiempo estaremos nuevamente gordos. No hay milagros contra eso, como la experiencia confirma.

Además, volvemos a engordar desde el mismo momento en que empezamos a comer de nuevo las mismas cosas; que tarde algún tiempo en notarse no quiere decir que el organismo no esté aprovechando ya las calorías de más que se le suministran.

Beneficios que no tienen precio

Debemos comprender lo que la obesidad tiene de patológico, que no es poco. Lo decíamos al principio de este libro, pero conviene repetir una serie de conceptos. No se trata sólo de un problema estético. El que padece sobrepeso está recargando su organismo. Su tensión se eleva. Precisamente por su alimentación, quien padece obesidad suele tener elevados los triglicéridos, el colesterol e incluso el ácido úrico.

Fíjate: sólo rebajando el 10 % del peso, los beneficios que se obtienen son de tal magnitud que debes tenerlos muy presentes:

✔ Se reduce en más del 20 % la mortalidad total.

✔ Se reduce en más del 30 % la mortalidad relacionada con la diabetes.

✔ Se reduce el 40 % la mortalidad relacionada con la obesidad.

✔ Se reduce en 10 mmHg la presión sistólica (la alta).

✔ Se reduce en 20 mmHg la presión diastólica (la baja).

✔ Disminuye a la mitad la concentración de glucosa.

✔ Baja el colesterol total en el 10 %.

✔ El LDL (colesterol malo) se reduce en el 15 %.

✔ Aumenta el HDL (colesterol bueno) en el 8 %.

✔ Los triglicéridos disminuyen en el 30 %.

Hablamos tan sólo de rebajar el peso en un 10 %: 8 kg, si pesas 80; 7 kg, si pesas 70. No es tanto. Ya puedes anotar estos beneficios para tenerlos a mano, como una ayuda para reforzar la voluntad.

Un análisis de sangre

También es aconsejable partir de un análisis de sangre, porque te va a mostrar la necesidad de controlar los triglicéridos, el colesterol, el ácido úrico, etc. Puedes solicitarlo a tu médico diciéndole que quieres someterte a una dieta para adelgazar. Lo verá con muy buenos ojos. Y sus comentarios sobre los resultados también te servirán para convencerte de que debes perder peso.

Es el momento de releer los beneficios que se derivan de adelgazar, porque ese convencimiento va a ser muy útil para reforzar tu voluntad. Si tienes los triglicéridos elevados y la tasa de colesterol bastante por encima de lo recomendable, tu sangre puede tener una densidad poco común. Imagina una sangre espesa. Y piensa en todo lo que puede ocurrir si un día bombea de más, o tiene una subida de tensión, o se acelera, o las arterias no tienen la elasticidad deseada.

¿Cómo soy de obeso?

Llegados a este punto, el paso que hay que dar es calibrar la obesidad de cada uno. Si son sólo un par de kilos de más, ya sabes que cenando únicamente fruta durante una semana los pierdes y en paz. O sustituyes alguna comida por una de esas barritas que hay en el mercado. Tan fácil como eso.

Pero si son ocho, diez o más kilos, entonces debes apelar íntimamente a la consideración de la enfermedad crónica. Seguramente son kilos que se han ido colgando al organismo poco a poco. Cien calorías de más no suponen, en efecto, nada. Pero con el paso de los días, las semanas, los meses y los años son kilos que se van añadiendo y nos hacen exclamar: "No sé por qué, pero peso diez kilos más que cuando me casé. Y mira que me cuido".

Si hablamos de la obesidad como una enfermedad es por el riesgo que supone la sobrecarga. Diez kilos de más —recuerda el ejemplo— son como una mochila de grasa que nos colgamos de los hombros, del corazón, de las articulaciones, de la tensión...

Más allá de la estética

El obeso casi siempre es hipertenso. Como además suele tener hábitos dietéticos muy determinados, su tasa de colesterol es normalmente también más alta de lo recomendable, y si fuma, une los tres grandes factores de riesgo para el accidente cerebrovascular. Hay que ser consciente de que en esta cuestión, cuando hay más de un factor, el riesgo no se suma sino que se multiplica. Por lo tanto, atención, porque el asunto es serio.

No es por asustar. Se trata de poner las cosas en su sitio. Adelgazar no es un tratamiento estético, aunque conlleve hoy una imagen socialmente mejor valorada. Adelgazar es un tratamiento para remediar una enfermedad crónica.

Y ahora únicamente tu conciencia puede definir si consideras tu sobrepeso como enfermedad, o si sólo lo ves como una ligera molestia. De esa consideración debes partir para seguir adelante con tu propósito.

¿Por qué engordamos?

Tienes interés en perder kilos y poco a poco se va trazando el panorama psicológico en el que nos vamos a mover. La primera pregunta aconsejable que debes plantearte es el porqué de tu sobrepeso. Es el punto de partida. Y no debes darle muchas vueltas, porque tu conciencia ya ha respondido: "Engordo porque como de más".

El problema que surge aquí es que, como recurso, acudimos a comparaciones con esos compañeros que comen mucho más que nosotros y no engordan. O a aquellos años de crecimiento o de juventud en los que, comiendo más que ahora, además adelgazabas.

Pero todo eso son excusas de mal pagador. Porque estamos hablando del aquí y del ahora. Y ahora engordas porque comes de más. No "más" a secas, sino "de más".

Las leyes de la termodinámica

Es verdad que esta respuesta tan categórica, tan admitida, tan bien dada, no es del todo cierta. Ya veremos los matices. De momento baste saber que, nos guste o no, todos seguimos las leyes incontrovertibles de la termodinámica. Si ingerimos más de lo que gastamos, en términos de calorías, engordamos. Si gastamos lo mismo que comemos, nos mantenemos estables. Y si comemos menos de lo que nuestro organismo consume, adelgazamos.

En teoría, esta es una exposición perfectamente aceptada. Aunque si profundizamos un poco, el tema no es ni tan sencillo ni tan exacto. Todos conocemos a quien come de todo, no hace ningún ejercicio y no engorda. Y todos conocemos también a quien —según dice— le engorda el aire: con muy pocos alimentos luce una oronda figura. Eso quiere decir que intervienen otros factores. Pero no es nuestro caso.

La teoría de los globos

Sólo como anécdota, acude a una de esas fotografías que tienes de la infancia. Puede ser la del primer diente, el primer lazo, el primer desnudo en la cuna. Es muy probable que luzcas una figura redondita. En las piernas se podrán contar dos o tres rollitos de carne. Se mostraba la buena crianza con la expresividad del bebé gordo. Bien, pues posiblemente nuestra obesidad parte de ahí, de esos mofletes sonrosados que nuestra madre lucía con orgullo cuando nos sacaba de paseo.

Mira por dónde, esa puede ser la causa. Porque cuando nacemos venimos al mundo con un determinado número de células grasas, los adipocitos, que son como globos. Son células que, según nuestra alimentación, van llenándose de grasa. Y de nosotros, de lo que comamos, depende que los rellenemos mucho o poco y que, por lo tanto, seamos más o menos gordos.

Pero si comemos tanto como para hinchar esos globos hasta su capacidad máxima, el organismo tiene la facultad de crear más. Sobre todo cuando es aún muy joven. En otras palabras: si cuando somos pequeños comemos en exceso, además de llenar nuestros adipocitos ponemos en marcha el mecanismo para fabricar otros nuevos y como no se destruyen, nos acompañan ya para siempre. Por si fuera poco, esos adipocitos —esos globos— tienen una enorme voracidad, podríamos decir. Tienen ansia de grasa. En cuanto nos descuidamos en la alimentación, ellos tratan de acumular grasa para su supervivencia.

De aquí se deduce algo importante, quizá no ya para nosotros pero sí para nuestros hijos: la obesidad potencial se crea en los primeros años de la vida, en la etapa en que estamos hinchando los globos, es decir, rellenando adipocitos. Por eso hay que ser conscientes de que el mejor tratamiento contra la obesidad reside en evitarla.

El exceso es el que manda

Un punto más de reflexión: aun comiendo lo mismo que otras personas, unos adipocitos ansiosos van a aprovechar mejor tus debilidades gastronómicas.

Además, parece que cada persona tiene un modelo corporal, un esquema al que el cuerpo quiere ajustarse. Es como si tras un periodo que considera normal, el propio organismo estableciera su patrón y procurara mantenerse dentro de esos límites. Eso explicaría por qué trata de mantener determinados niveles de grasa o de masa muscular.

Teóricamente, nosotros comemos y sentimos hambre porque los sensores de nuestro organismo detectan una bajada de azúcar. Esos sensores avisan al hipotálamo, al cerebro, y es cuando el cerebro envía la orden: "Tienes hambre"; entonces comemos. Pero eso es sólo teoría, porque si fuera así, con unas ingestiones mínimas subiría la concentración de azúcar en la sangre y desaparecería la sensación de hambre.

Quizás es ese modelo diseñado en etapas tempranas de nuestra vida el que nos dice: "Come. Detecto que no tienes suficiente azúcar. Come más. Te falta grasa. O masa muscular".

Entonces uno come y va cumpliendo esa especie de orden grabada a base de exceso. Parece mentira constatar que el exceso es en el fondo el que manda. Si como de más, voy dándole anchura a ese modelo, de manera que cada vez me irá pidiendo más. La conclusión, a lo mejor nada científica, ya es un dicho popular: "Cuanto más comes, más quieres comer".

Maldita báscula...

Una vez que has dado un paso adelante y has empezado una dieta, la báscula se encargará de darte la primera decepción. Tienes que ser consciente de ello y no dejarte hundir por lo que te pueda decir. Al principio, cuando sigues el régimen de forma estricta, ves que los primeros días adelgazas. Entonces la hora de pesarse produce ilusión porque ves que el sacrificio está mereciendo la pena. Hasta que un día... la báscula se para. Es un momento que se siente como una traición. Ya no pierdes tantos gramos, ni ese medio kilo cada dos días... Al poco llega la desesperación, acrecentada porque eres consciente de que has cumplido a rajatabla las imposiciones del dietista. ¿Qué ha ocurrido?

Pues algo tan sencillo como que el cuerpo se pone en guardia. Que se resiste al cambio. Y no es por ese modelo corporal del que hablábamos hace unos párrafos, no. Es que el organismo advierte que le está pasando algo extraño, que no recibe toda

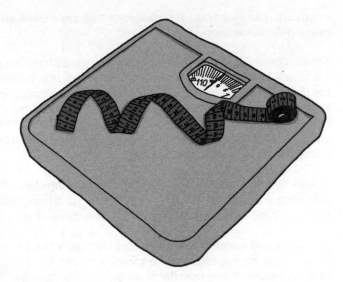

Figura 14-1:
Maldita
báscula...

la energía que recibía no hacía tanto tiempo. Y comprueba que incluso el ahorro energético que tenía en forma de grasa en la despensa de los michelines empieza a descender. Y entonces pone en marcha todo un mecanismo regulador para que el gasto interior sea menor, y hasta reduce ligeramente el metabolismo.

Ante la decepción, prevención

Hay que estar prevenido porque esa decepción llega. Ocurre y es desalentador. Pero debes saber que dura poco tiempo. Si uno persevera, el cuerpo acaba obedeciendo. Un poco más de agua, y sobre todo un poco más de ejercicio físico, y vuelve a ser obediente y dócil.

Por lo tanto, lo que no debes hacer nunca es desistir porque lo que la báscula dice no se corresponda con tus deseos. Por eso te aviso, porque justo cuando el aburrimiento empieza a trepar por el estómago, el dichoso artilugio te niega su apoyo. Pero es momentáneo. Tenlo muy presente, porque en muchos casos es precisamente en ese estancamiento (y desde luego en la dieta aburrida que se lleva) donde se encuentra la justificación para tomar ese *gin-tonic* que tanto se ansiaba desde quince días atrás.

Y de paso, "como ya me salté el régimen", esas apetitosas almendritas saladas.

Paciencia y constancia. Es un bache que en poco tiempo se supera y al que le sigue, como gratificación, un pronto salto del peso a tu favor: un kilo menos. Por lo tanto, podemos extraer dos conclusiones de esa experiencia: la primera, que la constancia siempre tiene premio, y la segunda, que, como dicen los expertos, no es aconsejable pesarse todos los días. Es suficiente con una vez por semana.

Capítulo 15

Primera etapa:
hacia el pleno convencimiento

· ·

En este capítulo

▶ Aprender a contar y valorar las calorías

▶ Decidir cuánto quieres adelgazar

▶ Poner en marcha el plan

▶ El efecto yoyó

· ·

Grande Covián siempre decía lo mismo: "Desengáñese. En esto no hay milagros. Para adelgazar sólo hay que ingerir menos calorías de las que se gastan. No hay más secretos".

Por eso vamos a partir de esta base: olvida todas las dietas que hayas hecho con anterioridad. Como primera medida, proponte aprender a contar las calorías, y no sólo a contarlas, sino también a valorarlas, ya que no todas se comportan de igual manera ni son iguales, como ya hemos visto.

El comportamiento de las calorías

Una de las cosas que más puede llamar la atención es saber, por ejemplo, que si comemos un trozo de pan que nos proporcione 100 calorías, nuestro organismo va a invertir por lo menos 20 en asimilarlas; o sea, que esas 100 calorías se convierten en 80.

De este modo, debemos asumir un principio fundamental: aunque tenemos que reducir todos los alimentos a calorías, no todas las calorías son iguales. Esta afirmación exige comentarios. Es verdad que estamos ya acostumbrados a medir todo lo que comemos por su valor calórico: que si un gramo de grasa aporta nueve calorías, que si un gramo de proteínas aporta sólo cuatro, que si un gramo de carbohidratos aporta otras cuatro...

Pero aunque proteínas, grasas y carbohidratos proporcionan cantidades conocidas de calorías, su comportamiento no es el mismo en nuestro cuerpo. El ejemplo del pan es ilustrativo. Consumimos 20 de cada 100 calorías de carbohidratos. A la hora de engordar, las 100 calorías de los carbohidratos se convierten en 80. Claro está que hablamos de carbohidratos compuestos. Si son simples como el azúcar, como no hace falta digestión y se asimilan con toda facilidad, apenas hay gasto previo. O sea que de 100 calorías de azúcar asimilamos 100 calorías. O dicho de otra forma: las cuatro calorías por cada gramo de azúcar están inmediatamente disponibles, mientras que las cuatro calorías del arroz o unas legumbres tardan más en estar disponibles, pues se incorporan gradualmente, y su digestión y asimilación emplean el 20 % de energía.

La asimilación de la grasa

Con la grasa ocurre algo parecido que con el azúcar, con el agravante de que un gramo de grasa aporta más de dos veces las calorías que aporta uno de azúcar. Exactamente, nueve calorías. Eso quiere decir que 100 g de aceite, aunque sea de oliva, nos proporcionan nada menos que 900 calorías. Con la grasa, pues, mucho cuidado. Primer convencimiento.

Y la observación subsiguiente: sin necesidad de ponerse a dieta, sin restricción de calorías, sólo cambiando las calorías de la grasa por calorías de hidratos, ya se adelgaza. (Lee el apartado "No todas las calorías son iguales", en el capítulo 4.) Por ejemplo: sustituir un bollo industrial por pan, o patatas cocidas en vez de una salsa, o arroz blanco en lugar de otras guarniciones con grasa.

El peligro inicial está en la grasa. Por ello, los alimentos grasos deben ingerirse con cuentagotas. Así, por ejemplo, debes tener muchísimo cuidado con los embutidos o con el queso. Piensa, que, por ejemplo, un queso curado tiene del orden del 40 % de materia grasa. Si es un quesito de apariencia inocente, lee en el envase el porcentaje de MG (materia grasa) y calcula: si tomas 100 g y tiene un 40 % de materia grasa, eso quiere decir que ingieres 40 g de grasa y, por lo tanto, 360 calorías.

Saber decir no

Así que ya lo sabes: cuando te ofrezcan un pedazo de queso o un buen embutido, di que no. Y si te insisten con aquello de "hombre, un poco no puede hacerte daño", no dudes en contestar: "Ya lo sé, pero no".

Y vuelve a tu refugio, recordando que la obesidad es una enfermedad, como la de un diabético. Y que no se cura, pero tiene tratamiento y es tan sencillo que te permite disfrutar plenamente de la vida. Aunque digas que no a alguna cosa, si sigues ese planteamiento no tendrás la sensación de estar negándote a todo.

La carne como guarnición

Por razones similares —y otras que iremos viendo— hay que tener cuidado en lo que se refiere a algunas carnes. El vacuno, por ejemplo, tiene hasta el 20 % de grasa no visible; así que cuanta menos consumas, mejor que mejor. Ahora bien, como es una proteína de alto valor biológico, tampoco es correcto eliminarla por completo. Si unimos a esto la idea de que la grasa animal debe limitarse por razones exclusivamente de salud (es grasa que facilita el depósito de colesterol y de la que los oncólogos recomiendan un bajo consumo), la conclusión es clara: la carne en el plato debe ser la guarnición, y no al revés.

Es verdad que hay carnes, como la del pollo que, sin la piel, no aportan esa grasa. Pero también en esto hay gustos.

Cómo nos afecta lo que comemos

Aunque ya hemos visto qué comemos realmente (los principios inmediatos, las vitaminas, los minerales, etc.), conviene señalar algo importante: qué nos engorda. Seguro que crees que todo lo que comemos nos engorda; pero eso no es del todo cierto. Vamos a ver de manera muy rápida ahora —aunque lo hagamos con más detalle después— qué ocurre con lo que comemos.

En una dieta el 55 % de las calorías deben proporcionarlas los hidratos de carbono (están en pan, pastas, cereales, frutas, legumbres y, en su forma simple, en los azúcares); el 25 %, las proteínas (están en carne, huevos, pescado, legumbres y leche), y entre el 15 y el 20 %, las grasas (las encuentras en aceites, rodeando algunas carnes y de forma no visible en carnes [20 %] y pescados grasos [10 %]).

¿Qué ocurre cuando comemos hidratos de carbono?

Ya sabes que un gramo de hidratos de carbono proporciona cuatro calorías. No hablamos aquí del azúcar, sino de los complejos, que suelen tener también mucha agua y mucha fibra. Por ejemplo, 100 g de lechuga proporcionan 1.5 g de proteínas y 2 g de hidratos. Lo demás es agua. Traducido a calorías, 10. Otro ejemplo: 100 g de pan nos dan 35 g de agua, 7 g de proteínas, 1 g de grasa y 56 g de hidratos de carbono. En calorías, unas 250, para redondear.

Los dos son hidratos de carbono complejos. Si tienes mucha hambre puedes empezar por un buen plato de lechuga. Medio kilo te va a dar 50 calorías. Siempre que comas carbohidratos vas a observar que quitan muy bien el apetito. Esas mismas calorías en forma de grasa serían una cucharada de aceite. Y evidentemente la saciedad que proporcionan es muy distinta.

En el caso del pan ocurre lo mismo. Cuando ingieres hidratos de carbono, el organismo los aprovecha y los quema con el movimiento que haces. Pero si ingieres de más, trata de guardarlos. La ventaja es que en el proceso de transformarlos en grasa, para guardarlos, invierte, ya lo decíamos antes, por lo menos el 20 % de la energía que contienen. Así que de 100 calorías de carbohidratos complejos, el organismo aprovechará las primeras como combustible. Si hay reserva tratará de guardarlas, con lo que esas 100 calorías quedarán en 80, menos las que consuma el propio cuerpo al moverse.

¿Qué ocurre cuando ingerimos grasas?

Un gramo de grasa aporta nueve calorías. Más del doble que un gramo de hidratos o de proteínas. Y la grasa quita el hambre mucho menos. Por si fuera poco, cuando el organismo las guarda como energía de reserva, no gasta prácticamente nada. El trabajo de guardar 100 calorías de grasa apenas cuesta 3 calorías. Con el agravante de que el organismo puede almacenar grasa prácticamente sin límite, miles de calorías.

¿Qué ocurre con las proteínas?

Ya sabes que un gramo de proteína proporciona cuatro calorías, y con una ventaja: es el alimento que más quita el hambre. Para que te hagas una idea: 100 g de proteínas procuran la misma sensación de saciedad que 200 g de grasas y que 150 g de hidratos de carbono.

Por otra parte, nuestro cuerpo no es una máquina perfecta de asimilar, así que no utiliza todas las proteínas que ingiere. Si tuviera que ahorrar en forma de grasa esas 100 calorías provenientes de proteínas, consumiría además 30 en el trabajo de hacerlo.

Un alimento aislado no engorda

También hay que llegar al convencimiento de que un alimento aislado dice poco a la hora de engordar. Por ejemplo, hay quien comenta:

—Claro. Y nada de pan.

Y se puede argumentar un poco jocosamente:

—El pan no engorda.

El régimen más clásico para adelgazar, el de los presidiarios de los chistes, incluía pan. La dieta más drástica era pan y agua.

Quede claro, al margen de los chistes, que es toda la dieta la que engorda y toda la dieta la que adelgaza, no alimentos concretos y aislados. Es lo que respondió Grande Covián cuando le hablaron de que los bombones engordaban. Comentó: "Pues es dudoso. Si usted se come un bombón, ingiere unas 500 calorías. Si no come más que eso en todo el día, estará muy mal nutrido, sí; pero no engordará".

¿Cuánto me sobra?

Llegamos al punto clave. Ya hemos visto en la primera parte de este libro cómo se calcula el peso adecuado. O si prefieres, tu índice de masa corporal. (Lee el apartado "Calcular el peso correcto", en el capítulo 1.) De ahí hay que partir mucho antes de proponerse la toronja, la dieta del arroz o la alcachofa.

Vamos a proponer algo serio y a aprovechar el deseo de adelgazar para aprender a comer, de manera que podamos prescindir ya para siempre de la tiranía de los kilos. Partimos de una base expuesta ya en los primeros párrafos de este libro. Tratamos de que tengas una información útil que te pueda servir para estar bien nutrido y poder adelgazar de una manera sana y racional.

El cálculo del peso

Primera pregunta íntima y directa: ¿cuánto quieres adelgazar? O dicho de otro modo: ¿cuánto te sobra?

Recuerda el sistema:

$$\text{Índice de masa corporal} = \frac{\text{peso en kilos}}{\text{talla en metros}^2}$$

Haz el tuyo. Puede servir este ejemplo: si pesas 75 kilos y mides 1.73 m, debes hacer esta operación: 75 dividido por el resultado de multiplicar 1.73 por 1.73. Eso da tu índice de masa corporal; el que se obtiene es 25.08.

Ese índice está muy bien. Recuerda:

- ✔ De 20 a 25.9 tienes un peso normal.
- ✔ De 26 a 29.9 tienes sobrepeso (obesidad I).
- ✔ De 30 a 34.9 tienes obesidad.
- ✔ De 35 a 39.9 padeces obesidad notable.
- ✔ Más de 40, padeces obesidad mórbida.

Ya tienes una idea de cuántos kilos debes y quieres perder. Insistimos, el primer paso no es como mucha gente cree, elaborar una dieta y unas recetas. La primera receta que debe aplicarse es psicológica.

Figura 15-1: Clasificación por el peso

Peso normal   Sobrepeso   Obesidad   Obesidad notable   Obesidad mórbida

Consejos para tu plan de adelgazamiento

✔ **Haz cuatro o cinco comidas ligeras al día.** El gasto energético de la digestión reduce la acumulación de excesos. Digerir también quema calorías.

✔ **Intercambiar dietas con los amigos no tiene mayor sentido.** En el fondo, los que tendemos a la obesidad sabemos cómo perder peso; pero buscamos inconscientemente soluciones milagrosas que nos permitan adelgazar comiendo lo mismo.

✔ **No es lo mismo adelgazar que perder peso.** Adelgazar exige tiempo; por eso hay que plantearlo a largo plazo. Porque adelgazar es ir perdiendo grasa. Se puede perder peso sin adelgazar como ocurre cuando tomamos una sauna. Perder agua es perder peso. Y eso no es adelgazar.

✔ **Un pequeño exceso diario se traduce en un acúmulo al mes.** ¡Y en doce al año!

✔ **Un control regular del peso ayuda.** Si te controlas cada cierto tiempo, podrás bajar medio kilo cuando hace falta y no esperar a tener que bajar diez.

✔ **Evita las grasas.**

Hay que pensar que perder unos kilos por razones de estética es un acto de tu voluntad porque así te encuentras mejor. Y hay que ser consciente de que perder unos kilos no compromete la salud. No se puede amedrentar al gran público con la amenaza de la obesidad como si ésta fuera poco menos que una sentencia de muerte prematura.

El consejo, si quieres adelgazar, es que te plantees primero por qué deseas hacerlo. Después debes llegar al convencimiento pleno (única forma de que la voluntad se preste a colaborar), y por último tienes que pensar que el adelgazamiento real pasa por un cambio de hábitos alimentarios y una visión a largo plazo. No se trata de adelgazar tres kilos en una semana, sino de ir perdiendo peso poco a poco, para que el organismo se vaya adaptando gradualmente.

Es cuestión de mentalizarse

Volvamos a las consideraciones personales. Todo intento de adelgazar debe ir precedido de una idea clara: hay que mentalizarse. Por eso, un buen punto de partida es saber por qué engordamos. Si comprendemos ese mecanismo, será mucho más sencillo establecer principios que nos resulten convincentes para adelgazar.

Debe abrirse paso la idea de que no se trata de establecer unas reglas rígidas. La base de todo, y la única norma que hay, es decirse (y estar convencido de ello): "Yo quiero adelgazar". Y hay que añadir: "pero de manera racional". Porque, como has visto, circulan dietas de todo tipo, unas lógicas y otras absurdas. Ya dijimos que en este campo hay mucha irracionalidad, y hasta la gente más culta es capaz de admitir las teorías más peregrinas si se trata de adelgazar.

También es verdad que uno es capaz de hacer un enorme sacrificio si obtiene la compensación inmediata de lograr el objetivo. Hay quien logra el resultado apetecido en muy poco tiempo, porque a la hora de aplicarse llega incluso a comer mucho menos de lo recomendado. El gordo necesita el estímulo de ver que

El verdadero tratamiento de la obesidad

Adoptar una nueva forma de comer, plantearse el régimen sin prisa y aumentar el ejercicio físico. Estas son las normas que hay que seguir para lograr adelgazar. Y son las únicas que, adaptadas a cada uno de nosotros, constituyen el tratamiento de esa enfermedad crónica que se llama obesidad.

Por eso hay que tomárselo en serio. Porque es una enfermedad que empieza a ser epidémica. No llegamos aún a la situación de Estados Unidos, pero conviene saber que la obesidad nos cuesta ya en España más de dos millones de euros. Y gastamos una buena parte en terapias alternativas y soluciones mágicas. Alguien hizo ya el cálculo: cada español gasta 60 euros al año en luchar contra la báscula.

el esfuerzo compensa; la gratificación por su heroicidad lo anima a seguir la dieta sin hacer concesiones.

Pero ahí radica otro de los fallos. El adelgazamiento hay que planteárselo sin prisas para que sea realmente eficaz. Es más una forma nueva de comer que una dieta concreta. No es tanto un régimen como un concepto de cómo se debe comer. No es un tiempo de régimen en que se puedan y deban comer unas cosas y se tengan prohibidas otras, sino un cambio en los hábitos alimentarios. Ir despacio y sin prisas. Un régimen rápido obtiene, sin duda, resultados, pero la mayor pérdida es de agua y al poco tiempo el organismo retarda el adelgazamiento. Y lo más grave: cuando uno deja el régimen y vuelve a comer lo habitual, recupera todo el peso perdido aunque al principio lo haga de manera lenta.

El efecto yoyo

Un problema que ya conoce quien se ha sometido a varias dietas es el llamado "efecto yoyo". Es decir, el sube y baja. A lo largo de una vida uno se puede someter a unas cuatro o cinco dietas distintas. Con ellas se pueden bajar hasta 15 kg, que se recuperan en los dos años siguientes.

Como ya hemos señalado en el capítulo 2, pero creo que conviene insistir, cuando adelgazamos no perdemos sólo grasa (al principio, sobre todo perdemos agua). Al adelgazar perdemos grasa y músculo, masa muscular. Cuando engordamos, sin embargo, sólo acumulamos grasa. De aquí se deduce que en esas cinco etapas de adelgazamiento —en esas cinco dietas de nuestra vida— hemos perdido un buen porcentaje de nuestro músculo, que hemos cambiado por un buen paquete de tejido adiposo: grasa.

Dos conclusiones hay que extraer de esa comprobación.

> ✔ Que cuando nos pongamos a dieta, para obtener mejor resultado y compensar la pérdida de masa muscular, debemos aumentar el ejercicio físico. Eso facilita el adelgazamiento por varias razones: consume más calorías, uno se siente más fuerte y ágil, y el músculo se revitaliza.

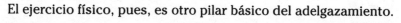

✔ Que si no hacemos ejercicio, vamos perdiendo músculo. Al volver a engordar admitimos sólo grasa, y eso significa que la próxima vez que nos pongamos a régimen será más difícil adelgazar, como seguramente hemos comprobado en más de una ocasión.

El ejercicio físico, pues, es otro pilar básico del adelgazamiento.

La única forma de adelgazar de verdad es ir poco a poco.

Capítulo 16

Ya estamos convencidos

La decisión de adelgazar ya está tomada. Y aunque tenemos claro qué nos ha llevado a tomarla, recordarlo puede ser una forma de que esa voluntad adquiera carta de permanencia. Varias pueden ser las causas que nos han llevado a dar el paso. Por un lado, es verdad que puede haber un componente estético. Pero no es lo más importante. Nuestra primera preocupación es que esos kilos de más —que por ahora pueden ser pocos— van a ir aumentando de manera inexorable si no tomamos medidas lo antes posible.

Las fotos no engañan

Para reafirmarte todavía más en tu decisión puedes hacer una prueba muy efectiva: vete por el álbum de fotos familiares y busca una imagen tuya de hace unos años. Por ejemplo aquella que en su momento no te gustó porque te encontrabas gordo o poco fotogénico…

Pues bien: compara al individuo que sale ahí con el que tienes frente al espejo. Han pasado sólo unos años, y puede que hayas cambiado de peinado, de *look*, de lo que quieras. Pero seguro que también de kilos.

Ese es el gran problema: los cuatro o cinco kilos de hoy serán ocho el año que viene y doce el próximo. Estéticamente esto no tendría mayor importancia. Pero ese sobrepeso te va a acarrear una subida de tensión y posiblemente una tasa de colesterol más alta de lo aconsejable. E incomodidad, sobre todo incomodidad.

Poco a poco, kilo a kilo...

Muchas personas han decidido adelgazar porque el simple hecho de ponerse los calcetines suponía un auténtico sufrimiento. Y algunas han pasado incluso por el trance de tener que pedir a sus parejas que les cortaran las uñas de los pies, pues acceder a ellas, con esa protuberancia abdominal, era prácticamente imposible. Y no se trata de obesidades mórbidas, sino de unos kilos de más que se han ido acumulando a otros kilos de más. Y así, año tras año, hasta llegar a un sobrepeso notable.

Por todo esto, por favor, deja de leer estas páginas un momento y haz la prueba de la foto. Te esperamos aquí.

Cuando viste esa foto la primera vez, te encontraste gordo e incluso tuviste la tentación de no guardarla. Era aquella etapa en que nunca te veías bien en las fotos. O sonreías de más o estabas muy serio. Sin embargo, a pesar de que entonces te sabías con unos kilos de más, no te parece ahora que se notaran mucho... Y por el contrario, ahora te encuentras bien a pesar de tener unos cuantos kilos más que entonces.

Es hora de empezar

Una vez tomada la decisión inicial, el siguiente paso es ser consciente de que vas a adelgazar sin prisas. Recuerda regímenes anteriores. Los hiciste bien. Adelgazaste. Pero, evidentemente, no te han servido, ya que tienes estas páginas entre las manos y buscas una solución que esperas sea definitiva. La hay.

Aquellos regímenes que hiciste, rápidos, exigentes y sacrificados, lograron rebajar temporalmente tu peso. Pero nada más. Ya ves, hemos incluido un adverbio de tiempo hasta ahora inusual: temporalmente. Ese es el problema. Casi todos los regímenes son buenos por un tiempo. Por ello hay quien dice que no hay ninguno que valga para siempre. Es una afirmación bastante frecuente, pero no tiene por qué ser así. Porque, como ya se puede entrever, no se trata de llevar a cabo un régimen concreto, sino de imponerse una forma distinta de comer que sea útil y válida en el tiempo.

Adelgazar sin prisas

Por eso vamos a ir adelgazando poco a poco, que es la única forma de adelgazar de verdad. Cuando se pierde peso poco a poco se va eliminando grasa, que es lo que nos interesa. Y hay que hacerlo así, sin prisas, por lo que no debemos nunca marcarnos objetivos concretos. Ni tampoco someternos a sacrificios enormes. Simplemente, tú mismo vas a controlarte. Y para hacerlo, tú mismo también has de calcular tu índice de masa corporal, ese grado de obesidad que te servirá como referencia del punto de partida. Si vuelves páginas atrás verás cómo se hace en los capítulos 1 y 15.

Dicho esto, y una vez que has comenzado todo el proceso, no estará de más que de vez en cuando te repitas que no estás a régimen. Dicho de otra forma: no hay alimentos prohibidos. Quítate de la cabeza la idea de que "esto puedo comerlo, esto no puedo comerlo".

La razón es sencilla y está apuntada páginas atrás, en el apartado "Preparación psicológica", en el capítulo 14. Si tienes la idea de estar a régimen, en el momento en que por cualquier circunstancia comas algo que no debes vas a tener la sensación de haber transgredido la norma, y vas a aprovechar esa circunstancia para seguir transgrediendo. En cambio, si no tienes la idea de estar a régimen y un día te ofrecen un bombón, y tú, que hace tiempo que no tomas dulce, sientes que se te antoja, te das el gusto de tomarlo. Y no pasa nada porque lo hagas, al contrario.

Parte de esta base: no hay nada prohibido. Nadie te prohíbe nada. Eres tú el que quiere suprimir algunas cosas. Nada más.

Tu dieta

Lo primero que debes hacer es adquirir cierta idea de los alimentos. Como ya te he comentado, no todas las calorías son iguales: ya sabes que el gramo de grasa son nueve calorías y que el gramo de proteínas o de hidratos son cuatro calorías. Traducido a escala práctica: la grasa es lo que más engorda y con más facilidad se asimila. En consecuencia, cuanta menos grasa, mejor (lee "El concepto de caloría", en el capítulo 4).

Grasas, no gracias

Piensa, dentro de tu manera habitual de comer, qué alimentos contienen grasa. La carne tiene alrededor del 20 % de grasa. Hay carnes que tienen más, como el cochinillo, el cordero y el cerdo. De todo ello, cuanto menos, mejor. Si eres de los que tiene la sensación de que no ha comido si no come carne, piensa entonces en una pechuga de pollo —sin piel— o en un muslo, sin piel. Puedes comer un buen jamón: con esmero, cuidado y dedicación digna de avezado cirujano, quita todo adorno de grasa. Enseguida te dirán: "¡Hombre, si por ese poquito de grasa no vas a engordar!". Y tienen razón: por un poquito, no. Pero al acabar el plato comprobarás que la cantidad de grasa eliminada era ya notable. Cualquier cantidad que se suprima, aunque parezca poca, ayuda.

Por lo mismo, debes procurar que quien cocine lo haga con muy poco aceite. Por eso, de momento, deja los guisos habituales para cuando ya tengas práctica en el arte de contar las calorías. Ya que hablamos de aceite, piensa que una cucharada sopera son aproximadamente 14 gramos. Recuerda que son 9 calorías por gramo y por lo tanto esa cucharada supone 126 calorías. Así que cuidado al aliñar las ensaladas y otros platos.

Un buen consejo es intentar, durante un tiempo, en vez de cocinar con grasa, hacerlo al horno con papel de aluminio. La comida resulta sabrosa y sin contenido graso añadido.

El horno, tu mejor amigo

En cuanto inicias una dieta, piensa que tu mejor amigo a partir de este momento son el horno convencional, el vapor y el microondas. Encontrarás, si las buscas, cientos de recetas sin grasa y sabrosísimas, aptas para estos tres sistemas de cocción.

Abandona la sartén y las salsas. Y piensa en condimentos que quizá te resultarán exóticos. Por ejemplo, en la salsa de soya para acompañar un arroz blanco o un pescado al vapor o cocido.

La tentación de los dulces

Otro alimento que debes limitar es el azúcar. La razón es sencilla. Son sólo cuatro calorías por gramo y eso es poco, ciertamente. Pero son calorías que se asimilan de forma inmediata, sin perder nada en el proceso de asimilación.

Por cierto, quizás hayas leído que debes tomar azúcar porque el cerebro la necesita. Es verdad que el cerebro necesita glucosa de manera constante. Pero no es menos cierto que esa glucosa se obtiene por la digestión de los hidratos de carbono. Gracias a la digestión, el organismo va a transformar en azúcares una papa cocida, una lechuga o un tomate. No es imprescindible, pues, que le demos al cerebro el azúcar de manera directa para que la asimile sin el más mínimo esfuerzo.

Ya sabes, pues, que hay dos tipos de alimentos que debes tener siempre bajo control: las grasas y los dulces. Eso no quiere decir que no puedas comer un día cordero asado o que el día de Navidad no puedas probar el turrón. Lo único que se pretende decir con todo esto es que debes limitar la ingestión de grasa y azúcar siempre que sea posible.

Embutidos, muchos fiambres, conservas en aceite, fritos, quesos curados, natas y salsas son la expresión más habitual de los alimentos grasos.

No te fíes de los frutos secos

Otros alimentos que en este sentido resultan negativos son los frutos secos. ¿Que tienen muchas virtudes? Por supuesto, pero también tienen mucha grasa. Cada 100 g de cacahuetes, almendras o avellanas aportan entre 500 y 600 calorías; para dar una idea: más que un buen plato de paella. Aunque en honor a la verdad, hay que decir que 100 g de frutos secos son un buen puñado. Y recuerda que, al igual que el chocolate, son alimentos adictivos.

Aprende a comparar

Es una buena costumbre. Si un día de charla, en un aperitivo, te ponen unas papas a la francesa, unas aceitunas o unas almendras, es fácil que tengas la tentación de picar algo. Es entonces cuando debes pensar: "No me compensa. En vez de esas almendras prefiero un plato de lentejas".

Son equivalencias que te servirán para tomar decisiones y sobrellevar con alegría tu nueva forma de comer.

La nata de la leche

Muchas amas de casa constatan que la leche ahora "no hace nata". Si la hiciera, quien consumiera el primer vaso ingeriría prácticamente toda la grasa y dejaría el resto del envase sin ella. Por eso, para que la grasa se reparta por igual, la leche se homogeneiza antes de envasar, rompiendo los glóbulos de grasa para formar otros mucho más pequeños que no tengan la misma capacidad de aglutinarse.

Queso, chorizo, salchichas, jamón dulce y embutidos, en general, deben dejarse de lado. Frutos secos, aceitunas, papas fritas y conservas en aceite contienen la grasa suficiente como para cambiarlos por otros alimentos que te satisfagan gastronómicamente, con menor aporte calórico. Por lo mismo, limita la leche entera. Si tomas leche, que sea descremada, y para el café, no importa que lo cortes con un poco de leche entera. Piensa que la leche entera tiene el 3 % de grasa y la cantidad que se añade a un café es muy poca.

Resultados que no se hacen esperar

Fíjate: sólo con limitar esos dos grupos de alimentos —los grasos y los dulces— ya vas a notar cambios. Si eres capaz de estar así quince días, empezarás a notar modificaciones interesantes. Vas a sentirte más ligero. No digo más delgado, sino más ligero. Como si algo dentro de ti se hubiera deshinchado.

En los quince días siguientes vas a notar una auténtica pérdida de peso. No sé cuánto, porque depende también de la dieta que llevabas hasta ahora. Y de momento sólo has limitado —recuerda que cuanto más, mejor— dos tipos de alimentos: las grasas y los dulces.

Debes además desterrar el victimismo, el sentirte contrariado. No te has puesto ni a dieta ni a régimen. Simplemente crees que pesas de más y tú mismo has decidido combatirlo. De momento, de una manera muy simple: limitando las grasas y los dulces. No hay prohibiciones, sino sólo limitaciones. Nada más. Compruébalo días después y verás que puedes comer espléndidamente prescindiendo de esos grupos de alimentos sin sentirte angustiado por ello.

Tu propia satisfacción al comprobar que el sistema funciona te va a reportar beneficios importantes. Entre ellos:

✔ El estímulo para continuar. Recuerda que te has planteado adelgazar a largo plazo.

✔ Una cierta alegría íntima porque, por primera vez, no tienes sensación de estar a régimen, sino que tienes una comprensión racional de lo que estás haciendo. No te imponen nada, no te obligan a nada. Nadie te gobierna. Eres tú quien decide limitar lo más posible las grasas y los dulces. Nada más.

Ahora, al mirar atrás y analizar las dietas a las que te sometiste a lo largo de tu vida, comprenderás también muchas cosas. Por ejemplo, los absurdos sistemas de adelgazar que tuviste a bien seguir. O el abuso de pastillas, unas que quitan el apetito, otras que aceleran el metabolismo, otras que eliminan la grasa y unas más a base de algas, entre muchas otras.

¿Y entonces qué como?

Tienes muchas opciones. Recuerda que la parte psicológica es tan importante como la dietética. Así que no te obsesiones. Has decidido adelgazar y vas a conseguirlo. Si ya has reducido la ingestión de grasa, y si además sigues una dieta baja en calorías, la báscula irá diciéndolo. Y despacio. Es mejor perder tres kilos para siempre que perder seis en un mes y recuperar después ocho.

La tabla 16-1 presenta tu dieta anterior comparada con una dieta más apropiada.

Tabla 16-1: Dieta apropiada baja en calorías y con reducción de grasas

Dieta anterior	Dieta más apropiada
45 % de grasas	30 % de grasas
45 % de hidratos de carbono	55 % de hidratos de carbono
10 % de proteínas	15 % de proteínas

Recuerda:

✔ En esta primera etapa puedes incluso bajar un poquito más la grasa (grasa es aceite, tocino, mantequilla, margarina, y está invisible en carnes y pescados, quesos curados, embutidos, etc.).

✔ Los hidratos están en pan, pastas, cereales, azúcar, papas, frutas y verduras.

✔ Las proteínas las podemos encontrar en carne, pescado, huevos, legumbres, etc.

✔ La carne tiene aproximadamente el 20 % de grasa, que no se ve. El pescado entre el 3 % y el 8 %. El pescado graso —el hasta ahora llamado azul— tiene más, sobre todo en algunas épocas.

✔ Si aumentas la ingestión de fibra te sentirás más satisfecho con las mismas calorías ingeridas. La fibra está sobre todo en la cubierta de los cereales (toma el pan siempre integral), en el salvado (tenlo a mano para tomar una cucharada con un vaso de agua si tienes mucha hambre), y en verduras y frutas.

Sobre todo, no aburrirse

Si quieres hacer una dieta estricta de 1500 calorías al día, puedes buscar alimentos para incluir a modo de guarnición, con la idea de desterrar todo lo demás. Pero no te limites a una sola cosa, porque hay que evitar el aburrimiento. Así que en la reserva puedes tener:

✔ 1 rebanada de pan.

✔ 1 papa mediana cocida o asada.

✔ 2 cucharadas de arroz.

✔ 2 cucharadas de pasta.

Puedes jugar con estos alimentos a lo largo del día. Luego, buscando cantidades y calorías, elabora un menú con:

✔ 100 g de carne, pollo o pescado.

✔ 1 huevo.

✔ 3 cucharadas grandes de garbanzos o lentejas; o 75 g de queso fresco.

Y además:

✔ 1 pieza de fruta.

✔ 1 vaso mediano de jugo (sin añadir azúcar).

✔ Verduras para saciar el apetito: lechuga, escarola, espinacas, acelgas, borraja, cardo y alcachofa (ésta, con pocas
calorías, aporta mucha fibra y llena). Lo ideal es preparar
las verduras en ensalada con poco aceite, o rehogadas
con un poco de aceite, ajo y pimentón. Unos jitomates con
un poco de sal, y una verdura rehogada —acelgas y coles
de Bruselas, por ejemplo— ya quitan el hambre. A media
tarde una pieza de fruta. Y para la cena un resto del guiso
de verduras de la mañana. O alcachofas. O espárragos. O
setas...

No te alarmes, sólo son ejemplos. Verás cómo poco a poco
haces tus propios menús. No hace falta que estés con la cal-
culadora en la mano todo el día. Piensa: proteínas, 4 cal/g;
carbohidratos, 4 cal/g; grasas, 9 cal/g.

Preparar la dieta

A partir de este momento, la guía de composición de los alimentos será una herramienta fundamental para ti porque te va a
orientar sobre las calorías de tu nuevo menú diario. Consulta el
Apéndice A para más información. Piensa que estamos en una
dieta de 1500 calorías. Si te sientes satisfecho y quieres rebajar
a 1200, puedes; depende de ti. Y si ves que pasas mucha hambre
con 1500, puedes subir a 2000.

Recuerda que no tienes nada prohibido, sólo alimentos que no
quieres comer. Puedes, pero no quieres. ¿Está clara la filosofía?
No quieres, especialmente porque son grasos y la grasa va a ser
tu enemiga en esta etapa. A tu organismo le basta con un poco
de aceite en la ensalada. Y esa cucharada que se emplea para
rehogar el repollo, las coles, las alcachofas, las espinacas o las
acelgas.

Tabla de calorías en la mesa, y papel y lápiz. Piensa que el organismo no entiende de recetas, sólo sabe que, cuando comes, vas
a proporcionarle los nutrientes necesarios (proteínas, hidratos

y grasas) que la digestión va a transformar en aminoácidos, azúcares y ácidos grasos. Para lo que nos interesa, tú ingieres una determinada cantidad de calorías que debes distribuir adecuadamente a lo largo del día.

Si hablamos de una dieta de 1500 calorías, el consejo más especializado dice que debes repartirlas así:

✔ **Desayuno,** 25 % (375 calorías).

✔ **Comida,** 30 % (450 calorías).

✔ **Merienda,** 15 % (225 calorías).

✔ **Cena,** 30 % (450 calorías).

Si quieres hacer la dieta de 1200 calorías, debes saber que su distribución te permite ingerir:

✔ **Desayuno,** 300 calorías.

✔ **Comida,** 360 calorías.

✔ **Merienda,** 180 calorías.

✔ **Cena,** 360 calorías.

Una primera conclusión que ya puedes extraer: el desayuno es una comida importante. No tanto como la comida, pero parece lógico que durante la mañana, cuando normalmente se consume más energía, el organismo la necesite. Debemos romper con la tradición española de tomar el café y esperar a las tres de la tarde para comer. Es irracional. Si cenamos a las diez de la noche, el organismo está sin combustible durante quince o dieciséis horas, y luego en las siete siguientes le proporcionamos lo de todo el día.

Calcula las calorías

Ten a mano la guía de la composición de los alimentos del Apéndice A. Verás que todo se refiere a 100 g. Por ejemplo, hoy quieres comer pollo. Te compras una pechuga y vas a prepararla a la plancha. La pesas y ves que son 140 g. ¿Cuántas calorías tiene? O quieres saber cuántas calorías tienen un par de tomates (un tomate mediano pesa 90 g).

El cálculo es simple

Si 100 g de queso manchego, por ejemplo, tienen 420 calorías, calcula cuántas tiene un gramo: $420 \div 100 = 4.2$. Ya sabes que si tomas 20 g, ingieres 20×4.2 calorías, es decir, 84 calorías. Puedes hacer el cálculo con cualquier alimento.

El jitomate tiene 18 calorías por 100 g. Es decir, 0.18 calorías por gramo. Si tomas 180 g, eso supone menos de 33 calorías.

Haz tu propia dieta

Mentalízate: no tienes nada prohibido; eres tú quien no quiere comer alimentos grasos. Vas teniendo ya una idea de que debes comer de todo, no en mucha cantidad, pero sí lo suficientemente variado.

¿Qué te apetecería comer hoy?

¿Estás echando de menos un plato de arroz? ¿Probamos a hacer un menú de 1200 calorías? De acuerdo con la distribución recomendada (lee el apartado "Preparar la dieta", antes en este mismo capítulo), debes repartirlas así:

- ✔ **Desayuno,** 300 calorías.
- ✔ **Comida,** 360 calorías.
- ✔ **Merienda,** 180 calorías.
- ✔ **Cena,** 360 calorías.

La tabla 16-2 te presenta todos los detalles.

Tabla 16-2: Menú de 1161 calorías

Desayuno	Colación	Comida	Merienda	Cena
-Té o café con sustituto de azúcar	-Una taza de papaya **(39 cal)**	-Un plato mediano de arroz guisado **(372 cal)**	-Una taza de melón picado **(36 cal)**	-Té o café instantáneo sin endulzar al gusto.
-Sándwich: pan integral, dos rebanadas tostadas **(80 cal)**			**Total en merienda: 36 cal**	-Una quesadilla de queso: 1 pieza de tortilla de maíz
-Jamon de pavo **(32 cal)**		-Pollo (pierna o muslo) cocido sin piel en salsa verde **(165 cal)**		**(40 cal)**
- Queso panela **(115 cal)**				queso panela **(120 cal)**
-Medio vaso de jugo de toronja 120 ml **(46 cal)**	**Total en colación: 39 cal**	-Calabacitas(26 cal) y nopales cocidos (26 cal) 1 taza de cada uno tazas de los dos.		- Espinacas cocidas media taza (23 cal) con una cucharadas de guacamole **(50cal)**
Total en desayuno: 273 cal.		-1 plato de sandia **(30 cal)**		**Total en la cena: 233 cal**.
		Total en comida: 619 cal.		

* Hay que añadir unos 15 g de aceite, que vas a emplear para la plancha. Son 135 cal.

En la jornada, con este menú has ingerido 1161 calorías. Te puedes permitir una rebanada de pan. ¿Verdad que no es tan difícil y puedes jugar con una enorme variación?

Capítulo 17

Segunda etapa: planificación a largo plazo

*L*a primera etapa en este proceso de adelgazamiento en el que te has embarcado puede durar todo lo que quieras; te servirá leer el apartado "Primera etapa: hacia el pleno convencimiento", en el capítulo 15. Procura, eso sí, reducir las transgresiones al mínimo. De este modo verás que vas adelgazando, sobre todo porque al principio la pérdida de agua es mayor. No obstante, llega un momento en que es conveniente reforzar la voluntad, única forma de que quieras seguir adelante y no te entren ganas de echarlo todo por la borda una vez entres en ese conflictivo periodo en que el peso baja con lentitud exasperante. Porque que pase esto entra dentro de la normalidad, pero no por ello su efecto psicológico es menor. Lo habitual es que muchos duden entonces. ¿Tanto esfuerzo para nada?, se preguntan. En este caso recuerda algo muy importante: adelgazar de verdad es algo que sólo se consigue a largo plazo. Y más en este caso en que no estás a régimen, sino que puedes comer prácticamente de todo, con dos únicas excepciones que has de mantener a raya: las grasas y los azúcares.

La báscula, en casa pero lejos

Te lo he repetido ya en alguna otra ocasión, pero nunca está de más volver a hacerlo, porque en los regímenes la psicología es más importante que la dieta misma. En este caso debes tener muy presente la que será la máxima de tu plan de adelgazamiento: puedes comer de todo, pero hay algunas cosas que no quieres comer. Es un matiz, pero importante.

Pues bien, llegados a este punto, no cometas la torpeza de pesarte todos los días. Puedes llevarte disgustos gratuitos. El peso depende de muchos factores, y basta que un día no hayas ido al baño para que se altere. Pésate la primera vez y anota cuántos kilos son. Después, busca un día de la semana para pesarte. Sólo un día a la semana. Si eres de los que sale el viernes a cenar, no te peses el sábado. Vale más que lo hagas el propio viernes por la mañana. No es que se altere el peso o que haya trucos para pesar menos. Es que así te va a resultar más gratificante ver la cifra que indica tus kilos. Por otra parte, es posible que alguna semana no veas en la báscula el resultado de tu sacrificio. Pero no te preocupes, porque por muy testarudo y cabezón que sea ese artilugio pronto se dará cuenta también de que estás pesando menos.

Por lo tanto, y con eso bien presente, sigue adelante con la idea de limitar las grasas y los azúcares. Es conveniente que tengas presente todo lo que esto promueve en tu organismo porque así, cada vez que te prives de algo, sabrás el efecto que eso tiene. Si no aportas grasas, limitas mucho las calorías de la ingesta. Como consecuencia, el organismo pone en marcha la obtención de energía de sus propias reservas, que no son otra cosa que la grasa acumulada en forma de kilos de más.

Por otra parte, cuando necesites azúcares, el organismo va a obtenerlos de los hidratos de carbono que ingieres, que, como son complejos, se digieren más lentamente y además conllevan un consumo de energía en el proceso.

El consejo que ahora corresponde es mantenerse así un par de semanas más y comprobar qué ocurre. Y si logras estar así un mes, aún mejor. Verás entonces que sin un esfuerzo notable bajas varios kilos.

El cuerpo se pone a trabajar

Otra cosa muy importante para el éxito de la empresa es no ponerse plazos. Nada de preguntas tipo "¿y no podré comer nunca más grasas o azúcares?". Hay que ir paso a paso y pensando a largo plazo; ese es el secreto de todo. Por ahora no quieres grasas ni azúcares. Te sientes con exceso de peso y quieres adelgazar más. Ante eso tu cuerpo empieza a transformarse. No le queda otra, pues antes comías grasas y azúcares, y así tu organismo obtenía energía suficiente sin invertir un esfuerzo excesivo. En las ocasiones en que sobraba algo, lo guardaba en forma de lonja para épocas de escasez, y aquí paz y allá gloria.

Sin embargo, tu cuerpo comprueba ahora que no recibe grasas ni azúcares como antes, por lo que se pone a la labor de conseguirlas. Le estás haciendo trabajar. Así adelgazas; pero también surge esa alarma que ya comentamos. Es como si se dijera: "Algo está pasando. No sólo no recibo tanta energía como antes, sino que además empiezo a perder parte de la que tenía de reserva…".

La solución que tu organismo encuentra para hacer frente a tal situación es la de acudir a sus sistemas de ahorro. Es entonces cuando tu adelgazamiento se hace más lento y cada vez cuesta más trabajo perder peso. Pues bien, ha llegado la hora de que incrementes el ejercicio físico, uno de los pilares de toda buena dieta. Los otros dos te los recuerdo de inmediato:

- ✔ **Las calorías.** Una menor ingestión de calorías.
- ✔ **La actitud.** Un convencimiento psicológico que nos estimule para mantener la fuerza de voluntad.

El ejercicio importa, pero no basta

Con sólo cinco minutos que dediques a subir una escalera vas a gastar cerca de 50 calorías. Para que te hagas una idea: si tomaras todos los días 50 calorías de más, en un año habrías dado a tu cuerpo 18 250 calorías más; o sea, habrías engordado más de dos kilos. En cinco años, diez kilos; en diez, veinte kilos…

Si ya estás convencido de que tienes que hacer ejercicio, debes buscar aquel que vas a cumplir. No pretendas quemar todas las calorías el primer día. Ya hemos dicho muchas veces que este adelgazamiento es efectivo porque es lento y, por lo tanto, va quemando grasa.

Plantéate andar por la mañana. Si es posible, levántate un poco antes que de costumbre y camina. Vete andando al trabajo, da un largo paseo; si tienes bicicleta estática, proponte todos los días hacer media hora de bicicleta. No se trata de batir ningún récord; aquí el premio está en la constancia. Una cosa tan sencilla como un paseo de una hora, a marcha normal, consume alrededor de 220 calorías.

Lo aconsejable es hacer el ejercicio antes de desayunar, comer o cenar. Y de estas tres variantes, es preferible por la mañana. Y si decides acudir a un gimnasio, es mejor que lo hagas en grupo. El apoyo de los demás es importante y ayuda a convertir el ejercicio en algo cotidiano y no excepcional.

De todos modos, no puedes confiarlo todo al deporte. Recuerda lo que decía el doctor Bayeds (en el apartado "El ejercicio físico", en el capítulo 13): para eliminar un kilo de grasa hay que caminar con paso vivo y cuesta arriba unos 20 km.

Tentaciones que se pagan

Hay además otro aspecto en el que no se suele pensar: un poco de ejercicio no sólo aumenta el gasto calórico, sino que ayuda también a que los kilos que pierdes no descuelguen la piel. Verás: si hicieras algunos ejercicios de pesas (no te asustes, es un ejemplo), no se te descolgaría la piel de la parte posterior del brazo, debajo de la axila. Pues bien, eso, que es visible, puede ocurrir en cualquier parte de la anatomía.

Sin embargo, no debes creer que el ejercicio físico es la panacea y que, si un día te sobrepasas con la comida, vas a compensarlo al día siguiente en el gimnasio. Es bueno y conviene, sin duda, pero es muy difícil que sólo haciendo ejercicio compenses un atracón. Así, para quitarte las calorías de un simple sándwich mixto debes correr en bicicleta tres cuartos de hora; para eliminar las de un croissant necesitas caminar durante tres cuartos de hora; para compensar un helado tienes que correr media hora... Tenlo presente para cuando te llegue la tentación.

Frenos en el proceso de adelgazamiento

Hemos llegado al punto en que el organismo decide combatir nuestros propósitos de adelgazar sacando partido de sus sistemas de ahorro. Pues bien, estos van a ser el objetivo de nuestra lucha a partir de ahora. ¿Y cómo? Pues, por ejemplo, limitando —cuanto más, mejor— los fritos y las harinas. Y con especial ahínco todos aquellos alimentos en que estos dos elementos aparezcan juntos; es decir, los capeados.

Se puede discutir si lo que freímos lleva mucho aceite. Hay quien sostiene —y con razones científicas— que una buena fritura no engorda tanto como creemos. Porque si está bien hecha, al freírse la superficie el aceite no invade la parte central del alimento, limitando su presencia a la corteza que se forma. Según esa teoría, si a un filete rebozado le quitamos la corteza y, por lo tanto, la parte aceitosa, tendría menos grasa incluso que un filete a la plancha.

Aceptamos pan, pero menos

Sea como fuere, la propuesta que te hago es que a partir de ahora limites los fritos y todo aquello que lleve harina. "¿Y el pan?", me preguntarás. Pues también. Limítalo, aunque aquí no haga falta ser tan drástico. Es más, piensa que el pan engorda sobre todo por aquello a lo que acompaña (salsas, embutidos, etc.) y no tanto en sí mismo. Y, si no, prueba a hacer una dieta a pan y agua, la más extrema que se pueda encontrar. El adelgazamiento está asegurado entonces, aunque también un grave deterioro de la salud. Por lo tanto, el pan sólo tienes que limitarlo. Y como ahora no dispones de salsas en tus comidas, te será mucho más fácil hacerlo.

Intenta seguir así unas semanas. No es un esfuerzo especial. Basta con que repitas la máxima adecuada: puedo comer pan, pero no quiero. Un poco no importa. Puedo comer fritos, pero no quiero.

Y si empiezas a aburrirte de tu dieta, recurre a las compensaciones. Es un sistema muy útil porque en un momento determinado te permite elegir lo que quieres comer, por supuesto dentro de unos límites. Si un día, porque lo echas de menos, decides comer pescado frito (una fritura), puedes. Sólo es cuestión de que luego lo compenses.

Hay vida más allá de la carne

También es útil desterrar ciertas costumbres, como esa tan extendida de que no hay comida sin carne. Y, por supuesto, repetir una y mil veces que la asociación proteína-carne es un error. Hay proteínas tan válidas como las del pescado, los huevos o, con sus compensaciones, las de las legumbres.

Algunos expertos sostienen que la carne en el plato debería ser la guarnición y no al contrario. Sin embargo, son muchas las personas que basan su dieta en la carne. Tienen la sensación de que si no comen carne en un par de días, no comen.

Si eres de los que no puede pasar sin carne, recórtale toda la grasa visible antes de plancharla. Y un truco eficaz: mastica mucho. Mucho más de lo que necesitas. Así eliminarás una buena parte de la sensación de hambre.

Para acompañar esa carne, una ensalada; ni papas fritas ni pimientos fritos ni nada frito. Si alguna vez te sugieren que debe ser capeada, recuerda que la grasa se queda, en su mayor parte, en la pasta de capear. Así que debes retirarla.

El aceite de los fritos

Vamos a insistir un poquito sobre los fritos. Si compras y cocinas, ya sabes cuál es el consumo de aceite en tu hogar. Pero si no, pregunta y verás que freír consume mucho más aceite del que pensamos. Hay alimentos que se comportan no digo que como esponjas, pero casi. Ciertos alimentos ampliamente recomendados a la plancha, fritos se empapan de grasa y se convierten en un auténtico almacén de calorías.

Ejemplos hay muchos. En los restaurantes te ofrecen verduras a la plancha con sal de grano. Plato muy rico. Pero tanto las setas como la calabaza llegan llenos de grasa. Y la berenjena es una esponja de aceite. Haz la prueba: apriétala un poquito con el tenedor y verás qué cantidad de aceite es capaz de absorber. Así que quien crea que ese plato le aporta pocas calorías, se equivoca plenamente. Hay que tener un especial cuidado con estas cosas. Porque uno puede creer que al consumir verduras está cuidando su dieta y resulta que, en número de calorías, equivale a comer un guiso cualquiera. Pide, si te gustan las verduras, que sean realmente a la plancha, casi sin aceite.

El aderezo de la ensalada

Ahora ya conoces el consumo de aceite en tu casa. Te propongo que a partir de este momento aderesces tú la ensalada (si no lo hacías), esa que, en este sistema de alimentación, podría constituir tu primer plato. Hay tal variedad de ensaladas que sin duda sería un primer plato distinto cada día. O tu segundo; pero como plato, no como guarnición.

Adquiere, entonces, una botella de un buen aceite, y resérvala exclusivamente para aderezar la ensalada. Comprueba cuánto te dura. Y calcula: un litro de aceite son 9000 calorías. Cuando acabes la botella, que será antes de lo que te imaginas, habrás ingerido 9000 calorías. La tabla 17-1 te indica las equivalencias.

Tabla 17-1: Equivalencia de un litro de aceite de oliva

Producto	Equivalencia
1 litro de aceite de oliva	3 kg de alubias
	2.5 kg de azúcar
	1.5 kg de papas fritas
	4 kg de pan
	casi 9 kg de jitomate
	2 kg de chorizo

Déjame decirte que tanto la mantequilla como la margarina son iguales en términos calóricos, y aportan menos calorías que el aceite. Simplemente porque no toda la masa es grasa. Tienen agua. Y el aceite no. Aunque con esto no estoy recomendando la mantequilla, ni mucho menos: es grasa animal y, por lo tanto, puede ser nociva.

Sobre las diferentes carnes

Vamos ahora a profundizar en el tema de la carne y a aclarar algunas cosas. Por ejemplo, a igualdad de peso, la carne tiene mucha más grasa que el pescado. Recuerda que llamamos carne a la parte muscular comestible de los animales. En México, si se dice carne sin más especificaciones, suele entenderse carne de vacuno.

Por cierto, seguramente en más de una ocasión has comprobado cómo esta carne, en la sartén, expulsa mucha agua. Eso es señal de que el animal ha sido tratado con hormonas de engorde, precisamente para acumular agua. También puede tener clembuterol, una sustancia prohibida que convierte la carne en algo parecido a una esponja: le quita grasa y, por lo tanto, parte de su sabor, y además la hincha, por lo que la carne se hace más blanca y se llena de agua; por eso, muchas veces en la sartén suelta tanto líquido que en vez de freírse, se cuece. Quizá mucha culpa la tenemos los consumidores, que preferimos la carne rosada del animal de poca edad en vez de la del vacuno mayor, mucho más sabrosa; y claro, para mantener la carne blanca y rosada muchos acuden a esas sustancias prohibidas.

También es verdad que un animal mayor tiene más grasa que uno joven. Por lo tanto, un chuletón de vacuno viejo tiene mucha más grasa que un filete de ternera.

Comer cerdo o no comer...

Puedes comer de todo, eso ya lo sabes, pero debes saber también que la carne de cerdo suele tener más grasa que la carne de vacuno —alrededor del 25 %— y su valor en proteínas es menor.

Un buen filete en el menú

A la hora de elegir qué carne quieres debes tener en cuenta su valor nutritivo. Esencialmente aporta proteínas. Un filete de 100 g, para que tengas el dato a mano a la hora de hacer tu menú, te va a proporcionar unos 20 g de proteínas y alrededor de 65 g de agua. Y aquí conviene aclarar una cosa: cuanta más agua tenga, menos grasa; y viceversa: cuanta más grasa, menos agua. De ahí se deduce que si es de ternera joven tendrá más agua y menos grasa. Y si es vacuno mayor, tendrá alrededor del 20 % de grasa y, por lo tanto, menor cantidad de agua. Por término medio, puedes calcular que ese filete tiene 10 g de grasa, minerales y muy poco de hidratos de carbono. En términos de calorías, que es lo que más interesa, puedes calcular que tiene alrededor de 180-200.

Así, calcula que un filete de 100 g te puede proporcionar alrededor de 300 calorías, un centenar más que uno de vacuno.

Cosa distinta es el jamón serrano, siempre que elimines la grasa. Ya sé que a los defensores acérrimos del jamón serrano decir esto les parecerá una herejía, cuando no una aberración, pero si a ese sabrosísmo jamón le retiramos toda la grasa visible, el número de calorías se rebaja de manera notable, y las que aporta provienen exclusivamente de las proteínas.

La tentación de los asados

Llegados a este punto merecen un párrafo especial los asados. Me refiero al cochinillo o al cordero. Parece evidente que quien se somete a un régimen para adelgazar debe suprimir de su dieta estos dos manjares. Piensa que aportan mucha grasa y, precisamente, no de la más sana. El cochinillo, sobre todo bajo la piel, tiene una capa notable de ella, y también el cordero, aunque la parte magra pueda contener menos.

De momento, reserva el cordero o el cochinillo para la cena de Nochebuena.

Un buen muslo de pollo

Proceda del animal que proceda, casi toda la carne tiene un valor nutritivo muy similar. Las calorías dependen de la edad y del tipo. Por ejemplo, si hablamos de aves, la carne de pollo, si se le quita la piel, tiene muy poca grasa. Pero si se trata de ganso, oca o pato la proporción es mucho mayor.

El pollo puede ser tu gran aliado a la hora de comer carne. 100 g de pollo, si le quitas la piel, apenas te proporcionan 130 calorías. Una pechuga de pollo a la plancha, abierta o fileteada, puede ser un recurso frecuente de tu alimentación. Y tienes la posibilidad de sazonarla de mil maneras. Prueba con un curri no excesivamente fuerte y descubrirás un plato nuevo.

Recuerda que todos los días debes incluir en tu dieta al menos dos raciones de proteínas animales. Elige las que más te gusten. Una ración son algo más de 100 gramos.

Por si prefieres pescado

Hay mucha más variedad de texturas y sabores en los pescados que en las carnes. Y con la ventaja añadida de que a igualdad de peso tienen mucha más agua y menos grasa. Aunque es verdad que hay pescados, en ciertos momentos en particular, que aportan una cantidad notable de grasa; es el caso del salmón o de la sardina en plena sazón.

Aunque técnicamente se tiende a denominarlos grasos, semigrasos y blancos, lo cierto es que hablamos de pescados blancos y azules:

✔ **El *pescado blanco*** es el de menor contenido en grasa, aunque no se pueden establecer líneas divisorias tajantes, ya que depende mucho de la época de captura. El mero, por ejemplo, puede tener un porcentaje graso muy alto. Pero para entendernos: si un pescado tiene menos del 5 % de grasa, es blanco, como el gallo, el lenguado, el rodaballo, el bacalao, la merluza, la pescadilla y la trucha. Como decíamos, la proporción de grasa es inversamente proporcional a la de agua, de manera que un pescado blanco tiene cerca del 80 % de agua, unos 15-20 g de proteínas y 5 g de grasa. Se digiere mucho mejor que la carne. Por 100 g aporta una media de 110 calorías.

✔ **El *pescado azul*** normalmente es graso, y ahí estriba la distinción. Puede tener el 6 o el 7 % de grasa, aunque en ocasiones llegue al 20 %. Corresponden a este grupo la sardina, el boquerón, la caballa, el chicharro, el bonito y el atún, entre otros.

Para proteína, la sardina

El pescado nos proporciona proteínas de la mejor calidad (antes se decía: "Para proteína, la sardina"). En síntesis, podemos decir que 100 g de pescado azul nos proporcionan 20 g de proteínas (es equivalente a la carne), 10-20 g de grasa, 2 g de vitaminas y minerales y 50-70 g de agua. Como media, 100 g aportan 200 calorías.

Entre los pescados hay toda una inmensa gama donde elegir, con la seguridad de que, por lo general, obtendrás proteínas de gran calidad, con un aporte de grasas menor que si se trata de carne.

Ahora que ya conoces el número de calorías de las distintas carnes y pescados, recuerda que todos los días debes incluir en tu dieta al menos dos raciones de proteínas animales. No olvides que una ración son algo más de 100 g.

Arroz como si fuera pan

Una premisa: los cereales son la base de la dieta humana. ¿Qué haría Occidente sin trigo, Oriente sin arroz o América sin maíz?

Sin embargo, cuando uno se pone a dieta prescinde inmediatamente de los cereales y las legumbres. La experiencia demuestra que a medida que aumenta el nivel de vida, desciende el consumo de estos alimentos en favor de las proteínas animales, lo que, nutritivamente hablando, no es del todo aconsejable.

Al hablar del arroz, debes tener en cuenta su elaboración. En otras palabras: todo va a depender de cómo esté cocinado. Su mayor aporte está en los hidratos de carbono, que suponen el 75 %. Podemos calcular que 100 g de arroz blanco proporcionan 300 calorías. Si lo tomas en paella, debes añadir las calorías de la grasa más todo aquello que le eches. Pero debes tomar cereales de vez en cuando. Un pequeño molde de arroz blanco puede ser una buena guarnición.

Piensa en el arroz como si fuera pan y dale el mismo trato, porque los dos te van a proporcionar hidratos de carbono complejos, esos que tardan en digerirse y que van liberando energía poco a poco.

De carbohidratos complejos puedes incluir hasta seis raciones al día. Recuerda que una ración equivale a una rebanada de pan, o unos 30 g de cereales en el desayuno; o puedes juntar esas raciones y tomarte un día 100 g de arroz.

No olvidemos las legumbres

A mayor nivel de vida, menor consumo de cereales y legumbres. Y sin embargo, hoy deberíamos procurarnos más proteínas vegetales que animales. Además, las legumbres nos las proporcionan en mayor cantidad que las carnes. Es verdad, y ya lo advertimos, que la proteína animal tiene mayor valor biológico, pero el valor de la proteína vegetal se puede complementar (lentejas con arroz, "moros y cristianos", etc.).

La proteína del pobre

Y lo mismo se puede decir de las legumbres. Cuando se plantea un plato de legumbres —lentejas, alubias o garbanzos— suelen recordarse los guisos tradicionales y pesados. No tiene por qué ser así. ¿Por qué no una ensalada de alubias estofadas? ¿O de garbanzos cocidos? Si prescindes de grasas y compangos, de vez en cuando debes comer alguna legumbre. Tienen muy buena proteína —hasta el 20 %—, que aporta fibra. ¡Y sin grasa!

No olvides que a las legumbres se las ha llamado tradicionalmente "la proteína del pobre".

No podemos olvidar que de cada 100 g de legumbres, hasta 25 son de proteínas. Para dar una idea: la carne de vaca aporta algo menos, el 19 %; la de cerdo, el 15 %; el pescado, alrededor del 15 %; los huevos, el 13 %; el arroz, el 7 %, y las papas, el 2 %.

Por otra parte, el 60 % del peso de las legumbres son carbohidratos. Quiere esto decir que de 100 g de leguminosas, 60 son de hidratos de carbono (sobre todo almidón y fibra).

Tomar legumbres una vez por semana, en raciones que pueden variar de 30 a 100 g por persona, es una buena medida dietética para lograr una nutrición adecuada.

Flatulencia

Si se cuecen y se preparan bien, las legumbres no ofrecen ningún problema. Un puré de legumbres es perfectamente digerible incluso por personas mayores.

La flatulencia que pueden originar las legumbres se debe a la existencia de azúcares intermedios para los que nuestro aparato digestivo no tiene las enzimas adecuadas. Por eso pasan al intestino grueso, donde son atacados por las bacterias. Ahí se produce esa flatulencia clásica, que se puede eliminar si las legumbres se consumen en tiempo de germinación, si hay una cocción prolongada y, sin duda, gracias al remojo.

Puedes comer un plato de lentejas, frijoles o garbanzos aunque estés a dieta. Eso sí, utiliza la menor cantidad de aceite posible y no añadas los acompañantes tradicionales.

El papel de las verduras y las hortalizas

Cuando se plantea llevar a cabo un régimen de adelgazamiento, cobran una importancia capital las verduras y hortalizas. Ofrecen una ventaja enorme: tienen en su composición un porcentaje de agua muy elevado y no aportan grasas, aunque nutritivamente hablando suelen ser pobres. Son, en calorías, muy ligeras. Sin embargo aportan mucha fibra, producen saciedad y, por todo eso, son muy recomendables cuando se quiere controlar el peso. Las verduras y las hortalizas son una reserva importante de vitaminas y minerales. Aunque son alimentos perecederos, los sistemas de conservación nos permiten disponer de ellos durante todo el año.

Suele haber alguna confusión a la hora de denominar a estas plantas de la huerta que se pueden comer crudas en ensalada o con distintas preparaciones. *Hortaliza* es toda planta que se cultiva en huerta. Cuando la parte comestible es verde —el tallo, la hoja o la flor—, entonces se llaman *verduras*.

Mucha agua y casi nada de grasa

Aproximadamente el 80 % de su composición es agua. Algunas pueden tener algo menos y otras, como los jitomates y los espárragos, superan el 95 %. Suelen ser pobres en proteínas y muy pobres en grasas; de ahí que resulten interesantes en una dieta para adelgazar. En cuanto a los hidratos de carbono, son escasos, y por eso el número de calorías que aportan es bajo también. Por poner un ejemplo: 100 g de coliflor aportan 23 calorías. Sin embargo la coliflor tiene mucho interés nutricional por su contenido en minerales (potasio, calcio, hierro, magnesio, cloruros) y, sobre todo, en vitaminas del grupo B y C.

Y las verduras pueden ser exquisitas. Se come espléndidamente a base de ellas. Unas alcachofas guisadas en una ligerísima salsa verde, casi sin aceite, sin harina, con perejil, su puntita de pimienta de Cayena y un poco de ajo hacen un plato delicioso. Serían parecidas a las alcachofas con almejas, pero sin almejas. Resultan exquisitas.

Verde para chuparse los dedos

Unas espinacas rehogadas con un poquito de jamón o unas acelgas con un toque de ajo y un poquito de pimentón picante son dos primeros platos que conviene tener en cuenta. Ese mismo guiso hace muy atractivas unas coles de Bruselas, por ejemplo.

Otro día puedes hacer calabacín, tomate, berenjena y pimiento, todo cortado y al horno, a modo de escalivada. Sin grasa, además, sacarás a la verdura todo su sabor.

En época, puedes recordar la exquisita menestra de verduras, al estilo de Tudela, con muy poca grasa. Esa menestra tiene su mayor mérito en que cada ingrediente sepa a lo que es, independientemente de que aparezca todo en el mismo plato. Alcachofa, ejotes, frijoles... Cada cosa conserva su sabor, aunque se mezclen.

Las judías verdes cocidas y rociadas con un poquito de aceite y vinagre y sal son también un magnífico primer plato. Y lo mismo guisadas con un poco de jitomate, pimiento verde, cebolla, ajo...

Quiero decir con todo esto que hay que darle a la verdura un gran protagonismo.

En cualquier época no se puede olvidar la sopa de verduras en cualquier para empezar a diseñar menús. Simplemente toma 3 jitomates, 1/4 apio, pimiento rojo o verde, ½ cebolla, un diente de ajo y 1 lt de agua. Se cuecen las verduras.

Una vez cocidas, se muele en la licuadora muy bien y sin colar se sazona.

Como segundo, pues cualquiera de esos platos que hemos mencionado. Puedes incluir también un alimento muy poco calórico y que a la plancha resulta un manjar: las setas. Las tienes cultivadas en cualquier momento del año y hay una gran variedad.

Todos estos platos ofrecen varias ventajas:

✔ Sacian con facilidad.

✔ Aportan muy pocas calorías.

✔ Proporcionan fibra abundante que facilita el tránsito intestinal.

✔ Son una magnífica fuente de vitaminas.

Si dispones de una buena plancha, no lo dudes: aficiónate a las verduras así cocinadas. Los espárragos verdes, por ejemplo, suelen ser exquisitos y en términos de calorías son una nada. Por cierto, comprobarás que siempre quedan excesivamente duros.

Tiene truco: en crudo, después de lavados, cuatro minutos de microondas. Y después sobre la plancha hasta que se doren.

Los champiñones cortados en rodajas, sobre la plancha, sueltan un poquito de agua y se doran. Quedan magníficos, con la ventaja de que sacian y aportan una mínima cantidad de calorías.

Ensaladas para quitar el hambre

Otra gran protagonista va a ser la ensalada. Si se dispone de jitomate bueno y sabroso, un par como aperitivo. Empezar así alimenta casi sin consumir calorías y al mismo tiempo reduce la ansiedad de sentarse a la mesa; quita buena parte del hambre, en una palabra. Si el tomate es bueno, es una magnífica forma de engañar el apetito.

Después, cualquiera de los platos de verdura ya citados. Y si hay hambre, se puede rematar con una buena ensalada, que puede ser de lechuga o de escarola o de las dos, con achicoria, zanahoria, tomate, algo de cebolla... La puedes aderezar, por este orden, con sal, vinagre y un poquito de aceite. El orden parece que no importa, pero si echas el vinagre después del aceite, ese vinagre resbala por la superficie de las hojas y no les da el mismo sabor. Este sistema te permite además echar menos aceite.

Si lo prefieres, reserva la ensalada o uno de los platos de verdura para la cena. Y aprovecha entonces la comida para tomar algo de proteína animal o vegetal. Recuerda que no tienes por qué pensar que la proteína es sólo la de la carne, el pescado o los huevos. Come algo de esto de vez en cuando, porque son proteínas de alto valor biológico (es decir, que aportan aminoácidos esenciales), pero come también cereales. Por ejemplo, si haces un poco de salsa de tomate, reserva un pocillo para tomar arroz blanco con ese tomate; sólo un pocillo y de vez en cuando.

El pan, mejor integral

Como algún cereal debes comer, si no preparas arroz puedes incluir algo de pan —poco— en la dieta. Los hay a base de muchos cereales, aunque recomendamos el integral sin más. Y digo poco, porque 100 g de tostadas integrales de paquete aportan casi 400 calorías. Cada rebanada tiene unas 30 calorías.

Insisto en todo ello porque debemos acostumbrarnos a reducir a calorías todo lo que comemos, a pensar en la energía que estamos ingiriendo. Así, al dar a nuestro cuerpo menos de las que requiere, tendrá que acudir a la energía de reserva.

Si nos referimos a otro pan de molde, integral y blando, que viene en paquetes, un par de rebanadas aportan más de 100 calorías. Con esto quiero decirte que pan puedes —y debes— comer, pero poco, y nunca para mojar una salsa, porque esa salsa casi siempre tendrá grasa.

La pasta, como el pan

También de vez en cuando puedes comer algo de pasta. Piensa que la pasta italiana tiene prácticamente la misma composición que el pan. Su poder calórico va a depender del plato que elabores con ella. Si realmente evitas el aceite y usas, por ejemplo, salsa de tomate casera, no está mal que alguna vez te acuerdes de la pasta.

El caso de las papas

Cuando uno quiere someterse a un régimen siempre surgen preguntas sobre las papas. ¿Se pueden comer? ¿Y cuántas?

Debes saber que la papa es un alimento rico en hidratos de carbono y agua hasta el punto de que 100 g tienen 80 g de almidón. El resto es agua, en buena medida, aunque depende de dónde haya sido cultivada y de la variedad de la planta.

El 2 % de la papa es proteína de muy buena calidad, similar a la de las legumbres y de mayor valor biológico que la de los cereales (recuerda que el valor biológico de la proteína depende de su contenido en aminoácidos esenciales).

Debe saberse que las proteínas de la papa están en su parte más externa, justo bajo la piel. Por eso cuando se consumen asadas con la piel, o "arrugadas" al modo canario, tienen mayor valor nutritivo.

En resumen, 100 g de papas aportan 80 g de almidón, 2 g de proteínas, 15 g de agua y el resto son fibras minerales y vitaminas. Calorías, en torno a las 90 si se consumen solas, horneadas. Cualquier otro guiso aumenta sus calorías, especialmente fritas. Para dar una idea: 100 g de papas chips aportan casi 600 calorías, y 100 g de papas fritas que se consumen en casa aportan más de 325 calorías.

Las recomendaciones cabales de Grande Covián

Tuve la enorme suerte de charlar mucho con el profesor Francisco Grande Covián. En cierta ocasión, con motivo de la publicación de un libro sobre dietas, recuerdo una conversación que giró más o menos en estos términos:

—¿Qué recomendaría para adelgazar, profesor?

—Una dieta normal, pero en tamaño reducido.

—¿Con papas, por ejemplo?

—Con papas y con queso, y hasta con fabada. La cuestión es que contenga solamente la cantidad de energía que usted necesita para adelgazar. Comer de todo, pero en plato de postre.

—Pero todos sostienen que una dieta a base de verduras y carne a la plancha adelgaza más.

—Claro, porque le dan poca energía. Las verduras, por ejemplo, tienen el 90 % de agua. Es una cuestión práctica. Usted puede buscarse una dieta que tenga un volumen que le satisfaga y que tenga poco valor energético. Debe, por ejemplo, limitar la grasa (recordemos, más del doble de calorías que los hidratos de carbono o las proteínas). Si quiere comer mucho y adelgazar, coma verdura. Pero eso no quiere decir que tenga que abolir otros alimentos. Es cuestión de cantidad de energía. Haga los cálculos y en paz.

Revisa las calorías que se añaden con el guiso. Pero si cueces o asas las papas, puedes comer alrededor de 100 gramos al día.

Las frutas, que no falten

Podemos dividir las frutas en dos grandes grupos:

✔ **Los cítricos.** Se caracterizan por su contenido en vitamina C y la combinación que presentan de azúcares y ácidos, que les da su peculiar sabor. En algunos —lima y limón— predomina el ácido sobre el dulce. Además, tienen muy pocas calorías (las que tienen provienen casi en su totalidad de los azúcares que contienen). Las proteínas aparecen en los cítricos en muy escasa cantidad (apenas el 1%) y tienen algunos minerales. Su importancia radica en que son fuente de vitamina C y ácido fólico.

✔ **Todas las demás frutas.** Pera, manzana, melocotón, uva, ciruela, fresa, cereza, melón, sandía, etc. Todas ellas varían mucho entre sí. Y aunque todas tienen una alta proporción de agua, difiere su riqueza calórica porque es diferente también su contenido en azúcares (sobre todo fructosa y glucosa). Las grasas y proteínas son muy escasas, pero aportan buena cantidad de minerales (potasio y magnesio) y vitaminas como la C y la A.

En los regímenes suelen recomendarse frutas poco dulces. Suelen descartarse plátanos, uvas, higos y brevas porque contienen más azúcar que las demás. Son muy recomendables naranjas y toronjas, manzanas, peras, cerezas y fresas, sandía y melón (cuya proporción de agua es muy superior a la de otras frutas). Las frutas tropicales suelen ser más ricas en azúcares.

Las recomendaciones más usuales son alrededor de tres o cuatro raciones diarias de verduras y hortalizas. La ración está fijada en 150 g, pesados en crudo. Del mismo modo, debes incluir en la dieta dos o tres piezas de fruta de tamaño mediano.

Qué hacemos con los huevos

Casi tres cuartas partes del huevo son agua. Cien gramos de huevo, es decir, de producto comestible, aportan 12 g de grasas, 12 g de proteínas, menos de 0.5 g de hidratos de carbono y casi 1 g de minerales. Es decir, si traducimos a calorías, 100 g de huevo aportan alrededor de 150 calorías. Cuando se fríe, un huevo incorpora hasta el 17 % de su peso en aceite. Y si lo hacemos revuelto hasta el 10 %.

Hay que destacar varias cuestiones. La primera es que la proteína del huevo es de una calidad especial, que complementa muy bien la de los vegetales (de ahí la tortilla de verduras). Pero es que, además, la de la clara se considera la proteína patrón para comparar nutritivamente otras proteínas. La clara está formada sólo por agua y proteína. Es, por lo tanto, el único alimento que nos proporciona proteína sin grasa.

Por su parte, la grasa del huevo es fácil de digerir. Sólo plantea el problema de que alrededor del 35 % de su grasa es insaturada, con lo que puede elevar los niveles de colesterol.

En cuanto a la yema, tiene una proporción de proteínas y grasa muy equilibrada con el agua. Y debe señalarse una vez más que, después de los sesos y el caviar, la yema del huevo es el alimento que más colesterol puede aportar (1500 mg de colesterol por 100 g de yema).

Si no tienes prohibición expresa por la tasa de colesterol, puedes comer un par de huevos semanales, combinándolos con proteínas procedentes de carne o pescado.

El agua, parte esencial de la dieta

Un error grave en una dieta es limitar el agua. Dos tercios de nuestro organismo es agua, y ese contenido y su distribución se mantienen más o menos constantes gracias al equilibrio que se establece entre las pérdidas y la ingestión.

El agua contenida en nuestro organismo se renueva continuamente. El tiempo que se tarda en renovar la mitad del agua es directamente proporcional al tamaño del individuo. A este respecto, Grande Covián (que basó su discurso de ingreso en la Real Academia de Medicina en el metabolismo del agua) ofrecía datos muy curiosos. Por ejemplo, el agua tarda en renovarse de 7.5 a 11.5 días en los seres humanos, de 5.1 a 6.7 días en los perros, 3.5 días en las ratas y 1.1 en los ratones.

El agua por encima de los alimentos

Grande Covián afirmaba rotundamente que para el individuo es más importante el agua que los alimentos. O por lo menos, su necesidad es mucho más urgente. Un adulto sano puede sobrevivir 60-70 días con un ayuno total, pero no resiste más de una semana si además de alimentos se le priva de agua. Cuando la pérdida de agua corporal equivale al 5% del peso del individuo, se producen alteraciones que limitan marcadamente su capacidad mental y física.

En otras palabras, cuando un sujeto de 70 kilos pierde 3.5 kilos de agua, empiezan las alteraciones funcionales.

Una de las cuestiones en las que más insistía Grande Covián es que el agua forma parte esencial de la dieta. Las necesidades de agua del organismo están en buena parte determinadas por la composición de aquello que comemos, sobre todo por su contenido de proteínas y sal.

Y era categórico: un régimen que limite el agua no está científicamente organizado.

Recordaba dos principios que hay que tener en cuenta con respecto al agua:

- ✔ **La edad.** La proporción de agua corporal disminuye con la edad.
- ✔ **La grasa.** La proporción de agua corporal está en relación inversa con el contenido de grasa.

En condiciones normales el contenido de agua del organismo se mantiene prácticamente constante, porque hay una tendencia a nivelar las pérdidas con la ingestión.

También llamaba la atención sobre la creencia de que la sensación de sed resuelve el problema de la necesidad de agua. Y no es así, no siempre hay esa sensación, especialmente en las personas mayores.

Beber, y beber mucho

Un hecho cierto es que cuando nos ponemos a dieta se pierde sobre todo al principio mucha agua, y por eso se baja de peso con mayor facilidad. Pero sólo al principio.

Grande Covián sostenía que añadir una restricción de agua a una restricción calórica tiene efectos perjudiciales, entre otras cosas porque se produce una disminución en la producción de sudor, con lo que la elevación de la temperatura, si se hace ejercicio, es mayor.

Después de muchos experimentos sometiendo a distintas ingestiones de agua a varios grupos de voluntarios, Grande Covián llegó a la conclusión de que es perjudicial limitar su consumo. Descubrió que, bebiendo poca agua, los voluntarios perdían más masa muscular que grasa, lo que no es nada beneficioso. Cuando alguien inicia una dieta hipocalórica, al principio se pierde peso muy deprisa. No es grasa lo que se pierde, sino agua. Según avanza el régimen, poco a poco se van invirtiendo los términos: se pierde menos agua y más grasa. Pero si bebemos poca agua, cuando el cuerpo reclame la cantidad que le falta, volveremos a ganar buena parte del peso que creíamos haber perdido.

Lo que hay que comer cada día

Si has seguido nuestras recomendaciones, ya eres consciente de que debes restringir los dulces, las grasas y las bebidas alcohólicas, y que en cambio debes aumentar el consumo de hidratos de carbono complejos como frutas, verduras, cereales y hortalizas. Eso sí, calculando una ingestión calórica que ronde las 1200-1500 calorías.

Para garantizar la variedad necesaria debes consumir todos los días estos alimentos:

✔ **Lácteos.** Por lo menos dos raciones de productos lácteos descremados (una ración es un vaso de leche, un yogur, o 30 g de queso fresco).

✔ **Proteínas.** Debes consumir al menos dos raciones —poco más de 100 g— de carne o de pescado; o un huevo.

✔ **Hidratos de carbono.** De los complejos puedes incluir hasta seis raciones (una ración es una rebanada de pan, o unos 30 g de cereales en el desayuno), o te puedes olvidar de las raciones y tomar hasta 125 g de arroz o 100 g de pasta o 125 g de legumbres.

✔ **Fruta.** Como postre puedes tomar hasta tres raciones de fruta (cada ración puede ser una fruta mediana, que no sea ni plátano ni uva) o un vaso no muy grande de jugo.

✔ **Ensalada.** Y en cuanto a ensaladas puedes contar con tres raciones al día de verduras y hortalizas (una ración son unos 150 gramos en crudo).

Con todo ello puedes elaborar los menús correspondientes, cuidando siempre que el número de calorías no sobrepase las 1500.

Para aderezar, recuerda que una cucharada sopera de aceite son unos 14 g. Y que cada g son 9 calorías. Una cucharada de aceite suponen, pues, 126 calorías.

La tabla 17-2 te presenta un menú modelo para un día.

Tabla 17-2: Menú para un día de 1200-1500 calorías

Desayuno	Media mañana	Comida	Merienda	Cena
Un vaso de leche descremada con cereales sin azúcar	Una pieza pequeña de fruta	– 100 g de arroz blanco con tomate o salsa de soya, hecho en casa – 100 g de pescado a la plancha – Una pieza de fruta	Yogur	– Ejotes, espinacas, acelgas, alcachofas, setas, champiñones, lo que quieras, cocido o rehogado – 100 g de merluza plancha – Una pieza de fruta

Evitar el déficit de nutrientes

Puede aparecer esta duda. La lógica dice que si no hay algo de menos, no se puede adelgazar, así que es lógico propiciar la carencia de calorías. Pero eso no quiere decir que sea una dieta con déficit de nutrientes. Vamos a estudiarlo.

Es verdad que en la cocina, por ejemplo, se destruye la mayor parte de las vitaminas de los alimentos por su manipulación, por la cocción excesiva y por otras muchas razones. La realidad es que a veces creemos que ingerimos determinados nutrientes y esos son los que precisamente se pierden.

Una primera afirmación que puede hacerse es que no todos los alimentos iguales tienen la misma composición de nutrientes. No todas las manzanas ni todas las lechugas ni todas las papas tienen exacta conformación, ya que su cantidad de nutrientes depende, por ejemplo, de lo que se haya regado el campo, de la composición del suelo o de la cantidad de sol que le haya dado. Así que, aunque hablemos de una manzana de 100 g, puede haber variaciones en su cantidad de fructosa o de fibra.

También, tras la cocción de las verduras, muchos nutrientes pueden quedar disueltos en el agua, y esa agua puede también incorporar pequeñas cantidades de otros elementos. Buen consejo es aprovechar el agua para hacer algún caldo.

Las vitaminas y el calor

La vitamina C de la fruta es uno de los ejemplos más claros de diferencia entre piezas de la misma especie. Todo depende de la cantidad de luz que haya recibido. Llegan a ser distintas incluso frutas del mismo árbol.

Es curioso comprobar que cuando sometemos un huevo al calor puede perder hasta el 20 % de sus vitaminas. Con la carne ocurre lo mismo: las pérdidas son notables. En principio, si es carne congelada, en el agua que suelta en la descongelación se pierden vitaminas. Con el calor —freír, planchar, asar— se pierde hasta el 40 % de alguna vitamina. Si se cuece, muchas vitaminas pasan al líquido, de manera que se pueden recuperar con la salsa.

En el pescado, sin embargo, como normalmente está menos tiempo sometido al calor, las pérdidas son menores: no llegan al 20 %. Sí sufren los nutrientes cuando el proceso de congelación o descongelación no es correcto.

Las verduras y hortalizas pierden vitamina C por la simple conservación. La cocción destruye también buena parte de esta vitamina, que se conserva si se cocina en la olla a presión o, mejor, si se cocina al vapor.

Así que no hay déficit de nutrientes. La persona que se somete a este sistema de adelgazamiento puede hacerse un análisis de sangre a los tres o cuatro meses de haberlo inciado para saber si sufre carencia de hierro o algo de anemia. De todos modos, lo más práctico es comprobar cómo se encuentra. Si se siente tónica y con energía, es el mejor indicador.

¿Cómo sé cuántas proteínas ingiero?

No está de más conocer la riqueza proteica de los alimentos más corrientes de nuestra dieta:

- ✔ **Carne, pescado y huevos.** Es cierto que asociamos la idea de proteína con la carne, el pescado y los huevos. Pues bien, en ellos la cantidad de proteína es igual a la mitad del peso del alimento en seco, es decir, sin agua. En peso normal puede calcularse que entre el 15 y el 25 % de carne, pescado o huevos es proteína.

- ✔ **Embutidos.** Hablando de peso en seco, la proteína se sitúa en torno al 30 %. Recuerda que el embutido aporta, sobre todo, grasa. En la leche, el porcentaje de proteína es un poco menor.

- ✔ **Cereales.** Los cereales tienen entre el 6 y el 12 % de proteínas; el que menos tiene es precisamente el cereal más consumido en buena parte del mundo: el arroz.

- ✔ **Frutas y verduras.** Las frutas y verduras son pobres en proteínas (alrededor del 4 % del peso).

Según los cálculos de base, el ser humano necesita diariamente una media de 29 g de proteínas, si es mujer, y de 37 g, si es varón.

Consejos acerca de la nutrición y del adelgazamiento

A lo largo de estas páginas se ha ido desgranando una serie de consejos acerca de la nutrición y el adelgazamiento. Esta es una breve recapitulación.

✔ Debes partir de una realidad que pocos reconocen: la obesidad es una enfermedad crónica que no se cura. Pero tiene tratamiento.

✔ El tratamiento psicológico es incluso más importante que el dietético. Ten siempre presente que conservar la línea es un tratamiento a largo plazo, sin prohibiciones. Eres tú quien no quiere comer algunos alimentos.

✔ Tu enemigo son las grasas. Un gramo de grasa aporta nueve calorías, más del doble de las que aporta un gramo de todo eso que crees que engorda tanto: azúcar, por ejemplo, pan, garbanzos o lentejas.

✔ Haz cuatro o cinco comidas ligeras al día. El gasto de la digestión de esas cinco comidas también cuenta.

✔ Es verdad que ver que se pierde peso estimula. Pero no es aconsejable estar pesándose todos los días. Hazlo una vez a la semana y siempre en condiciones parecidas.

✔ No todas las calorías son iguales. Es verdad que tendemos a reducir todo lo que comemos a la energía que nos proporciona. Pero no todas las calorías se comportan de la misma manera: las que provienen de los carbohidratos engordan menos, porque gastamos el 20 % de ellas en digerirlas.

✔ Sólo con reducir las calorías de las grasas en un 10 %, comiendo las mismas calorías y sin ponerte a régimen, ya adelgazas. Fácilmente, sin hacer nada más, podrías llegar a perder dos kilos al mes.

✔ Si media hora antes de comer te tomas una buena cucharada de salvado con un vaso de agua, tendrás muchísimo menos apetito. Y mejorará tu tránsito intestinal.

✔ Bebe más agua.

✔ Las proteínas animales tienen mayor valor biológico que las vegetales. Piensa que la carne tiene, aproximadamente, el 20 % de grasa no visible. Y el pescado sólo del 3 al 9 %. A igualdad de peso, el pescado tiene más agua y engorda menos.

✔ Si tomas la decisión de adelgazar, no te fijes ni tiempo ni límite. Piensa que tienes que cambiar la forma de comer y que vas a prescindir de una serie de alimentos que no te van bien, porque quieres y no porque alguien te lo imponga.

✔ Tus mejores amigos a partir de este momento son el horno tradicional, el vapor y el horno microondas. Hay cientos de recetas sin grasa, sabrosísimas. Recuerda que puedes aliñar con salsas como la soya, por ejemplo. Ten a mano papel de aluminio; envuelto en ese papel y al horno, casi todo resulta bien. Y sin grasa.

✔ Lo ideal será repartir las calorías a lo largo de la jornada. Debes desayunar bien. En una dieta de 1500 calorías, en el desayuno debes ingerir 375, en la comida, 450, en la merienda, 225 y en la cena, 450.

✔ Ten siempre a mano una tabla de calorías. Con ella puedes elaborar tus menús, pensando siempre en una dieta de unas 1500 calorías diarias. Tendrás una gran variedad.

✔ Piensa siempre que puedas en champiñones y otras setas. Pueden ser deliciosas, son muy poco calóricas, tienen mucha agua y componen platos sabrosísimos. No engordan.

✔ De vez en cuando haz el propósito de comer durante una semana más fibra y menos grasa, azúcar y alcohol.

✔ Para que sea efectiva, una dieta no puede ser aburrida. Así que proponte —tabla de calorías en mano— elaborar menús incluyendo aquello que más te gusta.

✔ El éxito de una dieta depende de tres pilares: menor ingestión de calorías, mayor gasto calórico a base de aumentar el ejercicio y convencimiento psicológico que nos estimule para mantener la fuerza de voluntad.

✔ Haz ejercicio físico. No utilices el ascensor para subir a casa. Dedica todos los días media hora por lo menos a andar a paso rápido. O plantéate hacer paseos largos. Sería ideal poder dar un buen paseo después de comer.

✔ Hay fármacos que pueden ayudar a suprimir el apetito o a inhibir la incorporación de las grasas; pero siempre bajo vigilancia médica y en casos concretos. No caigas en la tentación de automedicarte.

✔ En más del 95 % de los casos el exceso de peso se debe al desequilibrio entre la energía que se ingiere y la que se gasta. Pocas personas tienen problemas hormonales o de metabolismo.

✔ Cuando se habla de reducir la ingestión de algunos alimentos, casi siempre se prescinde de las legumbres y los cereales. No tiene por qué ser así. Lo ideal sería reducir la ingestión de grasas; y de lo demás, comer de todo, pero en plato de postre. Dieta variada pero reducida. Un buen truco es beber mucha más agua que de costumbre. Y, desde luego, masticar despacio y mucho, ya que hacerlo estimula los centros de saciedad.

✔ Cuando te pones a dieta hay que reducir la ingestión de calorías, no la de vitaminas o minerales. Tus necesidades de estos elementos son siempre las mismas. Y ni las vitaminas ni los minerales engordan.

✔ Es falso creer que sudar mucho adelgaza. Se pierde peso, sí, porque se pierde agua; pero se repone en cuanto se vuelve a beber. La pérdida efectiva de peso consiste en perder grasa, no agua.

✔ Siempre que comas pan, que sea integral. Aporta fibra, que no se digiere, pero proporciona volumen y absorbe agua, lo que facilita el tránsito intestinal.

✔ Debes incluir en tu dieta aproximadamente dos raciones de proteína animal diarias (cada ración son unos 100 g). La carne tiene más grasa que el pescado. El pescado al vapor o al microondas, con un ligero refrito de ajo por encima, con muy poco aceite, resulta un plato exquisito y poco calórico.

✔ No caigas en el error de creer que la única proteína válida es la de la carne. El pescado y el huevo tienen proteínas de la misma calidad. También se pueden sustituir de vez en cuando por las de las legumbres si se complementan con algún cereal.

✔ El gran aliado de las dietas es el reino vegetal, especialmente verduras y hortalizas. Puedes empezar tu comida con una hortaliza y seguir con una ensalada. Si aún tienes hambre, come algo de proteína animal.

✔ Puedes comer fruta a la hora que quieras. Pero es una buena idea reservarla para los momentos de más debilidad (a media mañana o a media tarde). Una manzana en esas circunstancias quita el apetito y aporta pocas calorías.

✔ Se tiende a desterrar las papas de la dieta. La realidad es que sólo se deben evitar las papas fritas porque absorben mucho aceite. Pero una papa cocida (o asada al microondas) abierta, con unas gotas de aceite de oliva y un poco de pimentón, es un complemento exquisito, sabroso y poco calórico.

✔ Haz cambios en la dieta. Calcula equivalencias. Si hoy te corresponde tomar pescado cocido y no te apetece, piensa en sustituirlo por algo que tenga el mismo número de calorías. Un huevo equivale a media lata de bonito asalmonado, que quizá te apetezca más para la ensalada.

✔ Hay que canalizar la ansiedad, enemiga de los buenos propósitos de adelgazar. Acostúmbrate a pensar así: "Aquí está mi comida, no me la quita nadie. Puedo comer todo esto, pero no quiero. Sólo voy a comer esta verdura y esta carne a la plancha".

✔ En lo posible, nunca debes repetir.

✔ Masticar despacio, comer sentado y beber un vaso de agua antes de comer son trucos que quitan la ansiedad y el hambre.

Algunas dietas de ejemplo

Sólo a modo de ejemplo recogemos a continuación unos modelos de regímenes para adelgazar. Van desde las 700 hasta las 1500 calorías.

No se proponen, ni mucho menos, para que sean seguidos;son sólo orientativos. Recuerda que una dieta es un tratamientomédico, y es el médico quien debe ordenarla, controlarla y vigilarla.

Dieta de 700 calorías diarias para una semana

Esta dieta de tan bajo contenido calórico tiene como base principal la ingestión de frutas y verduras. La dieta asegura el aporte vitamínico y mineral suficiente. Las proteínas son proporcionadas por la leche, el queso, las carnes, los pescados magros y algún que otro huevo.

Tabla 17-3: Dieta de 700 calorías

Desayuno

Taza de café con leche, con sacarina o sin ella

2 piezas de fruta (aprox. 200 g) sin cáscara ni piel (manzana, naranja, melón, durazno, pera, sandía, cereza, ciruelas)

Comida

Lunes

Plato de verdura cocida, aderezada con una cucharada de aceite de oliva

Filete pequeño de res a la plancha y 50 g de jamón de pavo con 50 g de papas cocidas

Martes

Plato de ensalada de lechuga y jitomate, aderezada con aceite y limón o vinagre

Pollo asado con arroz blanco

Miércoles

Plato de verduras a la plancha (calabazas, pimiento, berenjenas, chícharo y zanahorias)

Pescado cocido con limón o pechuga de pollo asado con papas cocidas (aproximadamente 50 g de cada alimento)

Tabla 17-3 *(continuación)*

Jueves

Plato de verdura rehogado con una cucharada sopera de aceite de oliva

Filete de res pequeño, con 50 g de papas cocidas y queso fresco o panela

Viernes

Ensalada de lechuga con manzana y nuez con una cucharada de aceite de oliva y vinagre

Pescado en salsa verde

Sábado

Plato de ensalada de lechuga y jitomate aderezado con una cucharada sopera de aceite de oliva

Pollo asado acompañado con un poco de arroz blanco

Domingo

Verdura cocida con una cucharada sopera de aceite de oliva

Filete pequeño de res con papas cocidas y queso Panela

Postre

1 pieza de fruta a elegir entre las ya citadas

Merienda

Vaso de leche descremada, 2 piezas (200 g) de fruta. También puede sustituir la leche por un yogur sin azúcar.

Cena

Lunes

Plato de verdura cocida con una cucharada de aceite de oliva

Pescado cocido con limón

Martes

Espinacas cocidas con una cucharada sopera de aceite de oliva

Filete de pescado frito

Miércoles

Verdura cocida con una cucharada sopera de aceite de oliva

1 huevo revuelto

Jueves

Ensalada de lechuga y jitomate con una cucharada sopera de aceite de oliva

Pescado a la vinagreta

Viernes

Puré de verdura con tortilla huevo con arroz

Sábado

Plato de sopa juliana

Pescado con mayonesa

Domingo

Verdura cocida con una cucharada sopera de aceite de oliva

Pescado cocido con limón

Postre

2 piezas (200 g) de fruta a elegir entre las ya citadas

Dieta de 900 calorías diarias para una semana

Tanto en esta dieta como en la anterior, la ingestión diaria se debe efectuar en cuatro o cinco tomas. A la cena se suele añadir un té de manzanilla o tila con sacarina, pues ambas bebidas caen muy bien al estómago.

Tabla 17-4: Dieta de 900 calorías

Desayuno y merienda

Vaso de leche descremada con café o té

Media mañana

1 pieza de fruta (ni plátano ni uva)

Tabla 17-4 *(continuación)*

Comida

Lunes

Ensalada de jitomate y lechuga con aceite y limón

Filete de ternera a la plancha

Melón, pera o manzana

Café con sacarina

Martes

Espárragos

Pescado (lenguado o trucha) a la plancha

1 naranja o 2 mandarinas

Miércoles

Ensalada con pepino y cebolla aderezada con aceite y jugo de limón

Filete pequeño de res a la plancha

1 pera o 1 manzana

Café con sacarina

Jueves

Ensalada como el lunes

Pescado (merluza) cocido

Piña natural o melón

Café con sacarina

Viernes

Sopa de verduras

Pollo asado

1 naranja

Té con sacarina

Sábado

Puré de papa con zanahoria, cebolla, poro

Filete de ternera

1 naranja

Café con sacarina

Tabla 17-4 *(continuación)*

Domingo

Espinacas o acelgas cocidas

Pechuga de pollo a la plancha

1 durazno o 2 mandarinas

Café con sacarina

Cena

Lunes

Pescado al gusto (merluza frita)

1 naranja

1 rebanada de pan tostado

Té con sacarina

Martes

Pollo hervido o a la plancha

1 naranja o 1 manzana

Té con sacarina

Miércoles

Consomé de pollo desgrasado

Merluza o pescadilla a la plancha

1 yogurt descremado

Infusión con sacarina

Jueves

Carne de res en su jugo

1 manzana o 1 naranja

Té con sacarina

Viernes

Consomé de pollo desgrasado

Pollo o pescadilla a la plancha

1 pera o 1 manzana

Tabla 17-4 *(continuación)*

Sábado

Un huevo revuelto

Pescado (merluza al vapor)

1 manzana

Té con sacarina

Domingo

1 huevo duro

2 manzanas o 2 naranjas

Té con sacarina

Dieta de 1000 calorías diarias para una semana

A medida que se empiezan a conseguir resultados, se va aumentando gradualmente el aporte calórico de la dieta. En un régimen como el que presentamos ya se pueden incluir, de vez en cuando, algunos alimentos como leguminosas o pasta.

Tabla 17-5: Dieta de 1000 calorías

Desayuno

Café o té con leche descremada con sacarina y una fruta

Comida

Lunes

Ensalada simple con una cucharadita de aceite

Pollo asado

2 rebanadas de pan

1 pieza de fruta

Tabla 17-5 *(continuación)*

Martes

Ensalada de nopales con jitomate, cebolla y aguacate

Costillas asadas

2 rebanadas de pan

1 pieza de fruta

Miércoles

Frijoles hervidos con una cucharadita de aceite

Bistec a la plancha

2 rebanadas de pan

1 pieza de fruta

Jueves

Macarrones hervidos con salsa de jitomate

Pierna de pollo asada

2 rebanadas de pan

1 pieza de fruta

Viernes

Ejotes hervidos con zanahoria y apio y caldo de jitomate y cebolla

Pescado a la plancha

2 rebanadas de pan

1 pieza de fruta

Sábado

Coliflor hervida con una cucharadita de aceite

Lomo de res magro asado

2 rebanadas de pan

1 pieza de fruta

Domingo

Almejas a la marinera

Carne de res asada

2 rebanadas de pan

1 pieza de fruta

Tabla 17-5 *(continuación)*

Merienda

Café o té con leche descremada con sacarina

Cena

Lunes

Sopa de fideos

Pescado a la plancha

2 rebanadas de pan

1 pieza de fruta

Martes

Coliflor hervida

1 huevo pochado

2 rebanadas de pan

1 pieza de fruta

Miércoles

Avena hervida

Pechuga de pollo a la plancha

2 rebanadas de pan

1 pieza de fruta

Jueves

Calabacitas a la pancha con una cucharadita de aceite de oliva y orégano.

1 huevo semiduro

2 rebanadas de pan

1 pieza de fruta

Viernes

Acelgas o espinacas hervidas con una cucharada de aceite

Un huevo revuelto

1 pieza de fruta

Tabla 17-5 *(continuación)*

Sábado

Lentejas cocidas

Besugo a la plancha

2 rebanadas de pan

1 pieza de fruta

Domingo

Raja de melón con jamón

Lenguado pequeño a la plancha

2 rebanadas de pan

1 pieza de fruta

Dieta de 1500 calorías diarias para una semana

En la dieta de 1500 calorías es ya muy amplia la variedad de alimentos que se pueden introducir, aunque todavía se ha de restringir el consumo de pan y la cantidad de aceite empleada para cocinar.

Tabla 17-6: Dieta de 1500 calorías

Desayuno

Vaso de leche con café o té, sin azúcar

200 g de fruta pelada

Comida

Lunes

Verduras rehogadas con una cucharada de aceite de oliva

Ternera

1 huevo pochado

2 piezas de fruta

Tabla 17-6 *(continuación)*

Martes

Ensalada de lechuga y jitomate con una cucharada de aceite

Pescado cocido con limón

Queso de Panela

1 pieza de fruta

Miércoles

Verdura variada con una cucharada de aceite de oliva

Pollo asado con frijoles cocidos

1 pieza de fruta

Jueves

Arroz cocido salteado con champiñones y una cucharada de aceite de oliva

Tortilla de huevo a la mexicana (de 2 huevos)

Queso panela

1 pieza de fruta

Viernes

Espárragos o brócoli cocidos con salsa vinagreta

Carne de res asado con ensalada de lechuga y jitomate con una cucharada de aceite de oliva

1 pieza de fruta

Sábado

Verdura cocida con una cucharada de aceite

Pescado con ensalada de jitomate con aceite de oliva

1 pieza de fruta

Domingo

Macarrones con salsa de jitomate

Carne de res asada o un filete de hígado con arroz cocido

1 fruta

Merienda

Vaso de leche

1 pieza de fruta

Tabla 17-6 *(continuación)*

Cena

Lunes

Sopa de arroz

Pescado con pimiento asado

1 jitomate mediano

1 pieza de fruta

Martes

Habas verdes con una cucharada de aceite

2 huevos pochados con arroz cocido salteado con champiñón

1 pieza de fruta

Miércoles

Sopa juliana

Pescado cocido con chícharo

Queso panela

1 pieza de fruta

Jueves

Coliflor con una cucharada de mayonesa

Pollo asado acompañado de ensalada de verduras variadas

1 pieza de fruta

Viernes

Sopa de pasta

2 huevos cocidos acompañados de arroz cocido

1 jitomate mediano

1 pieza de fruta

Sábado

Sopa de lentejas

Carne de res

1 pieza de fruta

Tabla 17-6 *(continuación)*

Domingo

Coles con una cucharada de aceite

2 huevos revueltos con nopales

Queso panela

1 pieza de fruta

1 rebanada de pan en cada comida y cena

Parte VI

Qué comer
en circunstancias
especiales

EL MÉDICO DIJO UN HUEVO A LA SEMANA, ¿NO?

En esta parte...

La vida nos enfrenta a situaciones que exigen una alimentación especial, acorde con esos momentos.

En estos capítulos vamos a analizar con cierto detalle esas situaciones y requerimientos especiales. Nos referimos a la nutrición durante el embarazo y a la dieta de las personas mayores. También contemplaremos algunos planteamientos sobre la alimentación en el futuro: qué nos depara y qué va a cambiar en términos alimentarios para nuestros descendientes.

Capítulo 18

La dieta de las mujeres embarazadas

*U*na circunstancia especial que obliga a modificar la alimentación habitual es el embarazo. Durante esta etapa, el organismo femenino sufre cambios que hacen indispensable una adaptación de la dieta, fundamentalmente porque tiene que aportar los nutrientes necesarios para la madre y para formar el nuevo ser que se está desarrollando. El estado nutricional de la madre influye de manera determinante en el desarrollo físico y mental del feto.

Hay circunstancias especiales en la vida de cada uno en las que se recomiendan también dietas especiales, o por lo menos unos nutrientes determinados que compensen las deficiencias que esas situaciones pueden crear. Es evidente que no son iguales las necesidades durante el embarazo, o en la lactancia, que en la tercera edad. Tampoco es aconsejable restringir determinados alimentos. Por eso te presentamos cómo son los cambios que se producen y cómo se pueden afrontar.

Cambios en el aparato digestivo

Es evidente que la futura madre experimenta cambios importantes en su composición corporal y en su metabolismo. Por ejemplo, en la segunda etapa de la gestación se sabe que hay un gasto añadido de unas 200 calorías diarias que se utilizan en el mantenimiento del feto y los tejidos maternos.

Por otra parte, el aparato digestivo disminuye su actividad, y toda embarazada reconoce menor tono gástrico y más lentitud en la función digestiva. Un síntoma sumamente frecuente es el ardor de estómago (*pirosis*, dicen los técnicos), que suele aparecer conjuntamente con el estreñimiento. Son también habituales las náuseas, aunque no haya vómito, y cuando lo hay, se aprecian aguas ácidas.

Durante el primer trimestre del embarazo hay mayor sensación de hambre y sed. Y aunque todas estas características son frecuentes, hay que señalar que también hay mujeres que no sólo no observan ninguna de ellas sino que pasan esa primera etapa del embarazo sin apetito ni problemas gástricos de ningún tipo.

Cambios en el riñón

Como consecuencia de la mayor ingestión de agua, la función renal tiene más actividad. Es fácil que con la orina se pierdan glucosa y componentes proteicos y aminoácidos. Pero ese incremento puede ir frenándose poco a poco, y es frecuente que al final del embarazo la capacidad del riñón se vea disminuida y aparezca ese síntoma tan frecuente en el edema: la hinchazón en los tobillos.

Cambios en la sangre

Es algo muy curioso que no suele destacarse, pero la composición de la sangre de la embarazada parece aligerarse, lo que favorece el transporte de nutrientes al feto y la eliminación de los productos de desecho. Para dar una idea: se aprecia un aumento notable del plasma sanguíneo (hasta el 50 %) y de la masa globular (hasta el 20 %). Por ello disminuyen la concentración de la hemoglobina en relación con el plasma y el valor del hematocrito (la proporción de glóbulos rojos en la sangre). Además, también descienden las proteínas plasmáticas.

Aumento de peso

Es una consecuencia inevitable del embarazo y a veces un motivo de preocupación excesivo para la embarazada. La pregunta que siempre hace es: "¿Cuánto puedo o debo engordar?".

Es verdad que el número de kilos puede oscilar ampliamente. Pero en general las mujeres jóvenes tienden a un aumento de peso mayor que las madres no tan jóvenes. Además, es curioso anotar que las primíparas también engordan más que las mujeres que ya tienen hijos. La ganancia de peso se puede situar entre 10 y 14 kg.

"¿Y dónde?", te preguntarás. Primero, en los propios tejidos, un aumento imprescindible para la función que estás desempeñando. Por otra parte, no puedes obviar el crecimiento del feto que, como bien sabes, al final del embarazo pesa alrededor de tres kilos. La tabla 18-1 te da una idea más clara del aumento de peso que experimentas durante el embarazo.

Tabla 18-1: Aumento de peso de la madre durante el embarazo

Parte	Aumento en kilos
Feto	3.3
Útero	0.9
Placenta	0.65
Líquido amniótico	0.8
Volumen de sangre	1.25
Líquido extracelular	1
Tejido mamario	0.45
Grasa	4
Total	12.35

Hay que insistir en que no todas mujeres engordan lo mismo y que estas cifras son sólo orientativas. Ciertas tablas sitúan la ganancia de peso en 14 kg.

El médico conoce tu situación y él irá marcando la pauta. Porque una ganancia menor de 6.5 kg puede indicar una nutrición pobre o alguna carencia en la madre, que puede conllevar un retraso en el crecimiento uterino. Y una ganancia excesiva (más de 18 kg) puede indicar una dieta demasiado grasa o con nutrientes no aconsejables.

Por otra parte, si hay un aumento de peso demasiado rápido puede deberse a que, por alguna razón, hay retención de líquidos. Por eso, tu médico debe controlar tu peso. Y será también él quien te aconseje, en caso de que fuese necesario, aumentar el ejercicio físico.

Como principio básico, sin embargo, durante el embarazo no se debe restringir la dieta, que debe aportar la energía necesaria para el mantenimiento de la embarazada y del feto. Si se gana más peso, se debe aumentar el gasto calórico a base de ejercicio; y si es insuficiente, se recomienda suprimir, por ejemplo, el pan. Si la subida de peso es menor de la deseable, se puede aumentar el aporte de calorías en forma de frutas o leche.

La nutrición fetal

Toda la alimentación llega al feto a través de la placenta, que permite el paso de las sustancias necesarias para su desarrollo y crecimiento. También a través de la placenta se retiran los productos de desecho. La comunicación se realiza gracias a las arterias y venas uterinas de la madre que llegan a la placenta, que, a su vez, está conectada con el feto por el cordón umbilical. Es decir, no hay una conexión directa entre los vasos sanguíneos de la madre y los del feto. Por eso, los nutrientes que el feto absorbe tienen que atravesar las paredes de sus propios vasos, por lo que deben llegar en sus formas más simples. El feto irá construyendo después sus propios tejidos a partir de esos principios elementales.

Quiero decir con esto que así como nuestras células no se alimentan de un bocadillo, sino que tenemos que dárselo digerido para que lleguen a ellas los aminoácidos de las proteínas, los azúcares de los carbohidratos y los ácidos grasos de las grasas, lo mismo le ocurre al feto.

Pero como el feto no tiene todavía un desarrollo suficiente, debe tomar algunos nutrientes directamente de la madre: por ejemplo los ácidos grasos, que no puede sintetizar. Y muchas vitaminas le llegan de las reservas que la madre tiene o que produce gracias a su propia alimentación.

Este simple hecho desmiente ya alguna afirmación popular que sostiene que la madre debe comer mucha carne. Eso no es así porque a la nutrición del feto no le afecta de dónde provienen las proteínas, ya que éstas le llegan transformadas en aminoácidos. Y su organismo sabe perfectamente cómo recombinarlos para sintetizar sus propias proteínas.

El feto en números

Si traducimos a números la composición del feto, sabremos qué nutrientes ha tenido que proporcionar la madre. Por ejemplo, el gasto calórico provocado por el mantenimiento y la formación de nuevos tejidos se acerca a las 80 000 calorías por embarazo. De ellas, aproximadamente la mitad proviene de la reserva grasa (partimos de la base de los 12.5 kg que se engordan en el embarazo).

Si hablamos de proteínas, durante el embarazo se acumulan 9950 g en el feto y en los tejidos maternos. Durante los seis últimos meses de gestación, el aumento medio es de unos 5 g/día. Se calcula que la ingestión de proteínas debe ser de unos 76 g/día. A modo indicativo, puede decirse que 100 g de carne magra aportan de 18 a 20 g de proteínas; lo mismo, si se trata de pescado limpio. 100 g de pechuga de pollo nos aportan casi 15 g; sin embargo, si hablamos de 100 g de arroz, nos dan 7 g de proteína; si son de pasta, 12; un huevo mediano, 7 g de proteínas.

En cuanto al hierro, el feto, al final de la gestación, tiene unos 300 mg. La placenta, 70 mg, que, normalmente, se absorben en la segunda mitad del embarazo. Pero hay un aumento de glóbulos rojos, que también necesitan hierro: unos 290 mg. Estas necesidades de hierro se compensan, en principio, por la amenorrea (ausencia de menstruación), que representa un ahorro de 120 mg durante toda la gestación.

En el embarazo se debe vigilar el aporte de hierro ya que una dieta normal proporciona 7-8 mg por 1000 calorías, es decir unos 14 mg diarios, y deberían ser 18. Por eso es habitual que se recomienden suplementos de hierro.

El bebé necesita también calcio en buena cantidad, ya que hasta el final de la gestación debe acumular alrededor de 30 g; por eso es uno de los elementos más importantes en la dieta de la embarazada. Como vimos al hablar de las vitaminas y los minerales, el fósforo y la vitamina D guardan una relación muy estrecha con el metabolismo del calcio (está explicado en el apartado "Fósforo: colabora con el calcio", en el capítulo 6). Leche, carne, huevos, legumbres y pescados pequeños enlatados (que se comen con espinas y son una reserva magnífica de calcio) deben estar presentes en la dieta de la embarazada. Para dar una idea: 100 g de sardinas en aceite aportan 354 mg de calcio; un litro de leche, 1200 mg.

Se debe ingerir fósforo en la segunda etapa del embarazo. El fósforo y los fosfatos están en todas las plantas y los tejidos animales, y por lo tanto el aporte está asegurado en una dieta normal.

En cuanto al aporte de yodo, debes volver al capítulo en que se habla de este mineral y comprobar lo que ocurre cuando hay déficit (es el apartado "Yodo: necesitamos más", en el capítulo 6). Las gestantes deberán complementar su dieta con yoduro, ya que por regla general no se llega a la cantidad recomendada.

Si estás embarazada, ni una copa

El consumo de alcohol durante el embarazo puede causar deformidades físicas y psíquicas en el feto que son, en su mayor parte, irreversibles. El problema grave es que como todo depende de la susceptibilidad del feto y del momento de su formación, no se puede hablar de dosis mínimas.

Toda bebida alcohólica es, en principio, peligrosa. Es lo que se ha llamado *embriofetopatía alcohólica* o *síndrome alcohólico fetal*. Tal como señala el profesor Francisco Alonso Fernández, catedrático de Psiquiatría de la Universidad Complutense, el alcohol atraviesa sin dificultades la barrera placentaria y penetra en la sangre del embrión o del feto alcanzando la misma concentración que en la sangre materna.

Es verdad que el riesgo es mayor cuanto más alcohol consuma la madre; pero no hay una dosis exenta de riesgo, por lo que el consejo es la abstinencia absoluta. Lo más grave es el desconocimiento que sobre ello existe en la población general.

El alcohol ingerido por la madre durante la gestación causa alrededor del 20 % de todos los retrasos mentales. Las primeras investigaciones llegaron al comprobar que los hijos de las madres alcohólicas presentaban malnutrición intraútero y determinadas malformaciones oculares. Después, esos hallazgos se confirmaron y se añadió un nuevo dato: la mortalidad neonatal es también mayor entre los hijos de las madres alcohólicas. Se supo más tarde que se trataba de un síndrome complejo que afecta tanto al desarrollo físico como intelectual. Y ya se llama la atención sobre un hecho importante: el síndrome puede producirse sin que la madre sea alcohólica. Y aunque la gravedad puede tener relación con la cantidad de alcohol ingerido, depende también de otros muchos factores como son la susceptibilidad individual del feto y la etapa de la gestación en la que se produzca el consumo de alcohol.

Las manifestaciones del síndrome pueden ser muy distintas. A veces las deficiencias pasan desapercibidas al principio, y aparecen de manera irreversible cuando el niño es un poco mayor. Lo más frecuente es que aparezcan tras el consumo habitual de alcohol durante el embarazo; no obstante, la ingestión de alcohol de forma esporádica también puede afectar al feto.

Aunque no en todos los casos aparecen los rasgos físicos típicos, puede decirse que hay un perímetro craneal más pequeño de lo normal, es decir, cabeza más pequeña, ojos pequeños, labio superior grande y convexo, nariz con el puente bajo y aplastada, aletas nasales abiertas y alteraciones en los pliegues de la palma de la mano.

No todos los bebés que padecen el síndrome presentan todos los rasgos. El más claro y frecuente es la disminución del peso y de la talla, así como del perímetro del cráneo. También puede haber malformación del corazón, del riñón, de las vías urinarias, de los músculos y, lo más grave, del sistema nervioso central.

También se sospecha que muchos hijos de madres bebedoras pueden presentar síndrome de abstinencia. De hecho, algún recién nacido mostró irritabilidad, llanto, insomnio y temblores; se dedujo que padecía la abstinencia de la dosis de alcohol que su madre le proporcionaba regularmente.

La mayor parte de los diagnósticos de este síndrome alcohólico fetal se realiza en niños ya algo mayores —no en bebés— que acuden al pediatra con sus padres porque tienen problemas de otro tipo. No crecen bien o no engordan lo suficiente. También consultan por problemas de escolaridad o incluso de salud mental. Todo ello puede tener su origen precisamente en un embarazo regado con alcohol.

Los efectos sobre el sistema nervioso central pueden ir de leves a realmente graves. Es frecuente un cociente intelectual bajo, un retraso en el desarrollo psicomotor y, en general, déficit intelectual.

Pero no hay estadísticas fiables para cuantificar el problema. Se pueden extrapolar los datos de otras comunidades y deducir que aproximadamente el 2 % de los nacidos vivos pueden presentar este síndrome en mayor o menor grado. Porque no es un problema de alcoholismo declarado, ni siquiera de madres bebedoras habituales. No se sabe qué cantidad de alcohol debe ingerir la madre para hablar de peligro. Por eso los especialistas son tajantes: abstinencia total, sobre todo en los primeros meses de embarazo.

Unas palabras sobre el tabaco

Fumar durante la gestación puede acarrear riesgos tanto para la madre como para el feto. Está demostrado que el hábito de fumar reduce el crecimiento del feto en unos 200 g como media. También hay un mayor índice de mortalidad perinatal cuando la madre es fumadora, y es un factor de riesgo para el síndrome de muerte súbita.

Fumar, afirman los expertos de la Organización Mundial de la Salud, es la causa modificable más importante de problemas entre las mujeres embarazadas. Por eso se pretende llevar información a las madres sobre los riesgos que tiene el hábito de fumar tanto en ellas como en sus hijos. Las parejas de las embarazadas deben también estar activamente implicadas y apoyar el esfuerzo que supone dejar de fumar. Si fuman, también deberían abandonar el tabaco.

La dieta durante el embarazo

Llegamos a la parte práctica de todo lo que llevamos expuesto. Hemos visto las necesidades, de dónde parten los nutrientes y lo que el feto necesita para su formación y desarrollo.

Ahora vamos a responder a tu pregunta: "¿Qué debo comer?".

Los cuatro primeros meses

Está claro que en esta primera etapa las necesidades del feto son escasas y normalmente se cubren con las aportaciones de la madre. Debes comer lo habitual, ya que tu organismo todavía no tiene necesidades especiales.

En esta etapa aparecen ya las primeras molestias digestivas, alguna náusea o regurgitación. Basta con no incluir en la dieta comidas grasas. Por eso puede sentarte mejor la leche descremada que la normal. Es aconsejable hacer comidas frecuentes y escasas, y da buen resultado el consumo de agua con gas.

El quinto, el sexto y el séptimo mes

Empieza a notarse el desarrollo del feto. Y por lo tanto tienes que aumentar la energía de la dieta y el contenido de algunos nutrientes concretos. Por ejemplo, debes aumentar la ingestión de proteínas de alta calidad, que son las de alto valor biológico: carnes, pescado, huevos y leche. También debes aumentar la cantidad de vitaminas y minerales, y no tanto por el feto sino por la necesidad que tiene tu organismo de hacer una reserva para cuando sea necesario.

Puedes calcular que en estos meses necesitas el 10 % más de calorías. Una dieta de unas 2200 calorías diarias.

El octavo y el noveno mes

En estas últimas ocho o diez semanas vas a notar ese incremento notable de peso. El feto crece muy rápido y la necesidad de materiales de construcción para los tejidos es mucho más amplia. Y como sabes, sólo pueden provenir de la dieta. Estas necesidades son por lo menos el 20 % mayores que antes y se deben cubrir con proteínas de alta calidad, vitaminas y minerales.

¿Qué comes? En este momento, leche y derivados lácteos, a ser posible poco grasos, huevos, carne, pescado; fruta (especialmente naranjas, fresas y ciruelas) y cereales de grano entero o integral.

En general, cuanta mayor cantidad de fruta tomes, mejor, ya que no sólo aportan vitaminas sino también fibra, que va a ser muy útil para luchar contra ese problema tan frecuente en esta etapa: el estreñimiento.

Es verdad que hay gente que no tolera la leche. Si ese es tu caso, puedes recurrir al pescado enlatado, que acompañado con espinas es muy rico en calcio.

Lo que debes comer al día

Partiendo de la base de que en los cuatro primeros meses no hay mayor variación con respecto a la nutrición que llevabas antes, a partir del quinto mes puedes adoptar la dieta que presentamos a continuación. Ten en cuenta que cuanto menos sofisticada sea la preparación de los alimentos, menor pérdida de nutrientes habrá.

- ✔ **Leche.** 3 o 4 vasos diarios.

- ✔ **Carnes, pescados.** 2 raciones al día, o alrededor de 120 g. Si es posible, también algo de queso.

- ✔ **Huevos.** 1 al día.

- ✔ **Vegetales.** Verduras cocidas y crudas: 2 raciones o más (una ración es media taza). Es conveniente que las verduras sean de color verde oscuro o amarillo intenso.

- ✔ **Papas.** 1 mediana (150 g), preferentemente cocida con piel (y pelada después).

- ✔ **Pan y cereales.** 3 o 4 raciones (una ración es una rebanada de pan, media taza de cereal).

- ✔ **Frutas.** Al menos 2 raciones. Una ración es una naranja o 120 g de zumo.

- ✔ **Aceite y grasa vegetales.** 2 cucharadas soperas.

... y los antojos

Antojos y supersticiones han acompañado el embarazo durante toda la historia. Todavía persiste entre algunas personas la idea de que si una mujer embarazada come conejo, su hijo nacerá con labio leporino. O que si toma mucho vinagre, el niño saldrá sin pelo. O que si toma mucha carne y mucho vino, el niño puede tener la cabeza muy grande. Igualmente existen creencias acerca del consumo de determinados alimentos. Unas tienen fundamentos, y otras tienen tan poca validez científica como los ejemplos que acabamos de citar.

Pero la gran duda sigue en pie. ¿Por qué se producen los antojos? Partamos de la base de que llamamos *antojo* a una apetencia excesiva y caprichosa de algo. Evidentemente es falso eso de que si no se sacia ese capricho, el niño puede nacer con una determinada marca. Pero al margen de las consecuencias, lo que sí es cierto es que durante la gestación a la mujer se le pueden antojar muchas cosas. Algunas aparentemente absurdas; otras perfectamente normales. Que de pronto tenga unas ganas incontrolables de tomates maduros puede indicar una demanda orgánica de determinadas vitaminas. Que a media noche le apetezca un tipo de queso puede ser una necesidad de calcio del organismo. Hay casos de embarazadas que, sin saber por qué, se encontraban masticando la tiza de su hijo mayor. Luego se supo que sus necesidades de calcio no estaban cubiertas. Pero, de ahí a considerar de la misma manera la apetencia de un helado de pistache a las cinco de la mañana, hay un trecho difícil de salvar.

No es fácil explicar el motivo de estos antojos. Muchos especialistas hablan de simples manías. Sin embargo, hay razones objetivas para suponer que debe de existir alguna causa orgánica. Es evidente que durante el embarazo toda la situación de la mujer cambia. Hormonalmente, sufre una revolución que altera también su equilibrio emocional. Siente necesidad de una mayor protección y, sobre todo, tiene la sensibilidad a flor de piel. Si a esto se une el cúmulo de temores que se le plantean, fácilmente se puede comprender que pasa por una etapa en que cualquier cosa resulta posible. Si le dicen que comiendo arenques el niño será más alegre, tendrá una apetencia primaria de comer arenques, quizá no por convencimiento, sino por el consabido "por si acaso".

En definitiva, parece ser que la mayor sensibilidad de la mujer y la necesidad de protección la llevarían psicológicamente a desear cosas para ser complacida, para verse atendida; para sentirse mimada, en una palabra. Por otra parte, hay, o puede haber, demandas orgánicas que calificamos de antojos, pero que son auténticas necesidades. Y por último hay extravagancias que obedecen más al desequilibrio y que entran en ese calificativo de manías. Por supuesto que nada ocurre si un antojo no se cumple. Pero también es verdad que en la mayoría de los casos, tanto si es capricho como si es necesidad, con un poco de buena voluntad se puede satisfacer. Y si se puede, ¿por qué no hacerlo? La embarazada lo agradecerá profundamente.

Bien es sabido que la felicidad es sólo eso: una sucesión de pequeños detalles.

La nutrición durante la lactancia

A la lactancia se le pueden poner muchos adjetivos, pero bastaría con uno solo: es el alimento natural que corresponde al ser humano como mamífero que es. La leche materna es el único alimento completo que existe en la naturaleza, aunque sea sólo durante una temporada. Todos los especialistas sostienen que habría que fomentarla como una de las bases para una mejor salud.

Cuando el niño nace, su proceso de formación no ha terminado todavía. No puede comer lo que los adultos, y sin embargo tiene que crecer a una velocidad impresionante: durante el primer año de vida el recién nacido aumenta su peso en un gramo por hora, y su cerebro aumenta dos gramos por día. Y lo debe lograr con la garantía de que recibe las proteínas, minerales, hidratos de carbono y grasas necesarios, además de las defensas oportunas. Es verdad que los nutrientes, aunque no tan adecuados, podrían llegar desde otras fuentes. Pero nunca sería así con las defensas que el niño precisa.

No se puede olvidar tampoco que cuando la madre da de mamar, no sólo proporciona alimento al niño: le da ternura, protección y cariño, y el niño sabe recibirlo.

La madre, con la leche, suministra al niño defensas que le van a proteger por lo menos durante los tres primeros meses de virus, bacterias, toxinas y muchas reacciones alérgicas. Está demostrado que los niños alimentados por sus madres tienen menor incidencia de asma, por ejemplo.

Es verdad que durante el embarazo la madre traspasa esas defensas al niño, pero en cuanto nace, el bebé está expuesto a microorganismos y esa carga de defensas se va debilitando; por eso, las de la leche son una garantía más de protección.

Cuando se da el pecho se produce un fenómeno curioso. Hay madres que no tienen leche suficiente. Los pediatras aconsejan

Así es la leche materna

La composición de la leche materna es rica en los siguientes elementos fundamentales:

✔ **Azúcares.** Destaca la proporción de azúcares (lactosa), que puede llegar a 70 g/l. Es la proporción ideal de hidratos de carbono para la alimentación del bebé.

✔ **Grasas.** Aporta grasas en forma de ácidos grasos poliinsaturados que el organismo no puede fabricar y que favorecen la absorción de los nutrientes.

✔ **Vitaminas.** Es rica en vitaminas (aunque la cantidad depende de la alimentación de la madre), sobre todo A, C y D. La vitamina A siempre es insuficiente en la lactancia artificial y la vitamina D falta en cualquier tipo de alimentación.

✔ **Minerales y anticuerpos.** Aporta también hierro, calcio, fósforo y los anticuerpos que van a proteger al bebé de muchas infecciones.

de todos modos que pongan el niño al pecho, porque en cuanto él succiona, la madre segrega la *prolactina*, una hormona que logra que se produzca más leche. Así se establece un círculo perfecto: cuanto más chupa el niño, más prolactina se produce, y cuanta más prolactina se produce, más leche disponible hay.

La secreción láctea de la madre comienza por el calostro tras el parto. Al principio parece agua coloreada. Sin embargo, tiene más albúmina y más sales minerales que la leche y, aproximadamente, la misma concentración de grasas, pero es mucho más pobre en lactosa. El calostro contiene además provitamina A, que el organismo del niño va a transformar en la auténtica vitamina y que aporta también vitamina E.

Ventajas de la leche materna

La primera ventaja de la leche materna es la recuperación de la madre. La madre que da de mamar tiene una recuperación más rápida que la madre que no lo hace. En cuanto a la leche en sí, he aquí sus ventajas:

✔ No necesita preparación previa ni hay que hervirla.

✔ Está siempre a la temperatura adecuada.

✔ No tiene gérmenes ni agentes patógenos porque va del pezón a la boca.

✔ Contiene las sustancias que van a proteger al niño contra muchos agentes infecciosos.

✔ No cuesta dinero.

✔ Evita reacciones alérgicas.

✔ Como tiene la composición perfecta se digiere muy bien.

✔ Con ella no se corre el riesgo de sobrealimentar al niño.

La leche materna va cambiando de composición a lo largo de la toma, de manera que completa la alimentación. En los primeros minutos, cuando el niño se pone a mamar, la leche tiene menos grasa, como si fuera preparando al organismo del bebé para recibir después leche más consistente. El porcentaje de grasa va aumentando de acuerdo con la secreción. Si el niño reclama su ración, no se debe esperar hasta la hora determinada para darle de comer. Hay que pensar que el niño a veces necesita enviar el mensaje de la prolactina, que podríamos traducir así: "Necesito más leche: prodúcela".

Necesidades nutritivas de la madre

Como es lógico, en época de lactancia aumentan las necesidades nutritivas de la madre; no sólo en energía total, sino también en proteínas, minerales y vitaminas.

Tu dieta en esta etapa debe ser, esencialmente, la misma que en la última parte del embarazo: alta en calorías, con gran cantidad de leche, huevos, carnes, pescado, frutas y vegetales; pero hay que añadir cantidades adicionales de algunos alimentos más energéticos, como cereales, papas, mantequilla o margarina para tener la energía suficiente sin aportar mucho volumen. Conviene consumir cereales simples y fácilmente digeribles.

En definitiva, la dieta debe aportar alrededor de 3000 calorías. Si además la madre trabaja, la cantidad de calorías debe incrementarse según el gasto calórico.

La madre lactante debe tomar un litro y medio de leche diario, no sólo por los líquidos que necesita, sino también por el aporte de calcio, imprescindible para ella y para su hijo.

También debe hacer alguna comida suplementaria antes de dar de mamar al niño. Y tener siempre a mano un vaso grande de agua, porque en cuanto el niño empiece a mamar tendrá sed.

Capítulo 19

Las dieta de las personas mayores

¿**P**uede una persona mayor hacer dieta para perder peso? A una edad avanzada, ¿es beneficioso someterse a las restricciones que conlleva una dieta hipocalórica? La respuesta dependerá de cada caso y persona, pero lo que es innegable es que muchos de los problemas de salud que aparecen en la tercera edad se deben al sobrepeso: dolores en huesos y articulaciones, diabetes, hipertensión… Problemas que podrían evitarse si, con los años, no hubiésemos ido acumulando capas y capas de tejido adiposo.

Seguramente también tú te habrás preguntado si se engorda en la vejez. No sólo por la constatación que puedes ver a tu alrededor, ya que es fácil observar que se dan dos tipos muy determinados, que el saber popular identifica con dos verbos muy expresivos: uno, con los años, o se ajamona o se amojama.

En general, se acepta que el metabolismo basal tiende a disminuir con la edad. Sin embargo, es una afirmación discutible porque lo que ocurre, independientemente del metabolismo, es que tenemos una disminución notable de la actividad; seguimos teniendo el mismo apetito, pero nos movemos menos, y es entonces cuando el exceso de energía se va acumulando en forma de grasa.

La nutrición en la tercera edad

El médico e investigador Grande Covián puso el dedo en la llaga: la afirmación de que el metabolismo disminuye con la edad se basaba en observaciones hechas por investigadores alemanes y estadounidense. En síntesis, tuvieron la idea de medir el metabolismo basal en distintos momentos de la vida. Había un descenso, sí, pero no lo midieron en las mismas personas, sino en unas de tantos años y en otras de otros. Y según los datos que reunieron, pudieron ver que el metabolismo tendía a descender alrededor del 3 % por cada década de la vida. Pero no se hizo un estudio longitudinal.

"Así que emprendimos ese trabajo nosotros en Minnessota", nos comentaba Grande Covián. "Un grupo de voluntarios, que desde la década de 1950 iban año tras año al laboratorio para ser examinados, nos proporcionó los datos. Mirábamos su metabolismo, entre otras cosas, y obtuvimos datos a lo largo de veinticinco años. Datos longitudinales de las mismas personas. ¿Y sabes cuál fue el hallazgo? El cambio metabólico es mínimo."

El cambio metabólico es mínimo

El metabolismo basal no cambia sensiblemente con la edad en las personas que mantienen su peso. Si no cambia el peso, es la masa muscular la que determina el metabolismo. Y la intensidad metabólica por cada kilo de masa sería la misma tengas veinte o sesenta años, lo que ocurre es que a los veinte años una persona tiene más masa muscular. Lo mismo pasa con la mujer; en todos los libros se habla de que tienen un metabolismo más bajo, pero lo que ocurre es que en comparación con un hombre que pese lo mismo, una mujer tiene más grasa.

La evidencia, sin embargo, muestra esa mal llamada *curva de la felicidad* que va asentándose con los años (la panza). Más o menos, todos vamos ganando peso. La vejez, comentaba

Grande Covián, consiste fundamentalmente en que la capacidad de regeneración de los tejidos es cada vez menor. Se van perdiendo tejidos activos. En vez de estructura muscular, vamos tendiendo hacia una estructura grasa; pero nuestras células siguen siendo iguales que cuando éramos jóvenes, por lo menos en cuanto a necesidades energéticas.

Qué comer en la tercera edad

La primera afirmación de Grande Covián es que durante la vejez puede haber circunstancias que conduzcan a alteraciones nutritivas con respecto a la dieta habitual, pero que, básicamente, las necesidades alimentarias en esta etapa son las mismas que antes. Otra cosa es que no se puedan cubrir esas necesidades por prescripción facultativa o por falta de disponibilidad económica.

Él comentaba una anécdota ilustrativa de ciertas circunstancias que pueden conducir a alteraciones nutritivas. Es el caso de la dentadura. Muchos estadounidenses que viven en los estados del norte van a pasar el invierno a Florida, a un clima más agradable. Pues bien, se observó que la venta de purés para bebés aumentaba considerablemente en algunas zonas. La razón era sencilla: las personas mayores los compraban diciendo que eran para sus nietos, cuando en realidad eran la base de su propia alimentación. Están preparados, no hay que cocinarlos y apenas hay que masticar.

Al disminuir la actividad física disminuyen también las necesidades energéticas. Comienza además un cambio en la estructura del organismo. El aumento del tejido adiposo es evidente para toda persona mayor. Desciende paralelamente el tejido muscular y se pierde agua. Es verdad que pasado el primer periodo de cambio de masa muscular por grasa, y posiblemente de incremento de peso, llega un punto en el que el peso permanece ya inalterable o acaso disminuyendo muy poco a poco.

En general, puede decirse que las necesidades calóricas son menores en la tercera edad debido a la menor actividad física. Pero debemos ser conscientes de que, cuando somos mayores, somos menos eficaces muscularmente hablando, de manera que es muy posible que nos cueste mayor esfuerzo realizar cualquier actividad. La persona mayor gasta más calorías que antes en subir la escalera, precisamente por su reducida eficacia muscular.

Las investigaciones que han estudiado el tema sostienen que las necesidades de energía disminuyen el 5 % entre los cuarenta y los cincuenta y nueve años de edad. Entre los sesenta y sesenta y nueve años descienden, por lo menos, el 10 %; y a partir de los setenta años o más se calcula que se reducen otro 10 %. En general, una persona de peso medio y sesenta y cinco años de edad, con buena salud y actividad moderada, debe tener una dieta en torno a las 2300 calorías si es varón y a las 1700 si es mujer. Por supuesto, estas referencias son sólo orientativas, ya que dependen de la actividad que se desarrolle. Esas calorías deben provenir de una dieta rica en proteínas, baja en grasas y moderados hidratos de carbono. Del total de la dieta, los hidratos deben ocupar aproximadamente la mitad de las calorías; las proteínas, el 25 %, y las grasas el 20 %.

Hidratos de carbono

Para equilibrar la dieta hay que ingerir alrededor de 275 g diarios de carbohidratos, que, preferiblemente, deben provenir de vegetales y, pan, pasta o arroz. Y no conviene acudir a dulces o azúcares refinados, ya que se transforman más rápidamente en grasa.

Si hay problemas de estreñimiento, es útil el consumo de hidratos de carbono vegetales con alto contenido en fibra. La fibra no se digiere y, por lo tanto, no engorda; y tiene dos ventajas: además de proporcionar saciedad, absorbe agua, con lo que facilita el tránsito intestinal.

Es posible también que rechaces las legumbres porque producen flatulencia. En otro lugar de este libro hablamos de ello (ve al capítulo 19). De todos modos, mejora mucho las flatulencias tomar las legumbres en puré, pero hay que tener presente que quizá con las modernas batidoras se incorpora mucho aire a la masa; tal vez sea mejor acudir al pasapurés tradicional.

Proteínas

Las necesidades recomendadas para toda la población son, como mínimo, 1 g por kilo de peso al día. En la tercera edad esa cantidad debe aumentarse un poquito, hasta 1.5 g por kilo de peso al día. (Ten en cuenta que las proteínas no se almacenan como las grasas o los hidratos, así que deben consumirse diariamente.)

Además, conviene que cerca de la mitad de las proteínas de la dieta sean de origen animal —las de mayor valor biológico—, es decir, procedentes del pescado, los huevos, la leche o la carne. Recuerda que el pescado se digiere mejor que la carne y tiene menor cantidad de grasa. Por su facilidad para comer, se recomiendan casi siempre el pollo —sin piel— y el pescado blanco. Se pueden tomar —si no hay indicación médica en sentido contrario— tres o cuatro huevos por semana. Un pedazo de queso también aporta buena cantidad de proteína, de minerales... y de grasa.

Grasas

Las grasas deben ocupar la cuarta parte de las calorías de la dieta. Además de proporcionar calorías y de permitir que en ellas viajen muchas vitaminas, hay que tener en cuenta que dan a los alimentos eso que los especialistas llaman *palatabilidad*, que no es otra cosa que una determinada consistencia y textura al paladar, que hace mucho más agradable la comida.

Hay que tener en cuenta que con los años vamos perdiendo capacidad para digerir esas grasas, especialmente en algunos alimentos fritos.

Minerales

Tres minerales son especialmente interesantes para las personas de edad. El primero es el calcio por el problema de la osteoporosis, o pérdida de masa ósea. Calcio, vitamina D y sol son las recomendaciones habituales.

El segundo es el hierro. Las anemias son frecuentes a esta edad, quizá no tanto por el déficit en la ingestión de hierro como por la dificultad de su absorción. Es muy posible que el médico recomiende suplementos de hierro.

Y el tercero es el zinc, porque su deficiencia puede dificultar la cicatrización de las heridas; también hace disminuir el sistema inmunológico y el sentido del gusto. Una dieta variada aporta suficiente cantidad de zinc. Así que si hay carencias se debe, seguramente, a que las personas mayores tienden a comer casi siempre lo mismo; es decir, tienen una dieta monótona.

Agua

Es muy posible que con los años se pierda en parte la sensación de sed. Además, como identificamos sed con agua y con frío, parece que beber no es algo apetecible. Sin embargo, conviene aumentar la ingestión de líquidos. Normalmente bebemos poco y, según cumplimos años, bebemos menos.

Guía diaria de alimentación

En síntesis, podemos decir que una persona mayor debe ingerir diariamente:

- ✔ **Leche.** 2 tazas (equivalen a 60 g de queso).
- ✔ **Carne.** 150 g de carne magra o de pollo.
- ✔ **Pescado.** 90 g.
- ✔ **Huevos.** 1 en días alternos.
- ✔ **Legumbres.** 1 taza de judías secas, guisantes secos o lentejas.
- ✔ **Pan o cereales.** 4 porciones o más. Cada porción es una rebanada de pan, algo más de media taza de cereal cocido, macarrones, sémola, arroz, fideos; 1 taza de cereal, 5 galletitas saladas o 2 galletas grandes.

✔ **Legumbres y frutas.** 4 porciones o más. Cada porción es media taza de legumbres de color verde o amarillo, cada 3 días; media taza o media fruta cítrica; 1 patata mediana.

✔ **Agua.** 6-8 vasos diarios.

El caso de las papillas para bebé

Si en cualquier etapa de la vida la nutrición tiene una gran importancia, adquiere aún más en esta edad avanzada. Por un lado, porque en las sociedades de los países desarrollados cada vez hay más personas de edad, y por otro, porque con demasiada frecuencia estas personas padecen dificultades o alteraciones debidas a una mala nutrición.

Grande Covián, a quien no dudamos en calificar como uno de los mayores y mejores estudiosos de la nutrición humana, decía que las personas de edad avanzada padecen alteraciones nutritivas.

Pero eso no quiere decir que tengan necesidades alimentarias diferentes a las de personas más jóvenes con las mismas características físicas. En la mayoría de los casos, las deficiencias nutritivas que se observan en estas personas están condicionadas por factores económicos o médicos. Muchos no tienen dinero suficiente para tener una dieta variada. Otros, que viven solos y no tienen afición a la cocina, se limitan a comer aquello que les gusta, fácil de preparar y siempre lo mismo, lo que es una receta infalible para estar mal nutrido. En otros casos, una mala dentadura puede ser la clave.

Y contaba la anécdota de los muchos estadounidense que van a pasar el invierno a Florida, a un clima más agradable. Como los que aquí se van a Benidorm, vamos... Se observó que la venta de papillas, de comida para niños, aumentaba considerablemente en algunas zonas. La razón era sencilla: las personas mayores los compraban diciendo que eran para sus nietos, cuando en realidad era la base de su propia alimentación. Está preparado, no hay que cocinarlo, y apenas hay que masticar.

Grande Covián, sin pasión y con ese espíritu equilibrado que le caracterizaba, era tajante: no hay ninguna prueba definitiva de que cambien las necesidades por tener setenta u ochenta años.

En cuanto a los minerales, son particularmente interesantes para las personas de edad el calcio, por los problemas de osteoporosis, y el hierro, porque es fácil que se produzcan anemias en las personas de edad. Se encuentra fácilmente en la carne, hortalizas, patatas. Y solemos decir que en las lentejas; en efecto, en ellas hay mucho hierro, pero no lo podemos absorber.

Terminamos este capítulo con la anécdota que Grande Covián contaba de una doctora inglesa, miembro de la Royal Society de Londres, y gran especialista en nutrición. La madre de la doctora tenía ciento cinco años. Su receta para la nutrición de las personas de edad avanzada era simple: "Una buena y bien ajustada dentadura, y raciones normales de comida; la leche como bebida habitual, y la satisfacción de sus deseos o caprichos particulares, tanto si se trata de pescado, como de frutas, pasteles o chocolate. Mantener una cierta actividad, sobre todo al aire libre en un día soleado. Y eso sí, el cuidado cariñoso, que es tan importante en la vejez como lo es en la infancia".

Capítulo 20

¿Qué comeremos
en el futuro?

· ·

En este capítulo

▶ Los avances de la biotecnología

▶ La polémica en torno a los alimentos transgénicos

▶ La distribución desigual de los alimentos

▶ La nutrición de nuestros descendientes

· ·

¿Y llegaremos a comer pastillas? ¿Se descubrirá algo que permita ese sueño de tantos de comer y no engordar? ¿Se podrá prescindir de una vez de la tiranía de la báscula?

Seguramente, no. La preocupación por el futuro gira más en torno a cómo poder alimentar al mundo que pasa hambre; o mejor, a cómo poder establecer una distribución racional de los alimentos que se producen.

Conviene echar un vistazo rápido sobre por dónde pueden ir las cosas.

Es evidente que en el futuro nuestra alimentación estará condicionada por varios factores, entre ellos la disponibilidad de nutrientes que, como es lógico suponer, va a depender de nuestro desarrollo tecnológico; el aumento de la población que tendrá que alimentarse; y las exigencias de esa población que, una vez satisfechas, serán cada vez mayores en cuanto a la calidad.

Hay quienes exponen aún ese primer temor expresado hace ya un par de siglos por el economista británico Thomas Robert Malthus, sobre si seremos capaces de producir alimentos para una población que aumenta de manera permanente. Si bien persisten algunas miradas pesimistas, parece ya claro que el problema del hambre actual y del futuro no se debe ni se deberá a una escasez real de alimentos, sino a los intereses políticos que giran en torno a su distribución. El mundo produce nutrientes suficientes para alimentar a su población. Lo que no produce en la misma medida es la voluntad para que lleguen a todos los rincones donde hay necesidad.

En mi opinión, las teorías de Malthus han quedado desfasadas. Como se recordará, Malthus sostenía que mientras la población crecía en progresión geométrica, la producción sólo podía hacerlo en progresión aritmética. Pero la aplicación de la ciencia y la tecnología a la agricultura nos han llevado por otros rumbos. Hoy los nuevos sistemas de producción agrícola consiguen darnos suficientes alimentos para toda la población.

Los avances de la biotecnología

Los avances de la *biotecnología*, o tecnología aplicada a la biología, son imparables. Por ejemplo, gracias a esta moderna y multidisciplinaria ciencia se han mejorado los sistemas de acuicultura y se podrán seleccionar las plantas por el rendimiento de su fotosíntesis. La biotecnología nos va a permitir disponer de alimentos que sean mezcla de otros y tengan un mejor índice proteico o vitamínico. Se cita como ejemplo de nuevos alimentos el *triticale*, un cereal de gran rendimiento desarrollado por el genetista Norman E. Borlaug, padre de la revolución verde y premio Nobel de la Paz. O los intentos de trabajar en el nivel celular para dar lugar nuevas especies procedentes de otras. No es fantasía pensar en el *papamate* como resultante de la fusión del jitomate y la papa: quizá se pueda producir tomates en su parte aérea y patatas en sus raíces.

De hecho, para paliar la desnutrición en algunos países se han logrado ya mezclas de proteínas vegetales con el equilibrio necesario para componer una buena nutrición. Se consumen como papillas o como sopa proteínica que completa una nutrición que suele ser deficiente. Por poner algunos ejemplos, serian el Vilas-oy japonés, el Saci de Brasil y la Puma de Guayana. Es decir, son bebidas muy nutritivas obtenidas a base de proteína vegetal. En otros casos, se pueden enriquecer algunos alimentos a base de añadir proteínas o directamente aminoácidos.

Por otra parte, ya se producen industrialmente algunas levaduras ricas en vitamina B que pueden, cultivadas en residuos de carbohidratos o hidrocarburos parafínicos, originar proteínas de buena calidad.

Por si fuera poco, se han abierto nuevos campos que van ocupando el mercado sin que nos demos cuenta. Quizás uno de los más llamativos sea el de las algas. Por ejemplo, la espirulina, que proporciona entre el 65 y el 70 % de proteínas. Tampoco se puede olvidar la importancia que adquieren las proteínas provenientes de las oleaginosas, como la soja.

La ganadería

La tecnología y la ciencia también se han acercado a la ganadería. Tanto por la selección de razas con mayor rendimiento como por una alimentación más racional, se ha mejorado de manera notable la producción de leche, huevos y carne (bovinos, ovinos, porcinos, conejos y aves). Los animales ahora se reproducen mejor, tienen un crecimiento más rápido y comen menos que en tiempos anteriores. A no mucho tardar también veremos mejoras en la carne, por ejemplo con un menor contenido en grasas saturadas, que será mejor recibida por los consumidores.

El mar

Es verdad que hoy el incremento de la flota pesquera, las modernas técnicas de localización de bancos, la extracción tecnificada y la sobreexplotación están dejando vacía la despensa del mar. Pero, a su vez, se están extrayendo especies no explotadas antes. Por otra parte, los cultivos marinos están poniendo en el mercado toneladas y toneladas de especies hasta ahora reservadas a un consumo elitista. Hoy el cultivo puede llevar a la mesa, a un precio asequible, salmón, lubina, dorada, rodaballo, trucha, etc. Y es una industria que avanza a pasos agigantados. Permite cada vez más disponer de buena proteína animal, fresca y a un precio competitivo.

La industria

Paralelamente, los avances en la industria alimentaria logran presentar proteínas procedentes de alimentos como el pescado, por ejemplo, como si fueran carne. El ama de casa conoce bien esos palitos de cangrejo que no son otra cosa que proteína procedente de pescado y texturizada como si fuera carne de marisco. Hay máquinas que separan automáticamente la carne de especies sin mayor valor gastronómico para lograr esas proteínas que después se elaboran como salchichas o hamburguesas. Y lo mismo se puede hacer con la proteína de la soja.

También la alimentación animal se beneficia de estas técnicas. Se están realizando avances importantes enriqueciendo por fermentación las proteínas de los cereales. Igualmente, se dispondrá a gran escala de concentrados o preparados de proteínas a partir de cereales (separando el gluten y el almidón) o por otros sistemas para buscar las partes más proteicas de los granos.

Otro campo es la síntesis de proteínas animales o vegetales por bacterias. O lograr la fotosíntesis dirigida o la síntesis de aminoácidos por energía solar. Pero, en general, podemos concluir que la ciencia se encamina a fabricar proteínas acordes a nuestras necesidades partiendo de otras de calidad inferior.

Se pueden también aumentar las posibilidades actuales a partir de alimentos subutilizados o de nuevos productos que aún no se emplean en la alimentación humana. Podemos citar como ejemplos la *incaparina*, un alimento hecho de proteínas complementarias, creado para suplir el consumo de la carne y la leche; o la proteína de soja, que constituyó hace algunos años una absoluta revelación por su alto valor biológico, y que continúa ofreciéndonos muchas posibilidades en su utilización. De modo que se pondrán a punto alimentos realmente nuevos (y no de sustitución) que serán a la vez apetitosos, nutritivos y económicos.

Ni que decir tiene que también han mejorado y se mejorarán los sistemas de conservación.

Alimentos transgénicos

La polémica sobre los alimentos transgénicos o modificados genéticamente durará muchos años todavía, porque hay sobre ellos opiniones basadas más en la pasión que en la ciencia y más en la ideología que en la evidencia.

Los alimentos manipulados genéticamente son el producto de aplicar la biotecnología a la agricultura. Ya se sabe cómo insertar en una especie los genes característicos de otra; así se logra una especie nueva con unas propiedades que suponen, desde un punto de vista técnico, alguna mejora. Por ejemplo, se pueden cultivar productos en climas hasta ahora adversos, o en tierras de una salinidad que antes las hacía improductivas, o en terrenos resistentes a las heladas. También se puede aumentar el porcentaje de proteína de una determinada legumbre, o hacer una planta mucho más resistente a las plagas sin utilizar productos químicos, o permitir un tiempo de maduración más lento para que un producto llegue al consumidor en un momento óptimo.

¿Son peligrosos los alimentos transgénicos?

Ese es el centro de la polémica. Para muchos expertos en biotecnología no ofrecen peligro alguno, ya que son vegetales como los demás, a los que se les ha insertado genes de otros vegetales. Opinan que su consumo es inocuo para nuestra salud: que un gen de un alimento se incorpore a nuestro organismo es prácticamente imposible. No ha llegado a nosotros ningún gen de los filetes que comemos habitualmente, ni de los pescados que llegan a nuestra mesa.

Sin embargo, muchos grupos ecologistas sostienen que ignoramos qué puede ocurrir a largo plazo, ya que es posible que las plantas manipuladas genéticamente se crucen con otras

Algunos logros de la ingeniería genética

Estos son los alimentos que han sido modificados por la ingeniería genética:

✔ Maíz resistente a insectos, como el taladro, y a virus o larvas parasitarias.

✔ Melón con una maduración más lenta que la habitual.

✔ Guisante inmune a la plaga del gorgojo.

✔ Papa que repele insectos y absorbe mejor el aceite.

✔ Escarolas resistente a herbicidas.

✔ Algodón más resiste a plagas y con variedad de colores para evitar tintes.

✔ Café sin cafeína.

✔ Calabacín resistente a virus.

✔ Soya resistente al herbicida glifosfato.

✔ Jitomate con maduración retardada, mayor resistencia y más vitaminas.

✔ Tabaco que produce enzimas, vacunas y hemoglobina.

✔ Aceite de colza y de soya saludables para el corazón, que impiden la absorción del terreno de cultivo de elementos como cadmio, cobre y níquel.

✔ Arroz resistente a las plagas que lo atacan con más frecuencia. No tiene factor alérgico y está mejorado en sus nutrientes esenciales.

Estos son los transgénicos que han sido autorizados hasta la fecha: algodón, maíz, papas, soya, tabaco y tomate.

Y estos son los transgénicos que se están investigando en la actualidad: altramuz, arándano, arroz, batata, berenjena, cacahuate, calabacín, caña de azúcar, cebada, ciruela, col, colza, fresa, espárrago, girasol, grosella, guisante, kiwi, lechuga, lino, manzana, melón, nuez, papaya, pepino, pimiento, remolacha, trébol y trigo.

cercanas y les presten sus nuevas características, logrando así un crecimiento descontrolado de la especie nueva.

Por otra parte, opinan estos grupos, si los hongos y los virus de las plagas naturales se encuentran con especies que crean su propio plaguicida, o que resisten a sus ataques, es posible que muten hacia especies más peligrosas, desconocidas y, por lo tanto, de mayor potencia. En definitiva, se sostiene que no hay una razón clara, más que la económica, para permitir el avance de la manipulación genética de los alimentos.

La variedad amenazada

El problema que sí puede plantearse es el de la variedad de las especies cultivadas. Está claro que si se logra un tipo de maíz resistente, que crece más y mejor que los tradicionales, con más producción y sin necesidad de herbicidas o plaguicidas, ese nuevo tipo poco a poco irá sustituyendo a todos los demás. En consecuencia, en poco tiempo sólo habrá un tipo de maíz. Pero como los cultivos transgénicos se extienden, dentro de poco solo habrá un tipo de soya, y de trigo, y de berenjena, y de cacahuete, y de arroz, y de fresas, y de espárragos... La lista sería interminable.

La variedad de las especies cultivadas para el consumo sí puede estar amenazada.

Atención al etiquetado

Este es un punto de gran discusión. En algunos países, el que un envase incluya la leyenda "alimento genéticamente manipulado" puede suponer una desconfianza en el consumidor. En Estados Unidos, por ejemplo, no son partidarios de hacerlo. Sin embargo, en muchos países europeos se sostiene que debe constar esa indicación en los productos para que el consumidor sepa lo que compra.

Legalmente, todos los productos deben ser etiquetados como OMG (Organismos Manipulados Genéticamente) en cuanto el 0.9 % de su contenido sea un organismo modificado de esta manera. Sin embargo, hacerlo no es fácil; la polémica condenaría al fracaso el alimento que portara tal etiqueta.

El futuro: lo que nos contaba Grande Covián

En su momento mantuvimos la siguiente entrevista con el profesor Grande Covián.

P: ¿Cómo va a cambiar la alimentación humana en el futuro?

R: Todo parece indicar que vamos a consumir cada vez más productos que han sufrido transformaciones industriales; pero los cereales seguirán siendo la base de la alimentación, como lo han sido en los últimos 10 000 años.

Nuestros antepasados aprendieron a cultivar la tierra y a domesticar algunas especies animales. Era el comienzo de una nueva era en la historia de la alimentación de nuestra especie. Por primera vez no tenían que depender de lo que encontraban a su alcance, contaban con un suministro estable de géneros alimenticios y pudieron abandonar la vida nómada. En definitiva, comenzó la civilización.

Desde entonces el aumento de población ha sido enorme. Y es cuando surge la pregunta de si seremos capaces de producir todo lo que el mundo demanda. Pero la aplicación de métodos científicos a la agricultura y a la ganadería hicieron olvidar aquellas dramáticas predicciones de Malthus.

P: Pero hay una verdad incontestable: alrededor de tres cuartas partes de la humanidad pasan hambre o consumen dietas inadecuadas.

R: Sin duda. Un estudio hecho hace ya algunos años indica que, por término medio, las poblaciones de los países más desarrollados reciben unas 3100 kcal por habitante y día, mientras que las de los países menos desarrollados no reciben más que 2150 kcal. Y si hablamos del consumo de proteínas, es peor: en los países desarrollados oscila entre 90 y 110 g, mientras que en los países menos desarrollados no pasa de 35 a 60 g (y de ellos solamente de 5 a 10 g son proteínas de origen animal).

P: ¿Y por qué? ¿Es realmente una falta de alimentos, o hay alimentos suficientes y falta voluntad política de distribución, como usted dijo alguna vez?

R: Yo creo, sinceramente, que es falta de voluntad política. Y un poco de irracionalidad en lo que comemos. Porque tendemos a un consumo abusivo de productos de origen animal, que nos obliga a producir muchísimas calorías vegetales para poder satisfacerlo.

Hay un mayor consumo de alimentos de origen animal según va aumentando el desarrollo. Por ejemplo en España, en 1964 y 1965 las proteínas de origen animal representaban solamente el 32 % de las proteínas totales de la dieta; en 1980 y 1981 constituían el 62 %, es decir, el doble. Y siguiendo la tendencia, podemos calcular que hoy se ha sobrepasado el 70 %.

La producción de carne y alimentos animales es un proceso costoso en términos de energía. Hacen falta entre 6000 y 7000 calorías vegetales para producir 1000 calorías de carne. Así pues, los países que consumen muchos productos cárnicos consumen indirectamente muchos más alimentos que los que aparecen en su plato. Lo que ocurre por ejemplo en China y Estados Unidos es enormemente ilustrativo: el chino medio consume unos 200 kg de arroz al año. De ellos, unos 145 o 150 los consume directamente, lo que representa 400 g de arroz por día (1500-1600 cal). El resto lo emplea en alimentar alguna gallina o animal doméstico. Con esto y algunos productos de su huerto, el chino está relativamente bien alimentado.

En Estados Unidos el consumo medio de cereales por habitante y año se acerca a la tonelada; es decir, cinco veces más que los 200 kg de arroz que consume el chino. Pero de esta cantidad no más de 70 kg son consumidos por el individuo estadounidense como tal. El resto, prácticamente 900 kg, se emplean en alimentación animal.

Y ahí está la clave. [Grande Covián abordaba este tema planteando el término de *energía vegetal.*] Si en vez de limitarnos a calcular las dietas directamente consumidas por el hombre hacemos un cálculo de los alimentos vegetales que han sido necesarios para la producción de carne y de animales en general, tenemos una idea más clara de las diferencias que existen en la alimentación del mundo actual. Esta suma, es decir, los vegetales directamente consumidos por nosotros, más los empleados en la alimentación del ganado, más las semillas necesarias para la siembra de la próxima cosecha; es la energía vegetal.

Así, analizando el asunto, se comprueba la tremenda desigualdad de nuestro mundo. Los países más desarrollados consumen aproximadamente unas 15 000 kilocalorías diarias por habitante, mientras que los países menos desarrollados no sobrepasan las 6000.

Por eso, Grande Covián era optimista cuando se planteaba la idea de si había o no había alimentos suficientes para toda la humanidad. Según esos datos, hay posibilidades más que suficientes para poder proporcionar a cada habitante del planeta las calorías que le permitan una correcta nutrición.

Si la producción de alimentos continúa en la tendencia actual, se podrían suministrar unas 9000 kilocalorías diarias de energía vegetal a 7000 millones de personas. Así que no creo que haya que preocuparse de nuestra capacidad para producir alimentos. Incluso si nos conformamos con un suministro de unas 6000 kilocalorías de energía vegetal por habitante y día (el equivalente de lo que podríamos dar en la actualidad si repartiésemos uniformemente la producción mundial de alimentos), podríamos alimentar a unos 11 000 millones de personas, población que se alcanzará dentro de pocos años.

Es decir, seremos capaces de producir alimentos suficientes, pero lo que no se podrá garantizar es que se pueda mejorar su distribución. Es de temer que en muchas zonas del mundo falten alimentos y que en otras, como ahora, sobren.

Pastillas para cenar

La conversación nos había llevado a hablar de hipótesis de futuro; a plantearnos si los problemas de nutrición que todavía afectan a una parte importante de la humanidad podrían resolverse en años venideros. Y ya que habíamos mirado hacia delante, resultaba imposible no preguntar a Grande Covián si nuestros hábitos de alimentación van a cambiar en un futuro próximo.

P: Cuando se habla del futuro, profesor, siempre surge la pregunta de cuándo nos vamos a alimentar con píldoras.

R: ¡Hombre, espero que nunca! La alimentación química es posible porque ahora sabemos cuántas son las sustancias que necesitamos y sus dosis. Una mezcla adecuada, lo que llamamos la *dieta química*, es perfectamente satisfactoria. Hoy se emplea diariamente en los hospitales incorporada por vía intravenosa para las personas que por la razón que sea no pueden alimentarse de la manera normal. Pero eso nada tiene que ver con que todos nos tengamos que alimentar así, lo que sería monótono, aburrido y extraordinariamente costoso. De todos modos, no hay inconveniente en poner esta mezcla en forma de pastilla. Vea este cálculo: una persona que necesite diariamente unas 2600 o 2700 kcal no puede alimentarse con una dieta artificial que pese menos de 500 g. Podemos poner ese medio kilo en forma de pastillas. Si son como la aspirina, que pesa cada una medio gramo, habría que ingerir 1000 pastillas diarias. El día tiene sólo 1440 minutos; pasamos por lo menos 480 durmiendo, así que no queda ni un minuto por pastilla.

[Y riéndose, como siempre, concluye así.]

No, en el futuro no nos alimentaremos con pastillas. Todo parece indicar que la alimentación de nuestros descendientes va a seguir dependiendo de los cereales, como ha dependido desde que comenzó la agricultura hace 10 000 años. La civilización occidental ha dependido fundamentalmente del trigo y del pan, los orientales del arroz y los países americanos del maíz.

También es verdad que se puede aumentar la producción de estos cereales, tanto para destino humano como para alimentación del ganado. En la India se han obtenido resultados muy alentadores con el empleo de semillas especialmente tratadas, es decir, lo que se llama la *revolución verde*. En la actualidad se está intentando introducir estas semillas en África para la producción de cereales que puedan servir de base alimentaria a ciertas zonas del continente. Se ha conseguido, por ejemplo, aumentar siete veces la producción de mijo, que es el cereal más importante en Ghana. También se ha aumentado la producción de maíz. No será difícil que en un plazo de diez o veinte años algunos de esos países consigan por lo menos ser autosuficientes en los géneros alimentarios más importantes.

Nutrición y salud

La alimentación de nuestros descendientes estará cada vez más influida por los nuevos conocimientos científicos y las relaciones que se han venido estableciendo entre nutrición y salud. Este será un cambio muy importante en los próximos años.

Cada vez somos más conscientes de que hay algunas dietas cuyo consumo habitual aparece relacionado con el desarrollo de ciertas enfermedades, sobre todo las llamadas *degenerativas*. En el caso concreto de las enfermedades cardiovasculares, se ha realizado un notable avance en los últimos treinta y cinco o cuarenta años, que ha llegado a hacer populares ciertas modificaciones en la dieta. En ciertos países incluso se ha reducido la mortalidad coronaria de su población gracias a ciertas modificaciones dietéticas.

Conforme aumenta el conocimiento sobre las dietas y las enfermedades, nos vamos a ver sometidos a más consejos y reglas para cambiar nuestros hábitos alimenticios. Nuestros descendientes van a comer mucho más influidos por los conocimientos médicos actuales que nosotros. Esto posiblemente va a permitir una mejor utilización de los alimentos, y dirigir su producción hacia aquellos que pueden ser más útiles en determinados momentos. Nuestros descendientes tendrán una alimentación más racional que la nuestra.

Parte VII
Los decálogos

—SI CADA DÍA COME UN PLATO DE ENSALADA Y CIEN GRAMOS DE PESCADO A LA PLANCHA, SEGURO QUE ADELGAZA USTED.
—DE ACUERDO. PERO ¿ANTES O DESPUÉS DE LAS COMIDAS?

En esta parte...

Tan importante es recordar en qué te beneficiará hacer el esfuerzo de perder peso como no olvidar los riesgos que corres si no lo haces. Y también es importante tener presentes los prejuicios y los conceptos falsos que se manejan en relación con el peso; en el mejor de los casos, te alejarán del objetivo, y, en el peor, pueden ser un riesgo para tu salud. Recuerda algunos conceptos, de diez en diez; no son los mandamientos de la ley divina, pero te ayudarán.

Capítulo 21

Diez falsos mitos desmentidos

. . . .

. . . .

La obesidad no es inevitable

Salvo poquísimos casos de desequilibrios en el sistema endocrino, nadie es gordo de manera natural, sino que las personas están gordas a causa de su alimentación. Por otra parte, la obesidad es una enfermedad y no un rasgo congénito. A partir de ahí hay que pensar que, aunque no se cure, se puede tratar. Con constancia y paciencia se puede conseguir un peso adecuado y saludable.

El metabolismo no cambia

Es frecuente oír algo así como "he engordado porque me ha cambiado el metabolismo". El metabolismo no es más que la manera en que el organismo procesa la energía incorporada con los alimentos y la distribuye a las diversas funciones. Por supuesto, hay cambios metabólicos asociados a momentos particulares (enfermedad, embarazos o lactancia, entre otros) y, sobre todo, a los cambios de actividad y a la edad. En cualquier caso, en más del 95 % de los casos el exceso de peso se debe que se ingieren más calorías de las que el organismo necesita gastar. Si el metabolismo se ralentiza, porque disminuyes la actividad o por la edad, hay que ajustar la alimentación.

Los niños gordos no están más sanos

No es cierto que los michelines en los niños sean signos de salud y de estar bien alimentados. Comer más de lo necesario nunca proporciona más salud. El sobrepeso en los niños es especialmente dañino. Por una parte, amplia la capacidad de los adipocitos (las células del tejido adiposo), lo cual da lugar a que de adulto pueda engordar más. Por otra parte, el niño o el joven con sobrepeso, además de problemas de sociabilidad, está más limitado para hacer ejercicio, de manera que entra en un círculo vicioso de sobrepeso e inactividad.

Sudar no adelgaza

La actividad física al límite o las saunas hacen perder peso, cierto, pero sólo a base de perder líquidos. Además del riesgo de deshidratación que entraña llevarlo al extremo, es bastante inútil, ya que lo único que se pierde es agua, y el peso se recupera en cuanto se vuelve a beber; y no olvides que sin agua no hay vida. La pérdida efectiva de peso consiste en perder grasa, no agua.

Separar unos alimentos de otros no adelgaza

El organismo no asimila alimentos, sino moléculas, que no se combinan entre ellas. Un hidrato de carbono es un hidrato de carbono y un lípido es un lípido; ni se juntan ni se mezclan ni se recombinan; y cada uno tiene sus calorías. Al final, se suman las calorías totales, no de dónde salen las calorías que las acompañan. Dicho de otra manera, da lo mismo tomarse una cruasán de chocolate que un cruasán y una onza de chocolate.

No se puede estar bien nutrido comiendo una sola cosa

El único alimento completo es la leche materna, y sólo sirve para una etapa reducida de la vida, la de la lactancia. Después, el organismo necesita una dieta variada y equilibrada. Se puede estar un día comiendo una sola cosa, pero prolongar ese tipo de régimen sólo conduce a la desnutrición. Al final, de nuevo, lo que cuenta es el cómputo total de calorías.

Ni las vitaminas ni los minerales ni la fibra engordan

Las vitaminas, los minerales y la fibra contienen poquísimas calorías, de manera que los alimentos que los contienen engordan muy poco. Al seguir una dieta son lo que menos hay que limitar; se trata de verduras, frutas y hortalizas. Por otra parte, las vitaminas no se acumulan como reserva. Cuando se alcanza la concentración necesaria (que se adquiere con una alimentación normal rica en alimentos de origen vegetal), cualquier suplemento que se tome se elimina sin que aporte ningún beneficio. Por el contrario, exige un trabajo extra de algunos órganos, como los riñones. Algunas vitaminas en exceso pueden llegar a ser tóxicas.

No se adelgaza con fármacos

Hay fármacos que pueden ayudar a suprimir el apetito o a inhibir la incorporación de las grasas; pero nunca causan adelgazamiento directamente, sino que únicamente son una ayuda para comer menos. En cualquier caso, hay que tener mucho cuidado con los fármacos o los productos de cualquier tipo que se publicitan como adelgazantes, quemagrasas, etc. Algunos son estupefacientes adictivos. No te automediques y usa los fármacos siempre bajo vigilancia médica y en casos concretos.

El alimento que más engorda no es el pan

Los hidratos de carbono tiene una alto contenido calórico, eso es cierto, pero tu enemigo son las grasas. Un gramo de grasa aporta nueve calorías, más del doble de las que aporta un gramo de azúcar, de pan, de garbanzos o de lentejas. Esto no significa que te convenga comer pan, pastas y legumbres sin límite, pero no olvides que al untar una salsa con pan, lo que más te engorda es la salsa, no el pan.

El gimnasio no lo quema todo

No te engañes; si te comes una caja de bombones no hay horas suficientes en un día para pasarlas en el gimnasio y eliminar los efectos de ese exceso. Recuerda que para eliminar un kilo de grasa hay que caminar con paso vivo y cuesta arriba una media de 20 kilómetros. Si te ves capaz de ello, y tienes tiempo, adelante, pero si no es así, es mejor que te controles. El ejercicio físico quema algunas calorías, y, sobre todo, fortalece el organismo y da elasticidad a los músculos y la piel, de tal manera que la pérdida de peso no irá acompañada de flacidez. No dejes de hacerlo, pero es mejor que sea moderado y regular que no machacarse un día y olvidarse el resto de la semana.

Capítulo 22

Diez riesgos de la obesidad

*U*n día te pesas y la báscula parece marcar algún kilo de más; al cabo de un mes la ropa te va demasiado justa. En unos meses has perdido bastante agilidad. Algún año después puede que tengas dificultades respiratorias. Por no hablar de lo que te dices cuando te miras al espejo. Además de ser una enfermedad en sí misma, la obesidad es el origen de muchos problemas de salud. Incluso sin llegar a la obesidad, cierto sobrepeso puede ser el principio de un trastorno.

La presión arterial se eleva

El aumento de peso exige que el corazón bombee más sangre y más deprisa para alcanzar todos los órganos del cuerpo; así aumenta la presión arterial. No olvides que la hipertensión se ha llamado *el asesino silencioso* en una sociedad, la occidental, donde constituye una auténtica epidemia.

El primer paso hacia la aterosclerosis

La obesidad es sinónimo de un exceso de grasa, y la grasa sobrante forma placas de *ateroma*, una especie de revestimiento formado por lipoproteínas de baja densidad que va adhiriéndose a las paredes internas de las arterias. El conducto por donde debe pasar la sangre cada vez es más estrecho, así que el corazón debe bombear más y más y, aun así, la sangre que llega a los órganos va siendo menos y menos. Un día, el ateroma tapona la arteria y… depende de si la ambulancia llega a tiempo o no. Y todo por el exceso de grasa en la comida.

Aumenta el riesgo de accidente coronario

La acumulación de peso y tejido adiposo obliga al corazón a trabajar a marchas forzadas; cada kilo sobrante es un pequeño sobreesfuerzo que le exigimos al corazón. Al principio sólo es cierta fatiga al subir las escaleras. Si no se controla el peso, quizás aparezca sensación de ahogo y alguna arritmia, o algún mareo al realizar pequeños esfuerzos. Cuando el peso escapa a nuestro control, el corazón aumenta de tamaño y, posiblemente, se desarrolla insuficiencia cardíaca congestiva. Las varices, la flebitis o un embolismo pulmonar tampoco serían raros. Y si la circulación afectada es la del cerebro, es posible que se produzca un ictus.

Los pulmones trabajan mal

Cuando la sangre que llega a los tejidos y los órganos es insuficiente, la demanda de oxígeno no queda satisfecha, y las células sin oxígeno mueren. Así que se pide a los pulmones que trabajen más rápido, que suministren oxígeno a todo trapo; tanto, que resuellan y no llegan: falta fuelle.

El esqueleto está sometido a un estrés continuo

Cuanto mayor es el sobrepeso, más frecuentes pueden ser los problemas reumáticos. Por una parte, el sobrepeso fuerza las articulaciones; es como una bisagra apta para una ventana que ahora soporta la puerta de una catedral. Pero, además, a medida que aumenta el sobrepeso se entra en un círculo vicioso. Cuanto más sobrepeso, más cuesta hacer ejercicio, y cuanto mayor es el sedentarismo, más aumenta el sobrepeso. Así, los músculos van perdiendo tono y los tendones elasticidad; y eso deja las articulaciones todavía más desprotegidas.

Los dolores de espalda son frecuentes

El lumbago, en particular, y el dolor de espalda, en general, son una de las primeras consecuencias del sobrepeso. Es fácil de entender; basta con que te imagines que llevas permanentemente una mochila de 5, 10, 15 kg. No hay espalda que aguante esa tortura.

El riesgo de diabetes se dispara

No se trata de una conjetura, sino de una consecuencia probada y de una relación causa-efecto lógica y bien comprendida. Se trata de la diabetes mellitus de tipo 2, también conocida como *diabetes del adulto*. Una vez desarrollada, se convierte en crónica, ya que no es posible revertirla. Aunque no es una enfermedad que impida llevar un vida bastante normal, puede dar lugar a otras complicaciones y, desde luego, exige un régimen de comida mucho más estricto que el que habría sido necesario para mantener el peso bajo control.

Complica el embarazo y el parto

El embarazo de la mujer obesa es mucho más peligroso. Las demandas de sangre y oxígeno de la gestante se suman a las del feto. Además, al riesgo de diabetes por obesidad se suma el de la diabetes de la gestación. Por si fuera poco, el parto puede complicarse mucho.

La mente también sufre

El sobrepeso no está bien visto en nuestra sociedad. Hubo un tiempo en el que las lonjas eran signo de riqueza, pero eso ya pasó. Ahora se asocian con las clases sociales más bajas y, ni que decir tiene, los modelos de belleza y triunfo social lucen un cuerpo fibroso, esbelto y ágil. Así que es muy fácil pasar del gordito feliz a un declive de la autoestima y la depresión. El origen puede ser cierto rechazo social, pero, incluso sin esa estigmatización, uno mismo puede empezar a no quererse por no ser perfecto, y llegar a odiarse por no ser capaz de hacer algo para llegar a serlo.

Y muchas otras

Ver a un obeso dormir debería ser suficiente para no dejar que la grasa se acumule en nuestro cuerpo. La apnea está asociada al sobrepeso y resulta angustioso ver cómo alguien se queda sin respirar mientras duerme.

En las mujeres jóvenes pueden darse todo tipo de irregularidades en la menstruación, y la fertilidad, tanto en hombres como en mujeres, puedes verse comprometida.

Y ni que decir tiene que en caso de necesitar una intervención quirúrgica, la obesidad es un factor de riesgo muy importante.

En esa lista no faltarían los reflujos gastrointestinales, el hígado graso, la disfunción eréctil, las estrías de la piel, la hiperuricemia y bastantes más.

Capítulo 23

Diez ventajas de reducir el 10 % del peso (si tienes sobrepeso)

· ·

En este capítulo

▶ En qué mejora la salud con sólo perder algunos kilos

· ·

Si te sobran muchos kilos, perderlos es cuestión de paciencia y de constancia. Te va a costar tiempo, te va a costar esfuerzo y vas a tener que cambiar tus hábitos de alimentación y de vida de manera permanente si quieres mantenerte en un peso saludable. Pero no creas que va a hacerte falta esperar tanto para que tu salud empiece a notar los cambios. Si tienes sobrepeso, con sólo reducir el 10 %, todo tu organismo obtendrá beneficios; entre otros, los descritos a continuación.

Se reduce en más de un 30 % la mortalidad relacionada con la diabetes

La diabetes es una de las principales consecuencias de la obesidad. Una vez adquirida se puede controlar con medicación y una vida ordenada y disciplinada, sobre todo por lo que respecta al régimen alimentario. A su vez, la diabetes es un factor de riesgo para contraer otras enfermedades y sufrir otros trastornos, como ceguera y necrosis de los tejidos. Con sólo bajar algunos kilos, una persona diabética mejora su esperanza de vida.

Se reduce en 10 mmHg la presión sistólica (la alta) y en 20 mmHg la presión diastólica (la baja)

La hipertensión arterial entraña un riesgo de muerte muy elevado, ya que la sangre circula por los vasos a una presión tan alta que puede reventarlos. Como una de las causas directas de la hipertensión es el sobrepeso, en cuanto se empieza a reducir, disminuyen la presión arterial y los riesgos que conlleva.

El colesterol-LDL (el malo) se reduce en el 15 %, y también el 10 % del colesterol total

Ya sabes que el sobrepeso siempre conlleva un exceso de grasas, y que esas grasas, en forma de lipoproteínas de baja densidad (LDL); forman placas de ateroma en las arterias. Así, la obstrucción llega antes o después. No hay más solución que disminuir las grasas, es decir, perder peso. Con poco esfuerzo, la concentración de las LDL en la sangre se reduce y, con ella, el riesgo de aterosclerosis.

Aumenta el colesterol-HDL (el bueno) en el 8 %

Quizá te parezca que 8 % no es mucho, pero en el equilibrio de lipoproteínas y de los distintos tipos de colesterol, ese incremento es providencial, ya que este tipo de colesterol desempeña una función protectora del sistema cardiovascular.

Los triglicéridos disminuyen el 30 %

Los triglicéridos son lípidos que se sintetizan en los adipocitos y en el hígado, donde se acumulan cuando se forman en exceso porque hay demasiadas lipoproteínas de baja densidad (el colesterol malo). Así que no se puede decir que los triglicéridos sean una reserva de energía, sino que siempre constituyen un elemento no deseable; al final dan lugar a una enfermedad llamada *hígado graso*. Sólo con bajar un poco de peso, disminuyen los triglicéridos y se alivia la presión sobre el hígado, un órgano absolutamente imprescindible, insustituible y que no se regenera por sí solo. Si se convierte en grasa, no hay otro remedio que el trasplante. Sólo que una persona obesa no puede ser trasplantada.

Disminuye a la mitad la concentración de glucosa

Mantener la glucosa por debajo de los valores de referencia significa mantenerse lejos de la diabetes mellitus de tipo 2, es decir, la asociada al sobrepeso y, sobre todo, a la obesidad. Si tienes tendencia a tener la glucosa alta, en cuanto pierdas algo de peso verás que los resultados de tus análisis de sangre muestran un valor de glucosa mucho más ajustado a lo deseable.

Aumenta la capacidad de hacer ejercicio

En cuanto se empieza a perder peso, se recupera elasticidad y agilidad, además de capacidad pulmonar y estabilidad del ritmo cardíaco. Eso permite hacer ejercicio, aunque sólo sea caminar distancias mayores sin cansarse tanto y sin tener sensación de ahogo. Por sí mismo el ejercicio ya produce satisfacción, ya que se liberan endorfinas, pero, además, el hecho de verse con más autonomía y capacidad física supone una gran satisfacción. Al mismo tiempo, la práctica de ejercicio es un tónico muscular y cardiovascular.

Aumenta la capacidad cardíaca y pulmonar

Por si solo, ese efecto ya es una mejora en la salud muy notable, pero, además, entre otras muchas ventajas, puede suponer que desaparezca o se reduzca la apnea del sueño, que entraña un riesgo importante de parada cardiorespiratoria. Por otra parte, respirar acompasadamente durante el sueño proporciona mayor y mejor descanso.

Se reduce en un 40 % la mortalidad relacionada con la obesidad y en más del 20 % la mortalidad total

Además de las causas concretas, la obesidad está asociada a un riesgo multifactorial de muerte, que se reduce en cuanto se empieza a perder peso. No obstante, en casos de obesidad muy intensa, hay que tener presente que, aunque toda disminución provoque beneficios, se requiere una reducción notable para que las condiciones de vida sean sustancialmente distintas.

Aumenta la autoestima y disminuye los trastornos psicológicos

Con un plan serio y estricto de adelgazamiento, la disminución de peso es constante, y, al principio, bastante rápida. Esos primeros avances tienen un efecto psicológico extraordinario, que incide directamente en la idea que el obeso tiene de sí mismo. A la vez, es un aliciente para seguir siendo constante y paciente. Sin embargo, ese aumento de la autoestima hay que dosificarlo, ya que cuando se haya perdido mucho peso, los avances serán lentos y puede surgir la tentación de abandonar el esfuerzo. Pero para entonces es posible que hayan mejorado tanto la respiración, el ritmo cardíaco, la agilidad, las relaciones sociales y los resultados de los análisis de sangre que valdrá la pena seguir.

Apéndice A

Tabla de composición de los alimentos

· ·

ALIMENTOS	EN 100 GRAMOS %				
	Hidratos	Proteínas	Grasas	Calorías	Desperd.
PRODUCTOS CÁRNICOS					
C. cerdo magra	------	20.0	8.3	¹55	12
C. cerdo semig.	------	16.6	23.0	273	16
Chuletas	------	15.4	29.5	327	12
Tocino	------	8.4	71.0	673	------
C. de cordero	------	15.6	32.7	357	------
Chuletas cordero	------	18.0	17.0	225	30
Pierna y paletilla	------	17.9	18.7	235	30
C. magra de vaca	------	20.7	5.4	131	2
C. semig. de vaca	------	16.7	21.0	256	16
Chuletas de vaca	------	17.0	20.5	253	15
Perdiz y codorniz	------	23.0	1.6	106	------
Filetes pollo	------	21.8	2.8	112	------
Pollo y gallina	------	20.0	9.7	167	36
Pato	------	14.5	13.8	194	36
Pavo	------	14.7	14.8	206	33
Cabrito	------	19.3	4.0	113	------
Conejo y liebre	------	23.0	4.6	133	20

EN 100 GRAMOS % *(continuación)*

ALIMENTOS	Hidratos	Proteínas	Grasas	Calorías	Desperd.
Carne picada	5.3	15.2	20.5	265	------
Butifarra	------	15.0	20.3	243	------
Cabeza de jabalí	0.8	20.3	50.6	540	------
Chorizo	2.0	22.0	32.1	384	------
Paté	5.0	14.0	42.0	453	------
Jamón cocido	0.8	21.5	20.2	352	------
Jamón serrano	------	30.5	4.5	162	------
Lomo embuchado	------	50.0	20.7	386	------
Chícharos	------	10.8	44.8	450	------
Morcilla	3.0	19.5	37.8	430	------
Mortadela	3.0	14.0	27.0	310	------
Salchichas frescas	-----	12.9	27.0	295	------
Salchichas frankfurt	3.0	12.0	19.5	235	------
Salchichón	2.0	25.8	38.1	454	------
VÍSCERAS Y DESPOJOS					
Callos	0.0	14.6	2.5	81	------
Hígado	1.6	20.5	4.5	129	------
Lengua	------	16.0	13.2	186	------
Mollejas	------	18.0	7.8	131	------
Riñones	------	16.0	5.0	109	------
Moronga	------	18.0	1.0	81	------
Sesos	------	10.3	8.0	113	------
PESCADOS					
Anchoas	------	19.0	6.7	142	50
Anguila	------	18.6	27.8	325	------
Angulas	------	16.3	15.5	205	------
Arenques	0.5	18.0	9.0	155	50
Atún	------	23.0	12.0	200	50

EN 100 GRAMOS % *(continuación)*

ALIMENTOS	Hidratos	Proteínas	Grasas	Calorías	Desperd.
Bacaladilla	------	17.4	0.7	76	50
Besugo	------	17.0	2.0	86	50
Bonito	------	21.0	6.0	138	50
Boquerón	0.6	17.6	6.3	129	20
Caballa	0.8	15.0	10.0	153	50
Congrio	1.4	19.0	2.8	107	30
Chanquetes	1.8	11.4	3.0	79	30
Dorada	------	17.0	1.0	77	30
Huevas frescas	------	24.3	1.8	113	------
Jurel o chicharro	0.8	17.5	6.8	127	50
Lenguado y gallo	0.5	16.5	1.3	80	50
Lubina	0.6	18.0	1.3	86	30
Merluza	0.8	15.9	2.8	92	55
Mero	------	17.8	2.3	91	50
Palometa	------	20.0	5.0	125	30
Pescadilla	0.8	16.0	0.6	72	50
Pez espada	1.0	17.0	4.3	111	30
Rape	1.3	18.7	0.3	82	50
Raya	0.8	17.1	0.9	80	------
Rodaballo	1.3	16.1	3.6	102	30
Salmón	------	18.4	12.0	182	30
Salmonete	2.0	14.1	3.7	97	50
Sardinas	1.3	18.1	7.5	145	30
Trucha	------	15.7	3.0	90	50
CRUSTÁCEOS Y MOLUSCOS					
Almejas-chirlas	------	10.7	0.5	47	75
Calamares	0.5	17.0	1.3	82	20
Cangrejos-nécoras	------	19.5	51	124	60

EN 100 GRAMOS % *(continuación)*				
ALIMENTOS	*Hidratos*	*Proteínas*	*Grasas*	*Calorías*	*Desperd.*
Caracoles	------	16.3	1.4	78	------
Centollo	------	20.1	5.2	127	60
Gambas-langostinos	------	------	------	------	60
Langosta-bogavante	------	18.3	2.0	91	60
Mejillones	1.9	10.8	1.9	67	------
Ostras	0.7	10.2	1.4	56	75
Percebes	------	13.6	0.5	59	------
Pulpo	1.5	10.6	1.0	57	20
Vieira	------	19.0	0.9	84	75
CONSERVAS					
Arenques-sardinas	------	21.0	13.1	202	------
Bacalao	2.4	31.6	0.5	140	------
Atún en aceite	------	24.0	21.0	285	------
Sardinas en aceite	------	22.2	13.2	207	------
Sardinas escabeche	0.8	15.0	7.5	131	------
Calamares	0.5	17.0	2.0	88	------
Mejillones	2.0	12.0	2.0	82	------
HUEVOS, LECHE Y DERIVADOS					
Huevo gallina	0.3	6.1	5.5	76	11
Yema	0.2	2.8	5.4	61	------
Clara	0.3	3.3	------	15	------
Leche materna	6.5	2.0	8.3	62	------
Leche entera fresca	4.9	3.3	4.0	65	------

EN 100 GRAMOS % *(continuación)*

ALIMENTOS	Hidratos	Proteínas	Grasas	Calorías	Desperd.
Leche descremada	4.8	3.5	0.1	36	------
Leche condensada	54.8	8.1	8.4	327	------
L. cond. sin azúcar	9.9	7.0	7.9	139	------
L. concentrada	10.0	8.2	8.8	150	------
L. en polvo entera	4.9	3.3	4.0	65	------
L. en polvo descr.	4.8	3.5	0.1	36	------
Nata	2.0	1.5	48.2	447	------
Requesón y cuajada	1.4	13.6	4.0	96	------
Yogur	14.0	5.0	1.0	82	------
Kefir	2.7	3.2	2.1	42	
Queso de bola	2.0	29.0	25.0	349	------
Q. Camembert	------	19.7	25.2	306	
Q. Gruyère	2.0	28.6	31.3	404	------
Q. de Parma	2.0	36.3	27.4	400	------
Q. Roquefort	1.0	21.7	33.2	390	------
Q. Panela	4.0	15.0	11.0	174	
Q. Cabrales	2.0	21.0	33.0	389	------
Q. gallego	2.0	23.0	28.0	352	------
Q. manchego fresco	------	26.0	25.4	333	------
Q. manchego curado	1.0	32.0	32.0	420	------
Q. en porciones	------	3.1	47.0	435	------
ACEITES Y GRASAS					
Aceites vegetales	------	------	99.9	899	------
Grasa de cerdo	------	3.0	89.0	816	------
Manteca de cerdo	------	------	99.0	891	------
Mantequilla	------	0.6	83.0	749	------
Margarina	0.2	0.3	82.8	747	------

EN 100 GRAMOS % *(continuación)*

ALIMENTOS	Hidratos	Proteínas	Grasas	Calorías	Desperd.
Tocino curado	------	3.9	85.0	781	------
Tocino fresco	------	8.3	59.8	605	------
CEREALES Y DERIVADOS					
Arroz común	79.3	8.2	0.4	373	------
Arroz entero	77.7	7.5	1.7	356	------
Arroz salvado	64.0	11.6	10.1	393	------
Avena copos	67.8	13.0	7.5	385	------
Germen de trigo	49.5	25.2	10.0	389	------
Harina maizena	86.9	0.5	0.3	362	------
H. trigo integral	71.8	12.2	2.3	334	------
Harina blanca	75.5	10.8	1.1	370	------
H. de maíz integral	73.7	9.2	3.9	355	------
H. centeno integral	73.1	11.0	1.9	319	------
Maíz hojuelas	80.3	7.9	0.7	359	------
Maíz palomitas	76.7	12.7	5.0	386	------
Maíz sémola	78.0	8.3	1.2	356	------
Maíz tapioca	86.4	0.6	0.2	350	------
Pan tostado	73.5	9.8	9.9	422	------
Pan blanco	52.0	8.5	2.0	260	------
Pan de maíz	39.0	6.2	7.0	240	------
Pan de centeno	51.7	6.4	3.4	263	------
Pastas con huevo	70.6	14.3	5.0	385	------
Pastas secas	73.9	13.0	1.4	360	------
Pastas cocidas	14.2	2.5	0.2	69	------
Bollería	50.0	7.3	18.3	381	------
Galletas	74.0	7.0	14.5	436	------
FRUTAS					
Aguacate	5.9	1.5	12.0	136	------

EN 100 GRAMOS % *(continuación)*

ALIMENTOS	Hidratos	Proteínas	Grasas	Calorías	Desperd.
Albaricoque fresco	9.5	0.8	------	39	8
Albaricoque almíbar	21.4	0.6	0.1	89	------
Cerezas frescas	13.5	0.8	0.5	58	10
Cerezas almíbar	20.8	0.6	0.1	80	------
Ciruelas frescas	11.0	0.6	------	44	20
Chirimoyas	20.0	1.0	0.2	81	40
Fresas	7.0	0.7	0.5	34	5
Higos y brevas	16.0	1.2	------	65	5
Limón fresco	1.3	0.3	------	6	40
Zumo de limón	7.7	0.4	0.2	24	------
Mandarinas	9.0	0.8	------	37	30
Manzana	13.0	0.3	------	53	16
Durazno fresco	9.0	0.6	------	36	12
Duraznos en almíbar	18.2	0.4	0.1	86	------
Melón	6.0	0.6	------	25	40
Membrillo	6.8	0.4	------	27	------
Naranja	8.6	0.8	------	36	30
Jugo de naranja	12.9	0.6	0.1	49	------
Piña fresca	11.5	0.5	------	45	------
Plátano	20.0	1.2	0.3	83	30
Sandía	4.5	0.4	------	19	50
Uvas blancas	16.1	0.6	------	63	------
Uvas negras	15.5	0.6	------	61	10
FRUTOS SECOS					
Almendra	3.5	20.0	53.5	575	50
Avellana	5.3	14.1	54.4	566	60
Cacahuate	8.5	27.0	49.0	581	30
Castañas	40.0	3.0	2.6	185	20

EN 100 GRAMOS % *(continuación)*

ALIMENTOS	Hidratos	Proteínas	Grasas	Calorías	Desperd.
Dátiles	71.0	2.2	0.4	279	------
Higos secos	53.0	3.5	2.0	231	10
Nueces	4.0	14.0	59.0	602	50
Pasas	66.0	1.4	0.3	256	10
LEGUMBRES					
Garbanzos	55.0	19.4	5.0	329	------
Guisantes secos	56.0	21.6	2.3	317	------
Habas secas	59.0	23.0	2.0	331	------
Judías	52.5	19.0	1.4	286	------
Lentejas	54.0	23.8	1.8	314	------
VERDURAS Y HORTALIZAS					
Acelgas	4.5	2.0	0.4	29	20
Ajo	23.0	5.3	0.3	110	6
Alcachofa	7.5	2.3	0.1	38	50
Apio	1.3	1.3	0.2	12	10
Berros	3.7	1.7	0.5	22	10
Berenjenas	4.4	1.2	0.2	23	10
Col	2.7	2.0	0.1	20	------
Calabaza-calabacín	2.2	0.6	0.2	13	40
Cardo	3.5	1.4	0.2	21	20
Cebolla-puerro	5.1	1.4	------	25	10
Coles-repollo	3.4	3.3	0.3	29	20
Coliflor	3.1	2.2	0.2	22	40
Champiñón-setas	4.0	1.8	0.3	25	------
Espárragos	1.1	2.7	------	15	40
Espinacas	1.2	2.6	0.3	18	20
Nabos	0.1	2.7	------	11	------
Chícharos	10.0	5.3	0.4	62	50

EN 100 GRAMOS % *(continuación)*

ALIMENTOS	Hidratos	Proteínas	Grasas	Calorías	Desperd.
Habas	8.6	4.6	0.4	54	70
Lechuga-escarola	1.4	1.5	0.3	14	20
Lombarda	3.7	1.2	0.1	21	20
Nabos	5.0	0.8	0.3	25	40
Papas	18.0	2.5	0.2	79	10
Pepino	1.9	0.7	0.2	12	30
Pimientos	3.7	0.9	0.2	19	20
Rábanos	2.7	1.0	------	14	40
Remolacha	6.4	1.3	------	29	30
Jitomate	3.0	1.0	0.3	18	3
Zanahorias	7.3	0.9	0.2	33	20
BEBIDAS					
Anises, aguardientes y licores dulces	27.6	------	------	384	------
Cerveza	2.4	0.3	------	32	------
Coñac, whisky y otros	0.4	------	------	234	------
Sidra	4.0	------	------	42	------
Vermut	10.0	0.1	------	132	------
Vinos dulces	13.0	0.2	------	157	------
Vinos finos	3.0	0.1	------	124	------
Vinos de mesa	1.1	0.1	------	77	------
Refrescos	10.5	------	------	39	------
Té	-------	------	------	4	------
Café	-------	------	------	7	------
VARIOS					
Azúcar blanca	99.9	------	------	394	------
Azúcar moreno	97.6	------	------	366	------

EN 100 GRAMOS % *(continuación)*

ALIMENTOS	Hidratos	Proteínas	Grasas	Calorías	Desperd.
Batidos lácteos	10.9	3.8	4.6	98	------
Chocolate con leche	60.0	8.4	30.7	535	------
Churros	40.0	4.6	20.0	348	------
Helados	25.4	4.5	10.1	204	------
Natillas y flanes	16.8	3.8	4.2	116	------
Pasteles y pastas	49.2	5.2	20.2	387	------
Papas fritas	66.8	6.8	19.5	453	------
Puré de papa	73.2	9.1	0.8	381	------
Turrones	57.4	10.0	23.9	470	------

Apéndice B

Equivalencias que hay que tener en cuenta

· ·

Equivalencias que hay que tener en cuenta

En la cocina se utilizan medidas muy diversas: una cucharada, un vaso, una taza. ¿Cuánto es todo eso? ¿A qué equivale en gramos? ¿Cuántos gramos pesa un huevo gordo, o una rebanada de pan, o una cebolla? Lola Camarena, periodista y amiga, ha hecho el cálculo y nos facilita los datos que presentamos a continuación.

Tabla B-1a: Algunas medidas y sus equivalencias

una cucharada sopera son...	unos 20/25 g de harina, arroz o mantequilla
	unos 30/35 g de azúcar
	15/18 g de café molido
	40 g de arroz
	25/30 g de miel
	15/20 g de sémola y pasta para sopa
	En el caso de la sal, el peso varía, y una cucharada equivale a 15 g de sal fina y unos 20/25 g de sal gorda, mientras que una cucharadita son unos 6-8 g
	14 g de aceite

Tabla B-1a *(continuación)*

una cucharada de café es...	3 g de harina
	4 g de azúcar
	7 g de arroz
	5 g de sal
	6 g de mantequilla

Tabla B-1b: Más equivalencias

1 cucharadita pequeña de té o café	5 g
1 cucharada de postre	10 g
1 cucharada sopera	15 g
1 cucharón	250 g
1 vaso	200 g
1 taza (de desayuno)	250 g
1 taza (de té)	200 g
1 pocillo (o tacita de café)	100 g

Tabla B-1c: Equivalencias de sólidos*

1 taza de harina	115 g
1 taza de arroz	225 g
1 taza de azúcar blanquilla	250 g
1 taza de azúcar en polvo	170 g
1 taza de mantequilla	225 g
1 taza de pan rallado	115 g

* Hay que tener en cuenta las variaciones entre unos alimentos y otros.

Tabla B-1d: Más equivalencias de sólidos

En un huevo gordo	hay 60 g de huevo
En un jitomate mediano	hay 100 g de tomate
En una papa pequeña	hay 90 g de patata
En una nuez de mantequilla	hay 30 g de mantequilla
En una manzana mediana	hay 150 g de manzana
En una rebanada de pan	hay 20-30 g de pan
En una cebolla mediana	hay 150 g de cebolla

Ten estas equivalencias siempre a mano. Te van a ser muy útiles para preparar el menú a tu gusto.

Índice